シグナル
未来学者が教える予測の技術

エイミー・ウェブ
土方奈美［訳］

S
I
G

N
A
L

THE SIGNALS ARE TALKING
Why Today's Fringe Is Tomorrow's Mainstream

ダイヤモンド社

THE SIGNALS ARE TALKING

Why Today's Fringe Is Tomorrow's Mainstream

by

Amy Webb

Published in agreement with the author,
c/o BAROR INTERNATIONAL, INC., Armonk, New York, U.S.A.
through Japan UNI Agency, Inc., Tokyo

わが娘ペトラへ、そして娘のクラスメートへ捧げる。
未来はあなたたちに預けよう。大胆に、そして聡明であれ。

CONTENTS

INTRODUCTION

シグナルが聞こえた

1

未来学者はこう考える

2

空飛ぶ車はなぜ実現しないのか

トレンドとトレンディの違い

3

トレンドをつかむ組織、逃す組織

なぜ任天堂は生き延び、DECは消えたか

INTRODUCTION

シグナルが聞こえた

1997年、東京・秋葉原で遭遇したもの

未来はある日突然、完璧な形で立ち現れるわけではない。少しずつ、姿を見せる。最初は社会の端っこに、ぽつぽつと出現する。初めから主流であることは決してない。何の脈絡もなく登場するので、点と点の間には共通点も関連性もなさそうで、意味のあるつながりを見出すのは難しい。

しかし徐々に一定のパターンが形成され、まぎれもないトレンドとなって浮かび上がる。たくさんの点が収斂《しゅうれん》し、一つの方向性や傾向を指し示すようになる。何らかの人間のニーズと、それを実現する新たなテクノロジーを組み合わせ、未来を形づくる力となる。

私がこの真理を発見したのは、その昔、まだ二〇世紀の日本に住んでいたときだ。

一九九七年、東京・秋葉原

地下鉄の出口を出ると土砂降りの雨で、すぐにジーンズの裾がぐしゃぐしゃになった。あたり一帯に甲高いアニメ声とコンピュータの電子音が鳴り響き、あまりの情報量にくらく

らする。

日本語の地図を持っていたが、雨のせいで文字がにじみ、まるで読めなくなっていた。私は高架下に立っていて、目の前には何の変哲もない扉があった。だが、待ち合わせたはずのハッカーの友人の姿はどこにもなかった。もしかして、場所を間違えたのかもしれない。

コートのポケットに手を突っ込むと、曲がりくねった路地を縫うように歩きはじめた。両脇には、回路、マザーボード、ケーブル、ワイヤカッター、大小さまざまなプラスチック部品を売る店が立ち並んでいる。さらなる情報。さらなる騒音。「路上喫煙禁止」の標識がそこら中に立っているが、目の前を歩いている男性たちはおかまいなしだ。

しばらくして、私は小さな電気店の前で足を止め、もう一度地図を見ようとした。すると、おずおずとした声が聞こえた。

「こんにちは。迷ってるの?」

振り向くと、コンピュータ・オタクが立っていた。オタクと呼ばれる人たちのなかでも、かなり年かさのほうだ。店内には分解されたタワーパソコンの脇に、古びた『パソコンゲーム』や『Oh!X』のバックナンバーが山積みになっていた。私は、秋葉原に足しげく通っている友人と待ち合わせをしていること、その友人は携帯電話で遊べる新しいタイプのゲームをつくっていることを説明した。すると男性は意味深な笑いを浮かべ、店の奥のカウンターに手招きした。

ガラスのカウンターの上には、小さな携帯電話が二台あった。男性は一台を私に渡し、「ちょっと待っててね」と言った。そしてもう一台を手に取ると、英数字の文字盤を叩きはじめた。すぐに私のスクリーンにメッセージが浮かんだ。日本語で「こんにちは」と書かれている。携帯電話間のメッセージサービスを目にするのは初めてではなかったが、相手の気を悪くさせないように「あら、すごい」という顔をして見せた。

すぐに次のメッセージが届いた。今度は文字が青く、下線が入っている。ウェブアドレスのようだが、そんなことはありえない。一九九七年当時、アメリカの最先端のモバイル・テクノロジーといえば、収納式アンテナのついた1Gの折りたたみ式携帯電話だった。目の前にあるのは、まったく違う代物だった。

「試してみて」と彼は言った。私がボタンを押すと、何かをダウンロードしはじめた。

「ちょっと待って……これって着メロ？　私、インターネットとつながっているの？」

スクリーン上でカーソルを動かし、リンクに合わせて「エンター」キーを押してみた。

そのとき、あらゆる騒音と情報が、意味のあるノードへと姿を変えた。

シグナルが語っていた。私にはそれが聞こえたのだ。

私が手にしていた電話は、社会の端っこで生まれた新たな実験であり、すばらしい発明だった。私は、すべての端末がインターネット、ウェブサイト、さらには新幹線の時刻表に接続した、まったく新しい携帯電話ネットワークを思い浮かべた……。

もう一つ、シグナルが聞こえた。情報を受け取ることができるなら、間違いなく受身的かつ直接的に、こちらからも情報を出さざるをえなくなるだろう。携帯電話で直接列車の切符を買うようになれば、ネットワークの運営会社はわれわれが何をクリックしたのか、何をダウンロードしたのか、こと細かく把握するようになる。サービス・プロバイダーの収益はユーザーの利用状況と連動するので、できるだけ帯域を広げ、高速の接続を提供するインセンティブが生じるだろう。

もう一つ、シグナルが聞こえた。私の頭に、それまで耳にしてきた数々の先端的研究が浮かんできた。日本でははるかに多くのユーザーが同時に接続できるような、はるかに高速な携帯ネットワークが導入されようとしていた。容量が増えれば高速化にもつながり、他の端末にファイルを送信することも可能になる。

もう一つ、シグナルが聞こえた。デジタルカメラは小型化が進んでいた。ダートマス大学のある工学教授は、ペンに埋め込めるほど小型のアクティブ・ピクセル・イメージセンサー（ＡＰＳ）を開発していた。シャープと京セラは画像センサーを携帯電話に埋め込もうとしていた。日本の十代の若者は「プリクラ」に夢中だった。友達と足しげく通い、ポーズをとって撮影する。インタラクティブなスクリーンを操作して背景を選び、落書きしてシールを印刷する。

耳を澄ませていると、シグナルは私を周辺のノードへ次々と結びつけてくれた。私の知人には、わずかながら関連性のあるプロジェクトに取り組んでいる人たちがいた。ニューヨークのベンチャー企業は、大学の研究者からｅメールを力づくでもぎとり、商業化していた。一般人が初めてネットに接続するや、この新たなメディアに釘づけになり、コンピュータ同士でほんの数秒で高速にショートメッセージを送り合えることに胸を躍らせていた。商業用メールネットワークのブームが沸き起こり、需要に供給が追いつかないほどだった。

同時に、消費者の行動も変わりはじめた。一段と高速な通信を要求するようになり、実際にそうなった。気取ったメールアドレスを使って、デジタル・アイデンティティをつくり出した。「全員に返信」というコマンドも使えるようになった。自らのメッセージを、聞く耳を持った大勢の聴衆に一斉に届けられる未来型の拡声器である。

さらにカリフォルニア州サニーベールでは、マッドサイエンティストとでもいうべきエンジニアの一群が、八〇年代初頭に世界初の自動車ベースのGPSを生み出していた。それまで存在したどんな製品ともまるで違っていたので、わざわざ古代ポリネシア語から表現を借りてきたほどだ。新製品は「イータック・ナビゲーター[*1]」と命名された（「イータック」はポリネシア語で「移動するナビゲーション・ポイントの集合」の意味）。

あまりにも時代の先を行っていたので、普通の消費者にはその価値はほとんど理解されなかった。イータックの創業者がインク誌で壮大なビジョンを語る記事を読んだことがある。「あなたがクルマに乗って、夕食に出かけるとしよう。ダッシュボードにはイータックが載っている。『日本食』『安い』『おいしいスシ』と入力するだけで、あとはイータックが目的地まで連れて行ってくれる[*2]」

結局イータックは実用化しなかったが、あの日、秋葉原の真ん中で黒い携帯電話を握りしめながら、私はこの端っこのテクノロジーの進化形を使いこなす未来の自分を、ありありと思い浮かべることができた。「おいしいスシ」と端末に打ち込み、ハッカーの友人に待ち合わせ場所となる店のGPS情報をテキストメッセージで送る。写真を撮るためにわざわざカメラを持ち歩き、現像してアメリカの両親のもとへ郵送する代わりに、ビデオ通話でリアルタイムで寿司を映してみせる。

突如として私は、自分が迷ってなどいないことに気づいた。シグナルは語っていた。端っこから生まれた実験的電話機が、いずれどのように世の中の主流となり、未来の生活のあらゆる側面を劇的に変えていくかを伝えていた。私は来るべき、ケタ外れの変化の物証を手にしていたのだ。

それはビジネスのあり方、われわれの働き方、学び方、お互いのつながり方を変えるだろう。知識へのアクセスを平等化し、われわれの関心の範囲に影響を与え、脳内の神経経路を変えるだろう。生活のペースを速め、誰もが瞬時に情報にアクセスできることを当然と思うようになり、それは必然的にオンデマンドでモノやサービス、コンテンツを手に入れる文化につながるだろう。

「未来から来たんだね」。年かさのコンピュータ・オタクがつぶやいた。

「違うわ」と私は答えた。「未来からじゃない」

なぜならそのとき、男性の営む秋葉原のちっぽけな電気店で、われわれはまさしく「現在」にいたのだから。携帯電話はどこかの未来から一九九七年にタイムトリップしてきたのでもなければ、われわれの運命があらかじめ星座に刻まれていたわけでもない。シグナルが語るのに耳を傾け、どんな未来を描くかはわれわれ次第なのだ。

二〇〇七年、オンタリオ州ウォータールー

ブラックベリーの共同創業者マイク・ラザリディスは、自宅でランニングマシンに乗りながら

テレビを眺めていた。一五分おきにどうでもいいようなCMが流れた。とそのとき、一本のCMにラザリディスの目は釘づけになった。

ミニマリスティックな黒の背景に、一つもキーのない携帯電話を握った手が浮かび上がる。男性の声でナレーションが始まる。「こうするとスイッチが入り……」と言いながらさっと画面をスワイプすると、たちまちロックが解除され、スクリーンにキャンディのような色とりどりのアイコンがずらりと浮かび上がる。「音楽を聴くときはこれ」と言うと、端末が水平方向に回転し、アルバムのカバーが現れる。指で軽く触れるだけで、アルバムが次々に入れ替わっていく。「これがウェブ」という声とともにブラウザが立ち上がり、瞬時にニューヨーク・タイムズ紙が表示される。パソコン画面を見ているのと寸分の違いもない。「そしてiPhoneで電話をかけるときは……」というナレーションが入り、最後にアップルの伝説的なロゴが画面に浮かぶ。[*3]

ラザリディスはモバイル通信市場における世界的なパイオニアだったが、iPhoneの出現はまったく予想していなかった。まるで降ってわいたようにモバイル・テクノロジーの新たなトレンド、すなわち、キーのないコンピュータのような電話が現れ、世の主流になろうとしていた。

その夏、ラザリディスはiPhoneを手に入れ、中身をつぶさに調べてみた。衝撃を受けた。ラザリディスは一般の人々と同じように、テレビCMで初めてiPhoneを知った。[*4]まるでアップルは、このちっぽけな手のひらサイズの携帯端末に、Macコンピュータをそっくり入れ込んだようだった。

その二〇年前、ラザリディスは工学部の友人だったダグラス・フレギンと、コンピュータ・サイエンスのコンサルティング会社、リサーチ・イン・モーション（ＲＩＭ）を創業した。二人の生み出した画期的製品が、ビジネスマンが外出中でも安全にメールを送受信できる、まったく新しいタイプの携帯電話だった。二人はこれを「ブラックベリー」と名づけた。[*5]

ブラックベリーは瞬く間に生産性向上のツール、そしてステータスシンボルとなった。「ブラックベリーを持っているのは重要なポストに就いている証だった。当時はスマートフォンがなかったからね」。ニュースサイト「クラックベリー・ドットコム」の創業者、ケビン・マイカルークは語る。事業開発上級マネジャーだったビンセント・ワシントンは、新製品会議では映画『パルプフィクション』の有名なブリーフケースの場面をよく思い出したという。ラザリディスのブリーフケースも個性的で、「開くと、中から輝くばかりの新製品が登場するんだ」。ＲＩＭの顧客管理責任者だったブレンダン・ケナルティは、よく肩書をからかわれたという。ブラックベリーにはロイヤリティ制度や顧客のつなぎ止め戦略など必要ないだろう、と。[*6]

ラザリディスはｉＰｈｏｎｅに興味は持ったものの、恐れるに足りずと判断した。ブラックベリーはユーザーにとってやめられないものとなっており、「クラックベリー」の異名まであった（クラックはコカインの別名）。そのおかげでＲＩＭの時価総額は二六〇億ドルに達し、世界最大かつ最も価値のある企業の仲間入りをしていた。[*7] 携帯電話市場では七割近い占有率を誇り、利用者数は七〇〇万人に達していた。[*8]

ＲＩＭには好調な製品群がそろっていたので、ラザリディス以下、誰も社会の端っこを警戒していなかった。新たなトレンドの出現、すなわち、パソコン並みの性能がポケットに収まる、万能型モバイル・コンピューティングデバイスとしてのスマートフォンの登場に、注意を払っていなかったのだ。だが、ビジネス用にブラックベリーを、プライベート用にiPodやノートパソコンを持ち歩くより、日々のニーズや仕事に必要な機能を一つのデバイスで済ませられれば、消費者が魅力を感じるのは当然のことだ。

当初はこの単一デバイス、それも従来とまったくデザインの異なるスマートフォンによって実現するというトレンドが、定着するかどうかはわからなかった。ラザリディスはブラックベリーと比べてiPhoneのバッテリー寿命が短いことやセキュリティが弱いこと、さらにはキーボードがないことをバカにしていた。

「iPhoneのタッチスクリーンでウェブキーを入力するのは、かなり難しい。自分が何を入力しているのか、見えないのだから[*9]」

登場したばかりのiPhoneがブラックベリーと比較されたのは仕方のないことで、しかも全般的にiPhoneに厳しい論調が多かった。スケジュールに新たなイベントを追加し、連絡先をアップデートするには、マニュアルで同期する必要があった。プッシュメールもなく、受信トレイもわかりにくかった。サファリブラウザはインターフェースこそ見事だったが、極端に遅く、テキストだけのページを表示するにも時間がかかった。iTunesストアのほうがアプリ数は多いかもしれないが、信頼性はどうなのか。ブラックベリーでは公認のパートナー企業が開発していたのに対し、アップルのアプリは外部の開発業者がつくっていた。

こうした議論ゆえに、iPhoneによるモバイル・コネクティビティ時代の到来が明白になってもなお、ＲＩＭは戦略を見直さず、端っこの動きを警戒することもなかった。自慢の製品を新時代のユーザーに合わせて刷新するどころか、既存のＯＳに少し手直しを加えただけだった。

ただ、初代ｉＰｈｏｎｅはさまざまな意味でおとりだった。アップルは瞬く間に端末とＯＳに改良を加えた。まもなく、ｉＰｈｏｎｅはブラックベリーを歯牙にもかけていなかったことが明白となった。アップルはスマートフォンの将来に対して、ＲＩＭとはまったく異なるビジョンを持っていた。ビジネスにとどまらず生活のあらゆる側面を、単一のデバイスでカバーするというトレンドを見抜いていたのだ。その結果、一足飛びにＲＩＭを追い抜いた。

シスコシステムズとＳＡＰはｉＰｈｏｎｅを採用した。アップルとＩＢＭは新たに一〇〇個のアプリを開発するため長期的なパートナーを結んだ。経営陣が新たなトレンドに首をかしげるなか、ＲＩＭはｉＰｈｏｎｅユーザーに、昔ながらのブラックベリーに戻ってきてくれれば五五〇ドルをキャッシュバックするという、なりふりかまわぬマーケティング・キャンペーンをするまでに追い込まれた。二〇一二年、ラザリディスと共同ＣＥＯのジム・バルシリーは辞任した。二〇一四年末時点で、ＲＩＭの市場シェアは一％に激減していた。[*10]

ＲＩＭの経営陣には、私が一〇年前に秋葉原でしたような発想の飛躍ができなかった。私は端っこに身を投じ、そこで起こりつつある新たな実験や研究に目を向け、パターンを探し、未来に起こりうるシナリオを考えた。だがＲＩＭのトップは、成功をもたらした自社製品しか見ようとしなかった。「成功はたちの悪い教師である。できる者に自分が負けるはずはないと思わせてしまう」と語ったのは、マイクロソフト共同創業者のビル・ゲイツだ。[*11]

成功は結局、ＲＩＭを無力にした。われわれはどうだろう。未来に想定外のライバルや驚くようなデバイスが待ち受けているのは必至で、われわれもまたそれに対して無力なのだろうか。ポラロイド、ゼニス、ブロックバスター、サーキット・シティ、モトローラはいずれも想定外の未来に直面して凋落した。新たな現実の一翼を担うことができなかった経営陣は、こう自問した。「なぜわれわれはこれを見逃したのか」と。

本書について——未来を読むための方法論

本書では、未来を読むための方法論を紹介する。この体系的なアプローチを実践すれば、変化する世界への理解を深められるだろう。未来学者のモノの考え方、そして傍流から主流へと変わる新たなトレンドを予測し、未来についてより良い判断を、今、下す方法を学んでいく。

リーダーシップを発揮すべき立場にあるのなら、戦略的にトレンドをモニタリングし、未来の戦略を立てなければならない。それは大企業のＣＥＯ、非営利団体のメンバー、人事部門の中間管理職、メディアの幹部、投資家、マーケティング責任者、政府の行政官、学校長、あるいは家計の責任者でも変わりない。怠れば、あなたの組織や将来の収入がリスクにさらされる。そればかりか、今日の行動が持つ意味を真剣に理解しようとしなければ、人類の未来が危うくなる。

私は未来学者として、台頭しつつあるテクノロジーを研究し、トレンドを予測することを生業《なりわい》としている。「未来学（futurology）」という言葉は、「未来」を意味するラテン語（「futurum」）と、

「学」を意味するギリシャ語の接尾語（「-logia」）を組み合わせたもので、一九四三年にオシップ・フレッチハイムというドイツ人の学者が生み出した。[*12] フレッチハイムはその数十年前、作家のH・G・ウェルズとともに新たな学問分野として「未来主義（futurism）」を提唱している。[*13] 数学、工学、芸術、テクノロジー、経済学、デザイン、歴史、地理、生物、神学、物理学、哲学を組み合わせた学際的分野だ。

未来学者の仕事は、予言を語ることではない。データを集め、台頭しつつあるトレンドを見つけ、戦略を考え、未来におけるさまざまなシナリオの発生確率を計算することだ。こうした予測は、組織が破壊的変化に直面するなかでもリーダー、チーム、そして個人が、質の高い情報に基づいて判断を下す一助として使われる。

過去五〇〇年にわたり、世界を一変させた発明のほぼすべては、ひとえにテクノロジーがもたらしたものだ。活版印刷、六分儀、耕うん機、綿繰り機、蒸気機関、石油精製、低温殺菌、組立ライン、写真、電報、核分裂、インターネット、パソコン、すべてそうだ。どのテクノロジーもある時点までは、端っこの科学であり、技術的実験にすぎなかった。

本書は、テクノロジー・トレンドそのものを論じる本ではない。それでは書店に並ぶ頃には、時代遅れで価値のないものになってしまうからだ。世界の変化はそれほど速い。いくつかのトレンドを取り上げた本は結局、あなたの組織、産業、市場の未来に対する他人のビジョンを押しつけるだけだ。スマートウォッチ、仮想現実（VR）、モノのインターネット（IoT）などは、メディアの見出しにはうってつけだが、あらゆる組織を日々悩ませる問いの答えにはならない。

今、どんなテクノロジーが台頭しつつあるのか。それはわれわれや顧客にどのような影響を与えるのか。ライバルはこのトレンドにどう対処する気なのか。新たにどのような協力・提携の可能性が生まれるのか。産業全体ないし部分にどのような影響を与えるのか。変化の推進力となっているのは誰か。結果として、顧客の要望、要求、期待にどのような変化が生じるのか。

こうした問いに答えるには、他人の立てた予測に頼るだけでは不十分だ。研究者、他の経営者、各分野の思想的リーダーなどの見立てを評価し、取捨選択するための体系的プロセスが必要となる。自分自身で未来を読むための方法論が必要だ。

本書では、社会の端っこで生まれつつある、一見、関係なさそうなアイデアを評価するための体系的アプローチを紹介する。われわれの未来は、テクノロジーとは切っても切れない関係にある。私が一九九七年の秋葉原で気づいたように、[*14] ことテクノロジーに関しては、マニアックすぎるので検討しなくてよいということは一つもない。今後数年、数十年、数百年にわたり、テクノロジーが重要な役割を演じないというシナリオはありえない。追うべきトレンド、準備すべきアクションは、必然的に何らかの形でテクノロジーに関するものとなる。

ここで紹介する方法論は、六つのステップで構成される。未来に向けた手引きだが、一般的なマニュアルとは違う。まず端っこにいる「想定外のニューフェース」のもとへ足を運ぼう。そこから隠れたパターンを発見し、端っこで起きている実験的試みを人間の基本的なニーズや欲望とつなげてみる。パターンから潜在的トレンドが明らかになったら、それを徹底的に調べ上げ、証明する。それからトレンドのＥＴＡ（到着予定時刻）と方向を計算する。つまりどこへ向かっているのか、速さや勢いはどの程度か。

ただトレンドを見つけるだけでは足りない。RIMが二〇〇八年に自称「iPhoneキラー」を発売しようとして痛い目に遭ったのが典型だ。必要なのは「未来に起こりうる」「起こるかもしれない」そして「起こりそうな」シナリオをそれぞれ作成し、今とるべき確かな戦略を立案することだ。そして最後にもう一つステップがある。トレンドに対して戦略のストレステスト（負荷をかけて弱点を調べる手法）を実施し、とろうとしているアクションの妥当性を確認するのだ。

各ステップは事例を挙げて説明していく。ソニーの経営陣が起こりうるトラブルを容易に予見できたにもかかわらず、結局ハッカーに屈服させられた話や、イアン・ウィルマット博士の研究チームがクローン羊「ドリー」を生み出したと知った科学界が衝撃を受け、激怒した話などだ。すでにご存じの話だろうが、シグナルを解読するための方法論を使ってみると、事態はまったく違って見えるだろう。本書を通じて、目の前の現実に対するみなさんの認識を揺さぶりたいと思っている。途方に暮れることもあるだろう。それでもみなさんが自らを取り巻く世界を理解する方法はまるで違ったものになると、私は確信している。

本書をひもとき、耳を澄ましてほしい。シグナルは語っている。

1

未来学者はこう考える

大きな流れを見出すプロセス

かつては門外不出の軍事テクノロジーだったものが、今や政府の支配下を離れ、私の自宅の居間で充電器に収まっている。娘の幼稚園の遠足では写真撮影に使った。屋根が雨漏りしているかどうかを確認するのにも役立った。猛吹雪の後には自宅周辺を飛ばして、通れない状況に陥った近所の道路を空撮し、動画を町内会に送って除雪車を派遣してくれるよう依頼した。

そう、ドローンである。それも特別なものではない。おおかたの市販モデルがそうであるように、プロペラが四つあり、私があらかじめ設定したルートを自動的に飛ぶ。

二〇一五年にはカリフォルニア州で、民間人が動画撮影のために飛ばしていた二機のドローンが不運にも、急速に燃え広がる山火事を消し止めようとしていた消防隊の妨げとなった。[*1]その結果、火は高速道路に燃え広がり、十数台の車両が燃えた。空港周辺で写真や動画を撮影していたドローンに絡む事故もいくつか起きている。連邦航空局（FAA）に報告されたケースでは、[*2]ドローンがジェットブルーの航空機の先端に危うく衝突しそうになった。他にも、着陸しようとしていたデルタ航空機の進路をドローンが遮った例もある。[*3]

ＦＡＡの推計では、二〇一五年のクリスマスシーズンには一〇〇万個のドローンがプレゼント用に販売されたという。[*4] しかし、ＦＡＡも他の政府機関も、アメリカの一般市民に対してどのようなドローンの使用規制を課すべきか決めていない。ドローンと航空機とのニアミスをきっかけに、空域規制をすべきか否かという議論が起こり、無人航空機（ＵＭＶ）の先行きに強い利害を持つドローンメーカーと航空産業は不愉快な協議を迫られている。

ドローンは急速な勢いで端っこから主流へと移行したテクノロジーで、計画性と先見性の欠如から何十という組織が衝突することとなった。アマゾンが提案したのは、空中に新たな「ドローン・ハイウェイ・システム」をつくり、商業用ＵＭＶと愛好家やジャーナリストなどのドローンとの住み分けをはかるという仕組みだ。私のように娯楽目的で飛ばすドローンは高度二〇〇フィート（約六一メートル）未満に、アマゾンが宅配用に大量導入を考えているような商業用ドローンは高度二〇〇～四〇〇フィート（約一二二メートル）に限定する。それより上の空域は航空機のものとする。[*5]

一見合理的な計画のようだが、全体認識に欠ける。つまり、隣接分野で台頭しつつあるトレンドが考慮されていない。この提案や議論にかかわった人々は、空域を規制することによって、飛行物体同士の空中衝突とはまるで関係のないところでどのような影響が出てくるか検討しなかった。今日の問題に対処するだけで、いずれこの計画に影響しそうな将来の出来事を予測するというプロセスをふまなかった。

では、未来学者ならこの問題にどう対処するかお見せしよう。ここには多くの要素が絡んでくるので、まずは、いくつかの無関係な点と点を結びつける、現実味のありそうなシナリオを見ていこう。それによって、ドローンというトレンドの完全な軌道を見きわめようとせず、単に高度規制の議論に終始していると、将来的に想定外の地政学的変化や環境破壊の拡大につながる可能性があることを示せるはずだ。

商業用ドローンの通行レーンが高度二〇〇～四〇〇フィートに設定されると、新たに二五階建ての複合ビルを建てるには特別な優先権（ROW）を申請しなければならなくなり、コストや手間がかかる。そこで建築家は、建物を横長に設計しようとするかもしれない。だが、朝の会議に参加するためだけに、サッカー場を横切るほどの距離を歩かされるのはいかがなものか。

都合のよいことに、ドイツの工業製品メーカー、ティッセンクルップが水平にも垂直にも移動できる自走式エレベーターを発明している。[*6] エレベーターで二〇階分上昇する代わりに、広大な敷地を横切れるわけだ。

このような条件が整えば、新しいタイプの建物、いわば超高層ビルならぬ「超低層ビル」がアメリカの広大な空き地を埋め尽くすようになるだろう。環境保護主義者は土壌変位によって各地の川が堆積物であふれ、魚の餌となる植物が死に、その魚を餌としていた野生生物が飢えることになると抗議の声をあげるだろう。

だが、ドローンレーンの提案が承認されれば、頭上のハイウェイを大量のドローンが行き交うようになるのは必至だ。そうなると空きスペースは水平方向にしかない。

その結果、必然的に都市の建設・維持のあり方が変わるだろう。ニューヨークシティのような空き地の少ないところでは変化はあまり感じられない一方、東海岸と西海岸の間に横たわる人口の少ない地域では鮮明になる。超低層ビルはロッキー山脈東部の大平原地帯や中西部の比較的小さな都市に建設され、ビジネスとイノベーションの新たなハブができるだろう（グーグルはすでにこの地域に光ファイバーネットワークを敷設しはじめている）。

未来の成長の中心地はサンアントニオ、カンザスシティ、オクラホマシティになるだろう。既存の課税基準、選挙区、教育資源は大変革を迫られる。事前にきちんとした都市計画がされなければ、こうした新たなハブは交通渋滞に悩まされ、住宅など住民の基本的ニーズを満たすことができなくなる。テキサス州オースチン、カリフォルニア州のサンノゼ、サニーベール、サンタクララなどですでに深刻な問題となっていることだ。

アメリカの農場経営者は喜んで土地を売却し、モンサント、デュポン、ランド・オー・レイクスなどの大手農業企業は壊滅的な打撃を受ける。農場が消えたアメリカは食糧を自給できなくなり、農産物の輸入依存度が高まる。その結果、中国、メキシコ、インド、カナダなどアメリカに果物や野菜を輸出する国々との地政学的力関係は変化する。

すべて二〇一五年に、われわれが無人航空機を飛ばして、ブログやSNSに投稿する写真を撮影できたらいいじゃないかと思ったせいだ。

ただし、未来は長い年月をかけて徐々に出現するものであり、私が今、描き出したままの姿で立ち現れることはない。さまざまな要素が相応の場所に収まっていくなか、トレンドの追跡を続け、戦略を見直していく必要がある。

最初はどの事象もすべて奇抜で、無関係で、でたらめなものに思える。社会の端っこで生まれた突飛な実験や非現実的な理論のように、脈絡がなく、それぞれの点はバラバラで関連性がなく、意味のあるつながりを見出すことは難しい（空中のドローン・ハイウェイ？　超低層ビル？）。だが徐々に一定のパターンが形成され、まぎれもないトレンドとなって浮かび上がる。たくさんの点が収斂し、一つの方向性や傾向を指し示すようになる。それは何らかの人間のニーズと、それを実現する新たなテクノロジーを組み合わせ、未来を形づくる力となる。

未来学者はシグナルが語るのを聴き、解釈する。これは学習可能な能力であり、誰もが身につけられるプロセスだ。未来学者は初期のパターンを探す。「プレ・トレンド」ともいえるだろうか。端っこに散らばった点と点が収斂し、主流に向かって動き出そうとしている状況だ。見つけたパターンのほとんどがモノにならないことはわかっている。それでも辛抱強く目を凝らし、検証しながら本物のトレンドに発展するものを探す。一つひとつのトレンドは未来を見通す鏡、先を読む手段だ。

未来を予測することのメリットは明らかだ。誰よりも早くトレンドを見抜き、行動を起こす組織は、先行者としての影響力を手に入れる。しかも、他の分野のパートナーとの対話や協業を通じて将来に備えるなかで、社会に幅広く変化を知らせ、新たな流れをつくることができる。

自分に読めない未来の計画を立てるなど、とんでもないことだ。だが、企業の取締役会や政府の議会では日々それが起きている。リーダーがシグナルを無視し、行動を起こすのが遅れる、あるいはたった一つのシナリオにしか備えないといったケースがあまりに多い。

先行者は新たな戦略を生み出し、新時代の思想的リーダーの立場を獲得し、トレンドに乗るワザを生み出し、成果をあげるだけではない。製品の第三版、第四版まですでに用意している可能性が高い。トレンドが成長し、進化していくにつれて、広大なネットワークが構築されていく。それは、研究者とメーカー、ベンチャー・キャピタルの資金とベンチャー企業、消費者と得体の知れない新たなテクノロジー（たとえば、見えない場所まで飛ばしてスパイ活動をさせられるほど高性能なコンピュータを搭載したドローン）を結びつける。

すでに業界で支配的立場にある企業は、新たなテクノロジーのもたらす未来に向き合わざるを得なくなるまで先送りするケースが多い。だがその時点で、未来ははるか手の届かないところに行ってしまっている。

その原因は、「現在のパラドックス」にある。われわれはテクノロジー、安全、そしてさまざまな政府機関や設備メーカーの思惑といった状況の複雑さに怖じ気づいて、ドローンのようなテクノロジーがどのように端っこから姿を現わし、未来の主流へと変化するかを幅広い視点からとらえることができない。

私の思い違いかもしれないが、今日ドローンの未来を検討している組織のリーダーのなかに、未来学者の方法論を使って、サンアントニオの交通渋滞や中西部の農場経営者、あるいは中国のトウモロコシに依存するアメリカといったわれわれが生み出しつつある未来に思いをはせている者はほとんどいないのではないか。

変化への抵抗は、「爬虫類脳」に刻み込まれている

未来に備えるためには、時間と手間をかける必要がある。未知なるものへの恐れと拒絶感は、どの世代も手を焼いてきた、人類史を通じて存在するテーマである。フリードリヒ・ニーチェの永劫回帰という見立てが正しく、われわれは今、過去に数えきれないほど生きたものとそっくり同じ人生を繰り返しているのか、[*7]あるいは未来は「創るもの」ではなく「降りかかってくるもの」だという意識を内面化してしまったかのどちらかであることを示唆している。

変化への抵抗は、われわれの脳に太古からある、脳幹と小脳の近くの脳の下部に位置する「爬虫類脳」にしっかりと刻み込まれている。心拍数や体温など自律的な生命維持機能をつかさどるのはこの部分だ。人類の進化の過程を通じてわれわれの種を保護・保存してきた「闘争・逃走」反応を制御するのもここである。

このシステムが、複雑な新たな概念に圧倒されたり、なじみのないトピックについて判断を迫られたりすると、自らを守るために心理的苦痛、恐れ、不安を引き起こす。アドレナリンが体内を駆けめぐり、必要とあれば闘争あるいは逃走する準備を整える。新たなテクノロジーに対する抵抗は呼吸と同じ反射的なもので、思考を伴わずに起こる。

一九七〇年、社会思想家のアルビン・トフラーは『未来の衝撃』を著し、[*8]コンピュータの登場と宇宙開発競争によって社会の混乱と分断化が起きると主張した。イギリスの物理学者でノーベル賞も受賞したジョージ・トムソンは、六〇年代から七〇年代にかけて起きていた技術的変化に

最も近似しているのは産業革命ではなく、「新石器時代の農業の発明」である、と論じた。[*9] 同時期にアメリカでオートメーションを主導した経営者のジョン・ディアボールドは、「われわれが今経験している技術革命の影響は、これまで経験したいかなる社会変化より深い」と警鐘を鳴らしている。[*10]

大規模な根本的変化に適応する、有効性が未知数のテクノロジーに賭けるといった行動は、爬虫類脳を呼び覚ます。われわれにとっては、漸進的変化のほうが心地よい。爬虫類脳を刺激せずに、未来に備えて現状を変えているという錯覚を得られるからだ。

爬虫類脳はときとして、重要な変化がすでに起きているという事実を否認させようとする。目下、人類史上で初めて、ほんの二〇～三〇年の間に重大かつ根本的変化が起きていること、しかも、テクノロジーがその推進力となっていることを認めようとしない著名な思想家は多い。たとえば、経済学者のロバート・ゴードンは著書『アメリカの成長の盛衰（原題 *The Rise and Fall of American Growth*、未邦訳）』のなかで、人類史で最も優れたイノベーションが生まれたのは一八七〇年から一九七〇年にかけてであり、この時代のアメリカの独創性と生産性に比肩するものは二度と現れない、と主張している。[*11]

その一〇〇年の間に起きた変化は人々の生活を一変させたうえに、即時に効果のわかる単純明快なものだった。ペニシリンの発見によって多くの細菌性感染症が撲滅された。ヘンリー・フォードの組立製造ラインによって自動車が庶民に手の届くものになった。潜水艦によって戦場は水面下に移った。工場ではロボット設備が人間に置き換わった。ラジオによってアメリカのあらゆる世帯の居間にニュースが届くようになった。

それに引き換え、今日の技術進歩は何倍も微妙かつ複雑で、意識的に努力しなければ理解できない。量子コンピュータがいい例だ。既存のコンピュータには難しすぎて解けない問題を解くことのできる、まったく新しいタイプのシステムである。自宅やオフィスのコンピュータは、「1」と「0」で表現されるバイナリ（二進法）情報しか処理できない。それが量子コンピュータでは、「1」と「0」という二つの状態が同時に存在し（量子ビット）、並列的に処理できる。二つの量子ビットをつくれば、同時に「00、01、10、11」という四つの値を持つことができる。[*12]

プログラマが従来型システムをデバグする場合、正しい「1」と「0」から値をコピーしたり抜粋したりするコードを書けばいい。わかりやすい話だ。一方、量子システムにおいては「1」と「0」がさまざまなコンビネーションを形成し、変化しようとするデータを観察しようとする行為そのものが、データの性質を変えてしまう。コンピュータといっても、われわれが知っているものとは、見た目も、仕組みも、実行できる機能も違う。

量子コンピュータを目にすることはあまりないだろうし、見たとしても、特別な印象は持たないだろう。囲いに覆われた、巨大なサーバーラックのようだ。この先、見た目が劇的に変わるとしても、物理的に小さくなるだけだろう。それでもみなさんが、このテクノロジーの恩恵を享受するのは間違いない。買い物中の個人データやクレジットカード番号を暗号化する、大気中から汚染物質を除去する方法を見つける、患者個人に合わせた新しい薬剤をデザインする、将来の伝染病の拡散を予測するといったことに使われている。

一世代前には、たった一台のコンピュータで部屋が埋まっていた。理論的には冥王星は、海王星の軌道の外側に存在する、凍った帯状の惑星だった。今日、小さなスマートフォンには、ニール・アームストロング、バズ・オルドリン、マイケル・コリンズを月に送った当時のアメリカ航空宇宙局(NASA)を上回るコンピューティングパワーが入っている。

スマートフォンがありふれたものに思えるのは、われわれが完成品しか見ていないからだ。背後にあるテクノロジーや、それらテクノロジー自体がスマートフォンとは関係なく進化を続けていることを知らないからである。それでもリアリティ番組にツイートを送り、インスタグラムにノーメイクの自撮り写真をアップし、健康状態や現在地、バイタルサインを追跡・管理することはできる。会ったこともない赤の他人にまで見られることをいとわず、個人情報を共有している。

序章で取り上げた、ネット接続が可能な初期の携帯電話を多くの人が軽く見ていたのと同じように、スマートフォンについても、あんなものはおもちゃで、人類を月に送った技術とは比較にならない、技術的ブレークスルーとはいえないと主張する人もいるかもしれない。だが、スマートフォンに入っているのと同じテクノロジーが、多くの産業のあり方を根底から変え、僻地では命にかかわる医療検査に使われ、われわれの政治意識や世界観に変化をもたらしている。

現在が途方もない時代であることが認識されない理由の一つは、変化が見えにくいものだからだ。そしてもう一つ理由がある。新しいモノの出現がすっかり当たり前になったことだ。毎年新たなテクノロジーが現れ、誰もが夢中になって貪欲に取り入れ、変化はさらに加速している。

一九〇〇年代初頭の画期的な技術的イノベーション、洗濯機を例に考えてみよう。アメリカで洗濯機の世帯普及率が五〇％を超えるまでに三〇年近くかかった。[*13] 一九五一年にCBSが初のカラー番組「プレミア」を放映すると、[*14] 一五年も経たないうちにアメリカのほとんどの家庭が白黒テレビを捨てた。[*15] 二〇〇七年に初代iPhoneがリリースされてから二〇一五年までの間に、アメリカ人の七五％以上がスマートフォンを購入した。[*16] すでに国民の七％は固定電話と伝統的なブロードバンドサービスを解約してしまった。[*17]

トフラーの『未来の衝撃』が出版された年、アメリカのスーパーマーケットの棚には約七〇〇〇品目の新商品が並んだ。そのうち五五％は一〇年前には存在しなかった商品だ。[*18] 二〇一四年にはクラウドファンディングサイトのキックスターターで、二万二二五二件のプロジェクトが資金集めに成功した。[*19] その一つが、スマートウォッチ「ペブル」の考案者によるプロジェクトで、六万九〇〇〇人の個人が合計一〇〇〇万ドルを出資し、アップルやサムスンなどの大手企業が慌てて対抗商品を市場に送り出すきっかけとなった。[*20]

企業評価が一〇億ドルを突破するハイテクベンチャーを表現する新たな言葉までできた。「ユニコーン（一角獣）」である。これほどの規模の投資は、かつては空想の世界でしかありえなかったからだ。二〇一五年半ばには一二三匹ものユニコーンが存在し、その時価総額は四六九〇億ドルに達した。[*21] このとてつもない数字をわかりやすい比較にしてみると、ウーバーの五一〇億ドルという評価額は、その当時のクロアチアのGDPに匹敵した。[*22]

新しいもの、旬のもの、次に来るものの抗いがたい魅力によって、われわれは常に闘争・逃走状態に置かれている。逆説的ではあるが、われわれは最新のガジェットやツールを不安に思うと同時に、心待ちにしている。次々に登場するキラキラ輝く新製品に圧倒され、一歩下がって点と点を結び、自問する余裕すらない。

「このテクノロジーは、他のものにどのような影響を与えるのか」「いったい何が起きているのか」「もっと大きな、そして重要なトレンドを見逃していないか」「われわれはどんな軌道に乗っているのか、それは合理的なものか」。ここに挙げた問いはすべて、未来学者が日々考えているものだ。しかし多くの組織では、端っこのテクノロジーが主流になって初めて不安を抱き、流れに乗ろうとし、すでに手遅れだと判明する。そして産業そのものが斜陽となるケースが多い。

未来予測に関する議論がなされていないために、変化をめぐる見解は分裂気味であり、支持も反対も一貫性なく表明されている。たとえば二〇一三年には、サイバーセキュリティやデジタル監視をめぐる機密文書をメディアにリークしたエドワード・スノーデンが激しく非難されたが、しばらくすると、その行為は称賛されるようになった。政治指導者やメディア組織、さらには一般の人々までが、当初はスノーデンの逮捕（あるいはそれ以上の制裁）を要求した。だが二〇一四年一月には、ニューヨーク・タイムズ紙の編集委員会が社説にこう書いている。

「スノーデン氏が明らかにした情報の途方もない価値、そしてその後氏が直面した不当な扱いに鑑みると、一生涯国を追われ、恐怖と逃避の人生を送らせるべきではない。スノーデン氏の現状は罪を犯した結果かもしれないが、氏は母国に多大な貢献をした。（中略）今から思えば、このような類の情報収集を告発するには世間に公表するしかない。その結果沸き起こる世間の怒りをテコに、組織上層部を正そうとスノーデン氏が考えたのは、明らかに正しかった[*23]」

われわれはトフラーが警告した「未来の衝撃」より、むしろ、ひたすら続く混乱に悩まされている。テクノロジーが日々の生活に浸透していくなか、その影響力に戸惑っている。ゲノムを通じたバイオハッキング、自己修復型ロボットといった未来を、しっかり理解したうえで判断を下すのは一段と難しくなっている。

しかし、判断しないわけにはいかない。実際にわれわれは、意識的・無意識的を問わず、日々何千という判断をしている。食べ物に関する判断だけで、その数は二〇〇件にのぼる。[*24]どんなアプリを開発すべきか。新しいイノベーションのうち、どれを試すべきか。どのベンチャーを支援すべきか。どちらに向けて方向転換すべきか。

もっと些細なところでは、ネットフリックスでどの映画を見ようか、スポティファイでどの音楽を聴こうか、オンライン出前サービスのシームレスでどんな夕食メニューを注文しようか、アマゾンで販売されているボードゲーム「モノポリー」二七六七種類のうちどれを選ぶか、といった判断を日常的に下している。[*25]

われわれは、利便性、効率性と引き換えに、増え続ける情報と選択肢の責め苦を甘受するという「悪魔の契約」を結んだのだ。テクノロジーは誤った判断を下すか、判断を放棄するかの二者択一を迫っており、それはすでに（あるいはこれから）不本意で破滅的な結末を招く。この急激な技術的変化の時代にあって、われわれは今自分たちのしていることが大きなエコシステムのなかでどのような意味を持つのかを考えず、バリューチェーンのほんの一点ばかりに目を凝らしている。

バイアスに振り回されないために

ゲノム編集、自動運転車、ヒューマノイド・ロボットといった未来を驚異の面持ちで見つめるとき、心得ておかなければならないのは、今日の現実によって、われわれの認識にはある程度のバイアスがかかるということだ。闘争・逃走反応は先史時代の祖先がサーベルタイガーの餌食になるのを防ぐのには役立ったかもしれないが、より良い未来を夢想し、備えるという人間固有の能力を伸ばす妨げとなってきた。

体系立ったプロセスを持たなければ、「現在のパラドックス」のワナにはまる。われわれが未来を読むのが苦手なのは、現在との共通の物差しが存在しないためだ。

中世のペストが蔓延した時代に生きていたシチリア人に、ほんの数百年後にはたった一回の注射で多くの病気を治せてしまうようになること、そればかりか、ロボットがレーザー切開心臓手術を手伝うようになると説明できるだろうか。初代「モデルT」を組立ラインから送り出したばかりのヘンリー・フォードに、孫の時代には自動運転が可能な、コンピュータ化された電池で動く車が登場すると説明できるだろうか。一九八六年にトヨタ自動車が五〇〇〇万台目の車を出荷したとき[*26]、当時の豊田英二会長に、ほんの数十年後にはビッグ4は、トヨタ、ホンダ、ゼネラルモーターズ（GM）、マツダから、テスラ、グーグル、アップル、ウーバーに代わるだろうと伝えたら、信じただろうか。エイダ・ラブレスが世界初の計算機向けアルゴリズムを書いた時点で、コンピュータのなかで同じ情報が存在すると同時に、存在しないことがありうるという量子コンピューティングの概念を説明したら、理解されただろうか。

われわれもまた、過去の世代とまったく同じ認知バイアスにはまりうる。遠い先の未来どころか、目の前の未来すら読むことができない。組織、コミュニティ、そして個人も、史上類のないペースで進化するテクノロジーがもたらす初めての状況を、何百とクリアしなければならない。そのミニチュア版を、われわれは毎日経験している。新しいモバイルアプリ、新しいウェアラブル・フィットネスデバイス、新しいハッキング、ソーシャルメディアでの新手の嫌がらせ、ネットフリックスの最新番組を「浴びるほど観る」ための斬新な方法などだ。

新しいものが当たり前になった結果、大きな流れを理解することが難しくなっている。今、この世界に存在する情報の大部分は、一〇年前には存在しなかった。人類史の始まりから二〇〇三年までに、五エクサバイト（一エクサバイトは一〇億ギガバイト）の情報がつくられた。それが今では二日ごとに新たに五エクサバイトの情報がつくられている。[*27] あなたがこのページを読む一分間に、フェイスブックだけで二八〇万件のコンテンツが共有され、[*28] インスタグラムでは二五万枚の新たな写真が投稿されたはずだ。[*29]

われわれが未来を読めない原因は、情報不足ではない。ウェブで「ドローン」を検索すると、検索可能なインデックス化された部分だけでも、一億二〇〇万件がヒットする。[*30] 検索に引っかからない部分（パスワードで保護されている、特別なソフトウェアがないとアクセスできない、ピア・トゥ・ピアネットワーク上に存在する、検索エンジンのクローラーが発見するための特別なコードが含まれていないなど）には、さらに何十万というフォーラムへの投稿、図表やコメントがあるはずだ。

ワシントンポスト紙は、二〇一五年だけでドローンに関する記事を七一七本出した[*31]。同時期にブルッキングス研究所は、ドローンに関して六五の白書、寄稿、ブログ投稿を発表した[*32]。大量の情報が存在するようになった今、こうしたすべての新たな知識とデータを解釈し、有効活用する方法を見出す必要がある。情報量の増加は、われわれを賢くするより、混乱させる傾向がある。何千個というドローンがアメリカ中を飛び回っている。そして政策当局者には十分な情報がある。それにもかかわらず、彼らには未来に向けた戦略がない。

情報過多な状態は、新しいものを理解する能力を阻害する。新たな製品が毎日のように登場するテクノロジー分野においては、それが特に顕著だ。テクノロジー記者から「ユーチューブ・キラー」ともてはやされた動画サービス、ジューストは、サービスが立ち上がる前にベンチャー・キャピタルから四五〇〇万ドルを集めた[*33]。シリコンバレーのカリスマ二人が立ち上げた写真共有アプリのカラーも、サービス開始前のベンチャーとして四一〇〇万ドルを調達した[*34]。新発想のデジタル版クーポン保存サービスという触れ込みだったアドキーパーはサービス開始前に四三〇〇万ドルを集めた[*35]。

ここに挙げた三社の創業者は、いずれもユニークなサービスを約束した。ただ新しさというのは目くらましで、必ずしも追跡すべき新たなトレンドとは限らない。ジューストの出資者は投資を全額失った。二〇〇六年というのは動画ストリーミングには時期尚早だった。カラーは製品として消費者には複雑すぎて理解できず、ハイテクブロガーには不評だった。アドキーパーは発想こそおもしろかったものの、実際にはネットで見たバナー広告を保存したいと思うユーザーはいなかった。ここに挙げた三件だけで、実に一億二九〇〇万ドルが露と消えたのである。

現在のパラドックスは、遠い未来、そして近未来のテクノロジーに関するわれわれの判断をゆがめる。一時的に流行しているアプリを本物のトレンドと誤解することもあれば、破壊的変化の波を一時的な現象と見誤り、特異な例として切り捨てる大失態を犯すこともある。

ソニーがハッカーに攻撃され続けた理由

ソニーほど現在のパラドックスの怖さを知る企業はないだろう。二〇一四年二月初旬、ハッカーがソニー・ピクチャーズ・エンタテインメントの社員二人のユーザーアカウント認証情報を入手した。ソニーの法令順守担当バイスプレジデントだったコートニー・シェイバーグは、法務責任者をはじめとする経営幹部にメールを送り、情報漏洩があったこと、そして不法侵入者によってマルウェアがアップロードされた可能性があるという事実を伝えた。その際、「二つのアカウントはすでに無効化した」と伝えるとともに、部下が状況を調査していることを報告した。追って、ハッカーが「スピリット・ワールド」に侵入したという続報が伝えられた。スピリット・ワールドとは、メディアファイルの配信の他、請求、予約などに使われる、同社にとっていわば中枢神経系のようなシステムだ。[36]
しかし経営陣は、未来に備えて効果的な戦略を立てることもなく、この事件を取るに足らないものと切り捨てた。ゼロデイ脆弱性（まだ対策が講じられていないセキュリティの脆弱性）を探したり、新たなマルウェアや攻撃に関するハッカーコミュニティの議論に聞き耳を立てたりすることもなかった。シグナルが語っていること、すなわち、ハッカーが攻撃の対象を次第に企業へとシフトしつつあることに注意を払わなかったのだ。

世界最大のeメール・マーケティングサービス会社のエプシロンもハッキングに遭い、ウォルマートからキャピタル・ワンまで幅広い企業のために保管していた二五〇〇の顧客メールリストのアカウント情報をさらされた。[*37] 手芸用品チェーンのマイケルズは、店内に設置したPIN入力端末七〇台に侵入され、クレジットカードとデビットカードの情報を盗まれた。この情報をもとに偽造されたカードが、カリフォルニア州とネバダ州全域のATMで使用された。[*38] シティバンクは、ハッカーに二〇万件のクレジットカード情報を盗まれたことを発表した。[*39]

どのハッカー被害も重大なものだったが、不法ハッカーのコミュニティにとって、ソニーは常に特別な標的だった。

ソニーが最初にハイテクコミュニティの怒りを買ったのは二〇〇五年、音楽部門がCDをめぐって強硬な立場をとったときのことだ。ソニーはコピー防止のためCDに二つのソフトウェアを組み込んでいたが、それと同時に、ユーザーへの通知や許可なく、ひそかにルートキット（ユーザーに悟られずにコンピュータ・システムを制御するソフトウェアの一種）を仕込んでいた。

ある意味では、ソニー自身がハッカーのような行為をしていたわけだ。違法コードを埋め込み、ユーザーの音楽視聴行動などに関する膨大な情報を集めて本社に送っていたのだから。ルートキットは常に動作しているのでCPUへの負荷が大きく、コンピュータを遅くしてしまう。一般のユーザーではアンインストールするのも難しい。ソニーはわずか二年でこのソフトを埋め込んだCDを二〇〇〇万枚以上も販売しており、ゆゆしき問題だった。[*40]

最終的にメディアがこの問題を大きく報じ、訴訟に発展した。アメリカの公正取引委員会（FTC）が介入し、ソニーがアメリカの法律に違反していることを認め、コピー防止対策が施されたCDに明確な表示をするとともに、消費者の事前了承を得ることなくソフトウェアをインストールすることを一切禁じた。[*41]

未来学者なら例外なく、シグナルを聞き取ったはずだ。来るべき事態の前兆ははっきりと現われていた。ハッカーコミュニティはソニーの行為を、個人のコンピュータ使用をコントロールしようとする組織ぐるみの陰謀とみなし、激怒した。インターネット掲示板やメーリングリストには、ソニーのサーバーに侵入しようという呼びかけがあふれた。

数年後にはハッカー集団「fail0verflow」がプレイステーション（PS）3のセキュリティコードを見つけ、きわめて基本的で原始的なコードをネット上で公開した。続いてユーザーネーム「GeoHot」を名乗り、iPhoneの「脱獄」で有名になった高校生のジョージ・ホッツが、PS3のルートキーを見つけたと発表した。それを使えば、PS3のコンソールを誰でも脱獄でき、自作あるいは海賊版のソフトで遊べるようになるという触れ込みだった。ホッツは詳細を自分のサイトで明かしただけでなく、ユーチューブで手順を説明する動画まで流した。[*42]

当然ながら、ソニーがこうした動きを快く思っていたわけではない。ソニーはコードを投稿したり配布したりした者は例外なく訴えると脅しをかけ、関与した者に関するIPアドレスなどの個人情報の提供をグーグルとツイッターに義務づける連邦判事命令を要求した。また、一時的な禁止命令を勝ち取ってホッツのコンピュータを押収した[*43]。ホッツのサイトを訪問した者全員のIPアドレスを入手する権利も勝ち取った。その後、PS3が非公式コードを実行することを防止する、ファームウェアの強制アップデートを発表した[*44]。

こうした対応は、ハッカーコミュニティの怒りに油を注ぎ、全面闘争を招いた。新しいファームウェアはアップデートから数時間も経たないうちに、有名なハッカー活動家のKaKaRoToKSにクラックされた。「HasSonyBeenHacked.com（ソニーはハックされたか）」というウェブサイトまで立ち上がり、新たな攻撃がもれなく熱狂的に追跡された。ハッカー集団「アノニマス」もメンバーを動員し、PS3絡みの訴訟とホッツを刑務所送りにしようとしたことに対する報復を呼びかけた。その投稿内容はこうだ。

「おまえらのビジネスのやり方は、消費者がカネを出して購入し完全な所有権を持つ製品を、自らが望むように使う権利を否定する企業倫理を体現している。（中略）アノニマスの権利を踏みにじったからには、今度はおまえが踏みにじられる番だ[*45]」

これに対しても、ソニーは対応をとらなかった。驚くことに、経営陣はこうした事件をどれも例外的な一過性の攻撃とみなした。成功している製品には目を向ける一方、サイバーセキュリティのトレンドを追跡し、対応することには関心を払わなかった。

それから数カ月の間に、ハッカーはソニーのプレイステーション・ネットワークに侵入し、七五〇〇万人分のユーザーネーム、アドレス、誕生日、パスワード、パスワード・セキュリティへの回答、プロフィール情報、クレジットカード番号、購入・請求履歴を入手し、その結果、ソニーには一億七一〇〇万ドルのコストが生じた。[*46] それからの半年間で、明らかになっているだけでも二一件の主要なハッカー攻撃があった。[*47]

二〇一四年には、ハッカーはプレイステーションを攻撃することに興味を失っていた。だからといって、ソニーへの興味を失ったわけではなかった。ゲームはソニーのグローバル事業の一部にすぎない。他にもエレクトロニクス、音楽、ネットワークサービス、金融サービスを展開している。その製品には画像センサー、半導体、デジタルカメラ、ＬＣＤテレビ、そしてもちろん映画がある。

数多くの攻撃に見舞われていたにもかかわらず、ソニーが何の戦略も立てなかったのは明らかだ。二〇一四年一一月二四日、法令順守担当のジェイバーグがスピリット・ワールドへの侵入についてメッセージを送った九カ月後、ソニー・ピクチャーズの全従業員のコンピュータ画面に、薄気味悪い画像が表示された。いかにもリアルな赤みがかった骸骨が、手の代わりの鉤爪《かぎつめ》を突き出している。その画像にはこんな文字が重なっていた。

「おまえらの機密や最高機密を含む社内データをすべて入手した。われわれに従わなければ、データを世間にさらす」

文字の下にはジップファイルへとつながる五つのリンクがあり、午後一一時というタイムリミットが黄色いフォントで書かれていた。ハッカー集団は「ガーディアン・オブ・ピース（平和の守り人）」、略して「＃ＧＯＰ」と名乗っていた。[*48] ＃ＧＯＰは遠隔操作でハードドライブを消去し、メールをシャットダウンし、大量の機密情報を盗み出した[49]。

五つのリンクは、きわめて機密性の高い社内データを含むディレクトリにつながっていた。そこにはパスワード、クレジットカード番号、ソーシャルセキュリティ番号、そしてシルベスター・スタローンやジャド・アパトーなどハリウッドの大物の連絡先などが含まれていた。ソニー・ピクチャーズの従業員についても同様の情報が含まれており、さらには給与情報まで入っていた。

ハッカーは情報を公表しただけでなく、ソニーが使っていたファイル構造やファイルの名称をそのまま暴露した。その結果、ソニーが「YouTube login passwords.xlsx」「Important Passwords-TAAS, Outlook, Novell.txt」「Password/Social Password Log.xlsx」「SPI Employees Levels_401(k) sort_passwordv2.xls」など、中身がそのままわかるようなファイル名で文書を保存していたことが明らかになった。なかには「UserNames&Passwords.xls」というそのものずばりの名前のファイルまであった[50]。

セキュリティの専門家は目を疑った。パスワードがプレーンテキストでそのまま保存されていた。エクセルシートは暗号化されていなかった。企業のファイル共有システムはオープンで、コンピュータファイルの開き方を知っている者なら誰でも、何テラバイトものデータを抜き取ることが可能な状態だった。

ソニーは現在のパラドックスのワナにはまり、どの攻撃も特異なものだと考え続けた。長期的な視点を持たず、今後の戦略を立てなかったために、しまいには、ソニー・ピクチャーズとハリウッドのお粗末な内幕を屈辱的な形でさらけ出すこととなった。プロデューサーのスコット・

ルーディンと元共同会長のエイミー・パスカルとの間で交わされたメールが暴露されたのである。ルーディンがアンジェリーナ・ジョリーについて「甘やかされたガキ」「キャンプの余興レベルの芸で名前が売れてる、それだけだ」「あんな女を起用して大コケするのはごめんだ、どんなバカだってそれぐらいわかる」などと書いていた。[*51]

ソニーとアメリカ映画協会（MPAA）の弁護士の間で交わされたメールもあった。そのうちの一つには、二〇一四年一〇月八日にカリフォルニア州シャーマンオークスのMPAAの事務所で開かれることになっていた会議の議案が添付されていた。[*52]その内容は「サイト・ブロックの拡大とコストについて」となっていた。MPAA、ユニバーサル、フォックス、パラマウント、ワーナー・ブラザーズ、ディズニーなど大手映画会社と共同で、コムキャストなどのインターネット・サービス・プロバイダー（ISP）が作品の海賊版をホスティングするウェブサイトへのアクセスをブロックするよう、ひそかに法的・技術的措置をとろうとしていたのだ。

ハッカーが盗んだファイルを調べるほど、ソニーのダメージの範囲は広がった。ハッカーは「ペーストビン」と「ギットハブ」というウェブサイトを使って、日々の成果を共有した。さらに報道機関に毎日、大量のメールを送りつけた。まもなくハッカー集団は、ソニーへの最大の要求を突きつけた。封切りの迫っていた映画『ザ・インタビュー』の公開を中止せよ、と。二人の不運なアメリカ人が北朝鮮の指導者、金正恩の暗殺に送り込まれるというコメディだった。

この攻撃は、サイロのような閉鎖空間にとどまるはずだった技術的発明や過ちが、今日の世界では多大な産業や個人に影響を及ぼしていくことを示す象徴的な例といえる。ソニー・ピクチャーズがサイバーセキュリティの未来を読めなかったことをきっかけに、最終的には連邦機関と企業が個人データを収集・利用するための法的枠組みがつくられた。ここには犯罪の捜査対象となっていない個人も含まれる。

もし未来学者がこの事態を読み解くならば

未来学者なら、こんな具合に点と点をつなげていく。

映画の大々的な封切りをキャンセルするということは、他社と共同で実施する推計一〇〇〇万～一二〇〇万ドル規模のマーケティング活動もキャンセルになるということだ。[*53] ハッカーはハリウッドの外でも、アメリカ国内の映画館に物理的テロを仕掛けると脅迫していた。その結果、映画館は数百万ドルのチケット売上げを失った。

ソニー→映画館の売上げ→エンターテイメント産業

収益も大きな問題ではあったが、それ以上に二〇一二年にコロラド州オーロラで映画『ダークナイト ライジング』の上映中に起きた銃乱射事件の記憶がまだ生々しく残っていた。リークされたファイルを調べたセキュリティ専門家は、ハッカーが北朝鮮出身者であることを確認できなかったが、脅迫を本物と考える根拠は十分にあった。罪のない映画ファンを再び恐ろしい攻撃のリスクにさらすことなどできない。国土安全保障省は「アメリカ国内の映画館を標的とする積極的攻撃を示唆する信頼性のある情報はない」との見解を出したが[*54]、ソニーはハッカーの要求に従い、映画の配給を中止した[*55]。

バラク・オバマ大統領をはじめ、政治家はソニーに映画の公開を求めた。一二月一九日の記者会見で、大統領は、ソニーが計画していた封切りを中止したのは「誤り」だと指摘した。「どこかの国の独裁者がアメリカ国内で検閲を実施できるような事態を認めてはならない。（中略）（ソニーには）まず私に相談してほしかった。私はこう言ったはずだ。『脅迫を許すような前例をつくってはならない』と[*56]」

ソニー→映画館の売上げ→エンターテイメント産業
→言論の自由の活動家→北朝鮮とアメリカおよびその同盟軍との地政学的関係

政治家はソニーへのハッカー侵入を、議論の紛糾していたサイバーセキュリティ法案の通過を再度試みる好機ととらえた。下院議員のピーター・キング（ニューヨーク州選出、共和党）は、企業その他の保険事業者にテロ関連の損失を還付する「テロ・リスク保険法案」をめぐる議論を再燃させた。ダイアン・ファインスタイン上院議員（カリフォルニア州選出、民主党）は、できるだけ早急にサイバーセキュリティ法を成立させるよう努力すると語った。ジョン・マケイン上院議員（アリゾナ州選出、共和党）は、大きな論争を巻き起こしていた「サイバーインテリジェンス共有・保護法案」に対抗する「安全IT法案」の成立を目指すと訴えた。[57]

マケイン議員は約束を果たした。二〇一五年三月、上院インテリジェンス委員会は非公開会議で「S754 二〇一五年サイバーセキュリティ情報共有法案」を審議し、一四対一で法律制定に取り組むことを決定した。[58] 下院ではそれに対応する超党派の法案「サイバーネットワーク保護法案」が提出され、三〇七対一一六で可決された。[59]

電子フロンティア財団（EFF）はこれを「過剰な監視を許す法律であり、絶対に阻止すべきだ」と訴えた。「無実の可能性のあるユーザーに対し、企業がスパイ行為を行う（場合によっては対抗措置をとる）広範な自由を与えるものだ」と。[60]

ソニー↓映画館の売上げ↓エンターテイメント産業
↓言論の自由の活動家↓北朝鮮とアメリカおよびその同盟軍との地政学的関係
↓何年も前に廃案になっていた異論の多いサイバーセキュリティ法案の可決

最終的にソニーは方針を転換し、『ザ・インタビュー』を、上映を希望する独立系映画館で公開すると発表した。グーグルはユーチューブとオンデマンド・プラットフォームのプレイで配信すると提案し、ソニーはそれを受け入れた。公開後、最初の週末の『ザ・インタビュー』の興行収入はネットで一五〇〇万ドル、劇場で三〇〇万ドルとなった[61]（ソニーは制作に四四〇〇万ドルを投じていた）。[62]

とはいえ映画をめぐる金銭的損失など、氷山の一角にすぎなかった。先を読む力の欠如によってソニーは、現在のパラドックスの無限の連鎖に陥ったようだった。一〇年ほど前、ソニー・ピクチャーズの情報セキュリティ担当エグゼクティブ・ディレクターは、社内のセキュリティ対策の検査を終えたばかりの監査人と対面した。二〇〇五年、CDに仕組んだマルウェアへの報復として最初の大規模なハッキングが起きた直後のことだ。

ほどなくして監査人はCIO誌のインタビューを受け、パスワード管理やファイルの暗号化の不備といったセキュリティ上の弱点について語った。そのコメントは二〇〇五年一一月号で記事となった。「ソニーはセキュリティ侵害のリスクを認識するという正しい経営判断を下した。今後ソニーに対するサイバー攻撃を計画しても時間と労力の無駄になるだろう[*63]」

ソニーの元従業員は匿名で、ウェブサイト「フュージョン」のセキュリティ担当記者にこう語っている。「本当の問題は、情報セキュリティに対する真の投資や理解が欠けていたことだ[*64]」。別の元従業員も事件後まもなく、ソニーは個々の攻撃を特異な一度限りのものととらえるばかりで、より大きな、そして深刻なサイバー・バンダリズム（文化財破壊）の表れだと認識しなかった、と証言した。脆弱性を発見するためのリスク評価は定期的に実施されていたが、報告された問題への対応は必ずしも行われなかった、とこの従業員は証言している[*65]。

ソニー、ドローン、ブラックベリー。現在のパラドックスが、われわれが未来を考え、備える妨げとなることを示す事例はこの三つにとどまらない。パラドックスを打破するには、時間的な「両手利き」になる必要がある。つまり目の前の差し迫った未来のニーズに目を向けつつ、同時に、はるか先の未来を批判的な目で見つめる能力が必要だ。そのためには、未来学者の流儀を身につけなければならない。

未来を予測するための「六つのステップ」

左右どちらも同じように使える真の「両手利き」は、人口のわずか一%しかいないとされる。研究によると、両手利きだと思っている人の多くは本当は左利きで、右利きの多い世界に適応しているだけだという。[*66] 練習すれば、誰でも両方の手をバラバラに、自在に使えるようになる。ピアノが弾ける人は、すでにある程度その能力を身につけているといえる。作曲家のセルゲイ・ラフマニノフとセロニアス・モンクは、人間技ではおよそ弾きこなせないような楽曲をつくったが、それでも腕のある演奏家が鍛錬を積めば、彼らのクラシックやジャズの難曲を、高度な技巧で弾きこなせるようになる。

未来を予測するには、ある程度知的な両手利きでなければならない。ピアニストがモンクを弾くときには、左手をコントロールしつつ右手を鍵盤上で滑らせる術を身につけなければならないように、二つの思考を同時に走らせる術を身につける必要がある。現在何が起きているのかをモニタリングしつつ、その現在が、どのように未来に結びついているのかを徹底的に考えるのだ。

未来予測には六つのステップがある。それらを詳しく見ていく前に、すべてのステップが次の原則に基づいていることを頭に入れておこう。

・未来はあらかじめ決まっているのではなく、たくさんの糸が織りなすものであり、その糸は現在にも織り込まれている。
・未来を織りなす可能性のある糸は、現在に織り込まれている姿によって観察できる。
・現在の時点で、起こりうる未来、起こりそうな未来に影響を与えることは可能である。

たいていの人は時間を直線的なものととらえる。始まりがあり、中間があり、終わりがある、と。ただある時点で起きている事象は、あらかじめ運命づけられていたわけでも、一定の道筋をたどることが決まっていたわけでもない。個々の事象は既知の、そして厄介なことに未知の変動要因に左右される。

物理学ではハイゼンベルクの不確定性原理によって、ある物体の正確な位置と速度を同時に測定することはできないとされる。つまり、あらゆるものが他のものの影響を受ける[*67](たとえばクォークの速度を知るには、それを測定する必要がある。しかし、速度を測ろうとする行為自体がそのことに影響を及ぼす可能性がある)。宇宙の法則に従うなら、まず、あらかじめ決まった単一の未来など存在せず、さまざまな変数に影響されるさまざまな未来のシナリオがあることを受け入れる必要がある。

未来予測は本来、確率論的なものだ。テクノロジーがどのように進化するか、可能性と方向性を見きわめる。だから未来という織物のごく小さなかけらではなく、全体像を見る方法さえわかっていれば、未来の要素を現在のなかに見出すことができる。

屋内フットボール場のような巨大な紡績工場で働いている職工をイメージしてほしい。数メートルおきに製造ラインが並んでいる。ラインの一方の端にはバケツに入った原綿があり、巨大なローラーを通した後、ボビンにかけていく。職工が持ち場を走り回り、破れ、裂け、詰まりがないか確認している。別の部屋では職工が糸を巨大なフレームにかけている。糸はワイヤの間を通ってより合わされ、回転するビームに巻き取られていく。最終的にビームは織機に取りつけられ、さまざまな柄の生地や織物になっていく。

工場で働く職工の一人が、目の前にある三センチ四方の布地を見たとしよう。色使いには興味をそそられても、全体としてどんな模様を描いているのか、理解するのは難しい。個別の糸をじっくり見ると同時に、織機から出てくる布の全体像の両方を見る仕組みが必要だ。

職工たちがその気になれば、全体像を見ることはできる。たとえば計画的に数センチずつ布地を調べ、パターンを把握するという手もある。だが現実には、目の前の狭い範囲の仕事に集中せざるをえない。作業者一人あたり一定量の糸や布地を生産し、時間や製品のロスを最小限に抑えるなど、日々のノルマを達成することが、彼らの一義的な任務だからだ。

技術に関してどれだけ詳しい人でも、知らず知らずのうちにこの職工のようになっていることが多い。今日の組織経営は、複雑で困難だからだ。われわれはみな、戦略的思考や計画立案に携わっている。たとえば年間予算を立てたり、向こう三年の戦略的事業計画を立てたりといった、戦略的環境に対応するのに不可欠な仕事だ。

だが一歩距離を置き、パターンに目を凝らして織り上げられていく布地を理解し、必要とあれば事態の流れを変えるために介入するといったことは、時間のかかる困難な作業だ。それが予測である。現在のパターンを認識すると同時に、そこに表れた変化が未来にどんな影響を及ぼすか、どんなパラダイム転換をもたらすかを考え、新たな波に自ら積極的に関与すること、少なくとも他人がつくり出す波に足をすくわれないようにすることだ。

理論物理学者でスウィンバーン工科大学教授を務めるジョセフ・ヴォロスの未来予測の定義は、私のお気に入りだ。ヴォロスは未来予測を「戦略立案の材料となる、戦略的思考の一種」であり、「戦略を開発、立案、執行するための環境」を充実させるもの、と説明している。[*68]

私が考案した未来予測の方法論は、もちろん他の未来学者の影響を受けているが、分析方法と範囲に独自性がある。それは六つのステップから成り、フューチャー・トゥデイ・インスティテュートでの活動と一〇年に及ぶ研究から磨きあげたものだ。[*69] 最初の四つのステップはトレンドの見つけ方にかかわるもの、最後の二つはとるべき行動を決定するためのものだ。

❶**社会の端っこに目を凝らす**：端っこからの情報をとらえられるように、幅広く網を張る。ここにはノードとノード同士の関係性を示すマップをつくり、「想定外のニューフェース」を絞り込む作業も含まれる。

❷**CIPHER《サイファ》を探す**：端っこから集めたデータを分類し、隠れたパターンを発見する。パターンはトレンドの手がかりとなるので、矛盾（Contradiction）、変曲（Inflection）、慣行（Practice）、工夫（Hack）、極端（Extreme）、希少（Rarity）を徹底的に探さなければならない。

❸正しい質問をする：パターンが本物のトレンドかどうか見きわめる。ひとたびパターンを見つけてしまうと、探すのをやめたくなるものだ。だがこれから見ていくとおり、反論を考えるのは予測プロセスに不可欠のステップだ。ほとんどの人が、自分の仮説や主張に穴がないか、徹底的に探ろうとはしない。

❹ETA（到着予定時刻）を計算する：トレンドを解釈し、タイミングが合っているか確認する。これはいわゆるS字カーブを描き、屈曲点を探すという話にとどまらない。テクノロジー・トレンドが軌道を進む際には、二つの力が働く。一つはハイテク企業内部の変化であり、もう一つは外的変化である。後者は政府や隣接する業界の動きなどで、どちらも計算に入れる必要がある。

❺シナリオと戦略を考える：未来に起こりうる、起こるかもしれない、そして起こりそうなシナリオを考え、それぞれに対応した戦略を立案する。このステップではテクノロジーの進歩の時間軸と、それぞれのもたらす結果に対する感情的反応の両方を考える必要がある。それぞれのシナリオにスコアを付与し、そうした分析に基づいて行動計画を立てる。

❻行動計画の有効性を確認する：あなたが選んだ行動は正しいかどうか。最後のステップでは、トレンドに対して選んだ戦略が、望ましい結果をもたらすことを確認しなければならない。現在と未来の両方について問いを投げかけ、ストレステストにかける。

ここに挙げた六つのステップは「X」の未来を予測するのに役立つ。Xに入るのは、車の運転、政府、金融、医療、ジャーナリズム、国家の安全保障、買い物、保険、オーケストラ、義務教育、警察、映画、投資をはじめ、ありとあらゆる分野だ。なぜなら、テクノロジーはこれから先ずっと、人間のありとあらゆる活動にかかわってくるからであり、またテクノロジー・トレンドの調査は二一世紀の組織が日々の活動の一部に組み込むべきことだからだ。

偶然とカオスが未来に影響を及ぼす

たった一つの偶然の出来事が、野球の試合からあなたの通勤ルートの混雑状況まで、さまざまなものの未来を変えてしまう。編み物も同じだ。経験者なら覚えのあることだが、たった一つのミスでマフラーの出来栄えが変わってしまう。注意散漫、数え違い、あるいは出来心からV字の編み目を飛ばしてしまうと、そのたった一つのミスのせいで、未来はまるで違ったものになる。マフラーとして使いものになったとしても、当初の狙いとはおよそ異なる仕上がりになりかねない。

未来予測は偶然とカオスに支配される。どんな行動であれ、複雑なシステム全体に影響を及ぼす可能性がある。一つの新しいテクノロジーの登場によって、数えきれないほどの出来事の発生確率が上がるかもしれない。経済環境、社会動学、金融情勢、政治的アクセスなど、さまざまな要因に変化が生じることもあるからだ。環境保護主義者のジョン・ミューアは、かつてこの現象をこう説明した。「何か一つのものを取り出そうとすると、それが世界のすべてとつながっていることに気づく[*70]」。今日テクノロジーはわれわれの組織、社会、そして日々の生活の構造のなかに、切っても切れない形ではっきりと織り込まれている。

無秩序にたくさんの「V」が散らばっているように見えるものが、実は姿を現わしつつある大きなパターンの一部だということもある。カオス理論によると、複雑なシステムはすべて動的であり、さまざまな結果が起こりうる。このため単一の結果を予測しようとするより、トレンドを起点に、起こりうる、起こりそうな、そして起こってほしいシナリオを描くべきだ。

一九九七年、スコットランドの科学者たちがクローン羊を生み出すことに成功し、「ドリー」と名づけた。科学界はこのニュースが公になった後、初めて非難の声をあげた。[*71] それでも科学者らはかまわず研究を続けた。

ただ、歴史を振り返ってもわからないこともある。あのとき、世論の激しい抗議によってイギリス議会が緊急に法整備を行い、研究を行った科学者らを逮捕し、胚細胞を使ったクローン技術を未来永劫禁止していたらどうなっていただろう。科学界が怒りに打ち震えるのではなく、即座に研究の第二段階として特定の組織、たとえば、ドリーの右の肺のクローンに着手していたらどうなっていただろう。ドリーがたった一カ月しか生きなかったら、何が起きていただろう。あるいはドリー誕生が発表されたあの日に大地震が起きて、スコットランド西海岸が壊滅状態になっていたら、どうなっていただろう。

技術的イノベーションのスピードやそのすそ野の広さ、それに対するわれわれの文化的・政治的反応を考えると、未来を予測することなど不可能だと主張する人もいるだろう。みなさんも「すべてがこれほど速く変化しているのに、私や他の誰かが未来を予測することなどできるのか」と思うかもしれない。

だからこそ未来予測には、矛盾した思考法が必要なのだ。われわれは未来はあらかじめ決まったものではなく、水平線上に姿を現わしたトレンドを見つけ、それを形づくる過程に自ら介入できることを認める必要がある。その一方で、さまざまな変動要素がさまざまなタイミングで、結果に影響を及ぼしうることも認めなければならない。われわれは「両手利き」の思考法を実践し、現在のパラドックスを克服しなければならない。三つの原則に依拠する六つのステップを活用すれば、たった一つの見込みのありそうな新しいガジェットやアプリに心を奪われることなく、テクノロジー相互の結びつきを理解し、体系的にモノを考えることに集中できるようになる。

技術進歩のペースは、われわれの慣れ親しんだ働き方や意思決定のペースを追い抜いてしまった。それでも、未来を予測することは可能だ。未来予測において重要なのは、姿を現わしつつあるトレンドに気づき、適切なタイミングで適切な行動をとることだ。そのすばらしい手本が任天堂、IBM、ディボールド、ウェルズ・ファーゴ、3Mである。いずれも一〇〇年以上の歴史がある企業だ。新たなテクノロジーや消費者の気まぐれな行動によって、一度ならず崩壊の危機に直面したが、それでもそろって今日も繁栄を続けている。

たとえばIBMは一九一一年に、コンピューティング・タビュレーティング・レコーディング・カンパニーとして創業し、時間管理システム、はかり、パンチカードマシンを製造していた。一九二四年にはインターナショナル・ビジネス・マシーンズ（IBM）に名称変更し、重要な統計の記録、その後はソーシャルセキュリティ番号などのデータを記録する事業に転換した。六〇年代には、主要な政府機関や企業向けにコンピュータをつくっていた。その二〇年後にはマイクロソフトという名の新興ソフトウェア・ベンチャーと提携し、パソコンの製造に乗り出した。

市場にＩＢＭのクローン機があふれると、今度はサービス会社に転換し、高度なソフトウェアの開発に投資するようになった。九七年には「ディープ・ブルー」がチェスの世界チャンピオン、ガルリ・カスパロフを破った。カスパロフはわずか一九手で勝負を降りたほどだ。二〇一五年には人工知能コンピューティング・プラットフォームの「ワトソン」が、メイヨー・クリニックやメモリアル・スローン・ケタリング癌センターの医師らが複雑な診断を下す支援をしている。[*72]

新しいものは、すべて奇抜に思える。これから起ころうとする変化は、日々の生活の一部となるにはあまりにも突飛に見えるからだ。それでも、私の居間にはドローンがある。超低層ビル、世界有数の企業を屈服させたハッカー、胚細胞クローン技術、医師を支援する人工知能コンピュータ。こうした技術的事象はいずれ当たり前になるだけでなく、人間と機械の進化のための重要な基礎となるだろう。

本書を通じて考えていくのは、次の問いだ。「どうすれば『もうすぐ当たり前になるもの』をそれほど奇抜と感じなくなるか」だ。六つのステップは、その答えを見つけるのに役立つだろう。だがその前に、本物のトレンドと、キラキラ光るトレンディなもの（一時的な流行）とを区別する方法を身につけなければならない。

2

空飛ぶ車は なぜ実現しないのか

トレンドとトレンディの違い

テレビアニメ『宇宙家族ジェットソン』に出てくる自家用ロケット、あるいは『スター・ウォーズ』でルーク・スカイウォーカーが乗りこなしていたランドスピーダー。子供の頃、未来の車で道路を走るだけでなく、空高く舞い上がり、上空のハイウェイを疾走する姿を想像したことがないだろうか。

　私の場合は、映画『バック・トゥ・ザ・フューチャー』の「デロリアン」だった。ダッシュボード・コンピュータに次元転移装置《フラックス・キャパシター》とガルウィング・ドアを備えたデロリアンを、幾度夢想しただろう。部品は古く錆びていても、空中だけでなく時空を超えて飛ぶことができた[*1]。

　こうした夢は一〇〇年前から続く「自動移動手段」の探求とともにあり、空飛ぶ車は一〇〇年以上にわたって大衆文化で繰り返しトレンディなテーマとして話題になってきた。一九一〇年にジョン・エモリー・ハリマンが世界初の空中自動車の特許を申請して以来、次々と登場する試作品や夢物語に大衆は期待と失望を繰り返してきた。

　一九三七年に初めて空を飛んだのはウォルド・ウォーターマンの「アロービル」だ。三年後にはヘンリー・フォードが自信たっぷりにこう発言した。「私の言葉をよく聞いてくれ。もうすぐ飛行機と自動車の合体したものが登場する」。航空業界のスポークスマンだったハリー・ブルーノがそれを補足し、未来の車は小さな「コプター」のようになる、と語った。学校が終わると「戦前は若者の乗る自転車がどっと道にあふれたように、コプターが空を埋め尽くすようになるだろう」と。四九年には雑誌『ライフ』が「エアフィビアン」の特集を組んだ。自宅の裏庭の滑走路から飛び立ち、ニューヨークのラガーディア空港まで飛んだところでコンバーチブルカーのような姿に変身し、タイムズスクエアまで乗っていける空中自動車である[*2]。

空飛ぶ車の夢は二一世紀にも受け継がれ、今日に至っても垂直に離着陸できる機能、超強力炭素繊維でできた車体、ダクト式ファンの推進システム、安価な飛行安定化コンピュータ・システムなどを備えた試作品がつくられている。こうした未来の空中自動車は、二〇世紀の試作品と比べると見た目はまるで違うが、素材を除くと設計についてはハリマンが世界初の特許を申請したときから技術的イノベーションは止まっている。

空飛ぶ車は今や、イノベーションの欠如あるいは未来を正確に予測する能力の欠如を体現する、挫折の代名詞となった。それを誰よりもはっきりと指摘しているのが、ベンチャー投資家のピーター・ティールだ。イーロン・マスクとともにペイパルを創業、その後フェイスブックに初めて社外から投資した人物である。ティールは数々の講演で、もはや技術進歩は止まっており、六〇年代以降、真の意味で未来志向のイノベーションは出現していないと語っている。ティールの投資会社のキャッチフレーズ「空飛ぶ車を待ち望んでいたのに、手に入ったのは一四〇文字だった」[*3]は、イノベーターとツイッターの両方に対する当てつけである。

ただ空飛ぶ車（が実現していないという事実）は、技術的挫折の象徴というより、トレンドを見きわめるのがいかに難しいかを表している。空飛ぶ車は一〇年おきに登場する、トレンディで魅力的なテーマである。ヘンリー・フォードの自動車製造におけるイノベーションに続いて、五〇年代にはビュイックの「オートプレーン」や「ブライアン・オートプレーン」の概念が出現し[*4]、六〇年代には「ワグナー・エアロカー」[*5]、七〇年代には「AVEマイザー」（フォードの「ピント」にセスナ機の後部を合体させたもの）[*6]、八〇年代にはボーイングの「スカイコミュータ」の試作品[*7]が出る、といった具合に。

それと同時に注視すべき本物のトレンドも存在していたが、それは空飛ぶ車ではなかった。一〇年ごとに自動車産業では重大な技術進歩が起きており、その結果、人間は次第に車を運転するという作業に集中しなくて済むようになっていった。ただわれわれはこうした技術革新が、空飛ぶ車とはまったく別のパラダイムシフトを実現するうえでどれほど重要なものなのか、まるで気づいていなかった。

「現在のパラドックス」、すなわち見聞きしたばかりの最新のシグナルだけに注意が偏る傾向や、人間の脳は、理解できない言葉や概念を使って新しいものを説明することが苦手であるという事実も、こうした問題を助長した。目の前にモノとして存在するわけではないインフラ、人工知能（AI）、そして大量のコンピュータ・システムから成る自動移動手段というトレンドを追う代わりに、なじみ深い物差しに合う目新しいモノに引き寄せられた。その結果、翼もあり空を飛ぶ自動車を注目すべきシグナルと認識した。一時的な流行であるトレンディなモノに目を奪われ続けた結果、われわれはひたすらがっかりし続けることになった。

正確に見きわめることは難しいが、トレンドの重要性はどれだけ強調しても足りない。未来をつくる側に回るには、何としても早い段階で認識しなければならない道しるべだからだ。今この瞬間にも、交通にとどまらず、さまざまな分野でいずれ人間の寿命、コミュニケーション、教育、政治などのあり方を劇的に変えるはずのイノベーションが生まれつつある。空飛ぶ車は挫折の象徴というより、むしろ、胸の躍るような新しいテクノロジーが、ときとして足下で進行中の本物の変化を見えなくしてしまう危険性を示す、格好の例としてとらえるべきだ。

こうして未来を読み違える

未来の読み違いの代表例は、空飛ぶ車だけではない。自動移動手段に関するもう一つの読み違いは、一八〇〇年代末に起きた。アメリカの都市は急激な人口増加のプレッシャーに悩まされていた。主な原因は大量の新たな移民である。たとえばシカゴはすばらしい建築と音楽で知られた街だったが、人口増加のため下水問題に苦慮していた。また未舗装の道を、大量の人間と馬が行き交った。人口増加に伴って輸送に必要な馬も増え、道を歩くときには馬糞と悪臭との闘いを強いられた。公共交通システムは馬が引っ張る「乗合馬車」で、一度に二〇人しか収容できないうえにあまりにも遅く、歩くのとあまり変わらなかった。[*8]

その頃すでにガソリン車がマサチューセッツ州スプリングフィールドやドイツで初お目見えしていたが、いずれも社会の端っこでの実験にすぎなかった。当時の人が移動手段について考えるときの共通の物差しは、混雑した道路を必死で歩く人々の姿だった。やはり彼らも現在のパラドックスにとらわれていたのだ。

移動の大変さをなんとかしたいと思ったのが、ニュージャージー州に住んでいた発明家でありワイン商人であったアルフレッド・スピアだ。スピアは店の前の光景を見ていてあるアイデアを思いついた。いつ見ても、歩道や道路を大勢の通行人が好き勝手な方向に歩いていた。

それぞれが歩く代わりに、整然と一列になって街中を移動できたらどうだろう。スピアが考案したのは、自力で歩かなくても自動的に移動できる仕組み、すなわち動く歩道だった。[*9] 動く歩道をつくれば、シカゴの人の流れが整理される。乗合馬車もスムーズに道路を通行できるようになるだろう。道は自然ときれいになり、店の前を掃除する義務を課せられていた商店主たちの負担も減る。歩く歩道は日常生活の問題を解決し、あらゆるシカゴ市民に恩恵をもたらすように思われた。

スピアは一八七一年に特許を取得し、一八九三年のシカゴ万国博覧会に向けて歩く歩道がつくられた。厚板を使って埠頭沿いにつくられた全長約一〇〇〇メートルの歩道は、時速約三・二キロで来場者を運んだ。もう一つ、二倍の速度で動く座席つきのエクスプレス・レーンがあった。利用料金は五セントで、一時間に三万一六八〇人を運ぶことができた。[*10]

スピアの発明は大人気となった。それは街中を安全かつ迅速に移動したいという人間の基本的欲求を満たしたからであり、また普通の人々の暮らしを楽にするものだったからだ。技術者や都市計画の担当者は熱心にスピアの発明を取り入れ、改良しはじめた。

一九〇〇年のパリ万博で設置された動く歩道には三つのレーンがあり、スピアのものより速度はやや速かった。[*11] 全長約三・二キロの歩道に乗客は驚嘆したが、機械がガラガラとけたたましい音を立てたので近隣の商店主は腹を立てた。[*12] まもなくマンハッタンでは通行人の混雑を緩和するため、時速三〇キロで動く高架式の動く歩道をつくる計画が持ち上がった。ブルックリン橋の上にループ方式の動く歩道を通そうという案も持ち上がった。ボストン、デトロイト、ワシントンDC、ロサンゼルス、アトランタでも起業家が同じような動く歩道を計画した。[*13] 一九〇五年には誰もが未来の移動手段は動く歩道だと思うようになっていた。

だが、パリ万博以降の計画で実現したものは一つもない。理由の一つは、シカゴの冬は厳しく、強風がミシガン湖の水をさらって降らせる大雪のなかで動く歩道を動かし続ける（そして乗客を集める）方策がなかったことだ。当初の木造モデルは騒音やぐらつきが激しく、技術トラブルが頻繁に発生した。道沿いの商店主たちは負担が減って喜ぶどころか、営業妨害だと苦情を言い立てた。

動く歩道は、当時発明されたばかりの「安全自転車」と同じように、胸躍る新たなテクノロジーだった。後者は操縦が簡単でスピードも速く、女性が乗っても問題のない乗り物と考えられていた。[*14] ちょうどその頃、端っこでは、ひと握りの技術者がガソリンと内燃エンジンの開発に取り組みはじめていた。だが、自転車が黄金期を迎えようとしていたこの時期、重さ五〇〇キロを超える金属製の箱に乗って時速六〇キロで道路を走ることを想像できる人はまずいなかった。

今日、一九世紀末から二〇世紀初頭にかけて動く歩道がなぜ、それほど熱狂的に受け止められたかを理解するのは難しい。空港でチェックイン・カウンターからゲートまでキャリーバッグを引きながら移動するとき、なぜ歩道でもないのに「動く歩道」と呼ばれるのだろう、などと考えることもない。今や誰も気にも留めないインフラとなっている。

シカゴ市が動く歩道を廃止したとき、あるいは「エアフィビアン」の実用化が断念されたとき、それぞれトレンドとして終焉を迎えたのだと思うかもしれない。しかし動く歩道も空飛ぶ車も、それ自体はトレンドではなかった。むしろ両者はまったく別のもの、すなわち自動移動手段という大きなトレンドの表れだったのだ。過去二〇〇年にわたり、移動手段の自動化という試みはずっと続いており、その過程で乗合馬車から人間による直接的な操作や監督なしに自動走行する高度な車両まで、さまざまな発明が生み出されてきた。

そもそもトレンドとは何か

テクノロジーによって、本物の潮流である「トレンド」と、一時的な流行にすぎない「トレンディ」を区別するのが難しくなった。それはトレンドが複雑でわかりにくい、あるいは目に見えないからだ。最新のアプリ、発売されたばかりのガジェット、話題のＳＮＳなど、トレンディなものにわれわれはとかく夢中になりやすい。一方、テクノロジーによって組織、政府、教育、経済、文化の形がどう変わりつつあるかを把握するのはずっと難しい。

どんなときも社会の端っこでは、やがて未来の生活に影響を与えるようなテクノロジーの変化が何百と起きている。つまりトレンドとは、特定の産業や公共セクターや社会で持続的に発生している変化、あるいはわれわれ相互のかかわり方の持続的な変化が、新たに表面化したものだ。トレンドとは、現在の要請に応えつつ、同時に未来に備えるための「いとぐち」である。ある意味ではトレンドは、われわれが変化について考え、理解するのに必要なアナロジーの役割を果たしているともいえる。

あらゆるトレンドは日常生活のさまざまな側面ともかかわっている。またトレンドには、明確かつ普遍的な特徴がいくつかある。すべてのトレンドに見られるこうした特徴を、自動移動手段の例を使って説明しよう。

トレンドは、人間の基本的ニーズから生まれ、そのニーズを新たなテクノロジーが叶える。社会の進歩に伴い生活は忙しくなり、それに役立つような一段と高度な技術が求められる。だとすれば、場所の移動にかかる時間を減らす必要が生じる。スケジュールが過密になると、移動が増え、道路も電車も空港もどんどん混雑していく。輸送手段やテクノロジーが進歩するほど会議、イベントなどの機会はますます増え、さらに移動の必要性が高まるという循環が起きる。混雑した道路での怒鳴り合いが頻発し、自由に使える時間は減っていく。あるいはそれを回避するために運転中にメールに返信したり、電話会議に参加したり、モバイルアプリをクリックしたりとマルチタスクをこなそうとする。

トレンドは、タイミングよく登場し、しかも存続する。移動手段は常に効率、スピード、自動化へのニーズを満たすためにあった。古代シュメールの王の一人、エアンナトゥム王が戦車を発明していなかったら、敵を破ってウンマの街を征服できていただろうか。できたかもしれないが、車輪つきの荷馬車があったことで戦場でのすばやい攻撃が可能になり、また兵士や馬が重い荷物を運んで疲労困憊するのを防げた。何千年にわたり、われわれは荷物を軽くし、速く動ける工夫を重ねてきた。

トレンドは、出現して以降も変化を続ける。二輪式戦車からグーグルの自動運転車までの進歩は直線的ではなかった。技術的イノベーションは新たなモノの考え方を生み出し、その結果、新しいタイプの車両が生まれた。新たに出現するバージョンは、常に過去の成功と失敗の教訓を踏まえている。

一九五〇年代にGMとRCAは、スピードとステアリングを無線操縦する自動高速走行車の試作品を開発した。[*15] 自動運転車が道路から外れないように、アスファルトにはスチールケーブルが埋め込まれた。それからの六〇年で自動移動手段は進歩を続け、やがてグーグルがカリフォルニア州マウンテンビューとテキサス州オースチンで大量の自動運転車を走らせるまでになった。グーグルにはアルゴリズムを使った自動運転車用の教習コースがある。スケートボードを乗りこなすティーンエイジャーと同じように、自動車は明確に「これを避けろ」と指示されなくても、物体を認知し、回避することを「学習」する。

二〇二〇年代末には、現在テスト中のものとそっくりのグーグルカーを運転するようになるのだろうか。おそらく、そうはならないだろう。だがグーグルの研究のおかげで、今よりはるかに運転席に座る人間の注意力や監督を必要としない車に乗っているのは間違いない。

トレンドは、互いに結びつけることのできない多数の点として社会の端っこで出現し、主流へと移動していく。今振り返ると、二〇〇四年には一見何のつながりもないような複数の点が存在していたことがわかる。

・未来の軍事テクノロジーを生み出す責任を負っているアメリカ国防総省の国防高等研究計画局(DARPA)は、一五種類の自動運転軍事車両を対象とする「グランド・チャレンジ」を実施した。カリフォルニア州からネバダ州にかけての約二三〇キロの砂漠道を走行する、というのが一五台に与えられたミッションだった。[*16]

・同じ年に、ダイムラー・クライスラーの研究開発部門は、テレマティクスとインテリジェント輸送システムの未来を研究していた。テレマティクスとは、車両と通信端末(GPSなど)に情報を送信、受信、保存するためのシステムである。[*17]

・モーター・トレンド誌のカー・オブ・ザ・イヤーは、登場したばかりのトヨタ・プリウスに贈られた。評価者は最新式のコンピュータ化されたダッシュボードを称賛した。コメントにはこうある。「コックピットはNASAのクリーンルームから持ってきたように見えるが、プリウスの操作はテレビと同じぐらい簡単だ。『パワー』ボタンを押せばエンジンが起動し、ジョイスティックで『D』を選択し、『ドライブ・バイ・ワイヤ（電気制御方式）』のスロットルペダルを押せば、もう出発だ[*18]」
・グーグルが衛星地図ベンチャー、キーホールを買収した[*19]。
・グーグルの開発者は、スマートフォンの持ち主の所在地を認識できる高度なモバイルOS「アンドロイド」の初期版の開発に取り組んでいた[*20]。
・QNXも車両向けのOSを開発していた。QNXはまもなく、インフォテイメントとナビゲーション端末にそのテクノロジーを活用したいと考えたハーマン・インターナショナル・インダストリーズに買収された[*21]。

こうした点と点は、どのように結びつくのか。テクノロジーはテクノロジーを生む。パリ万博の動く歩道がスピアの発明を土台としていたように、DARPAはGMとRCAによるかつての自動運転車の実験を踏まえ、それにテレメトリ（遠隔測定法）とコンピュータ制御を加えた。それとは別に、トヨタをはじめとする自動車メーカーは、従来の機械的リンク機構に置き換わる電子制御の「ドライブ・バイ・ワイヤ」テクノロジーの開発に取り組んでいた。最終的にこうした研究をすべて取り込み、高度なナビゲーションを新しいタイプのOSと結合し、自動運転車の第一号を開発し、試験するまでにこぎつけたのがグーグルだ。

後から振り返って点と点をつなげるのは簡単だが、適切な予測能力があれば、今端っこで起きている現象を発見し、トレンドを形成しつつある段階でパターンを見抜くことも可能だ。

自動移動手段について三つのシナリオを立ててみる

自動移動手段をトレンドの例として使い、どうすれば別のシナリオ、すなわち「起こりそうな」「起こるかもしれない」「起こりうる」未来を描けるか考えてみよう。

シナリオ❶「起こりそうな未来」

アメリカ全土に広がる約六三〇万キロの公道と、それをカバーする送電網を使った半自動／全自動運転によるハイブリッド・システムが実現する。[*22] 人間の運転者が自宅からネットワークに接続した高速道路まで運転していき、車のセンサーがネットワーク上で動いている他の車と同期したところで、車側にコントロールを明け渡す。そこからは車が自動運転し、周囲の車をモニタリングしながら安全な車間距離を維持する。高速の出口に到達する三分前に、ナビゲーションシステムが人間の運転者に運転再開の準備をするよう伝え、高速から降りると同時にわれわれが再びハンドルを握る。

ここに登場する自動運転車は、空を飛んだりしないだろう。車を安全に走行させるための要素は、空を飛ぶこととは関係ない、あるいはその妨げになるためだ。たとえば三トンもある車を地上から浮き上がらせるだけでも、エンジンが一三六〇キロの力をかける必要があり、舗装道路の大半はその圧力に耐えられない。そこに重量が加わったらどうか。

現在の車はスーパーで大量の買い物をしたり、旅行に行くためにスーツケースを詰め込んでも、問題なく走行できる。だが、空飛ぶ車ではそうはいかない。離陸する前に運転者兼パイロット、あるいはとびきり高度なコンピュータ・システムが慎重に重量負荷を計算し、バランスをとらなければならない。今から一〇〇年後には、イノベーションによってこうした問題も解決していると主張する人もいるかもしれない。だが、空飛ぶ車は人間の基本的欲求を解決するものだろうか。

そしてもう一つ疑問が出てくる。なぜそもそも空飛ぶ「車」にこだわるのか。シュメール人が最初に馬に引かせる戦車をつくり、レオナルド・ダ・ヴィンチが鳥の解剖をもとに飛行装置のスケッチをするなど、移動装置については数々の重要な変化が生まれてきたものの、いずれも従来の延長上にある漸進的なものだった。

シナリオ❷「起こるかもしれない未来」

すでに述べたとおり頭上の空域は、いずれ娯楽用や商業用ドローンが飛べるよう規制されるだろう。今後一〇〇年で、ドローン用の空域のさらに上、高度二〇〇〇〜三五〇〇フィート（約六一〇〜一〇七〇メートル）は、準自動の乗客輸送システムに割り当てられるようになるかもしれない。このレーンを「スカイウェイ」、輸送用の乗り物を「ディスク（円盤）」と呼ぼう。自動操縦ドローンと同様に、GPSの座標をプログラミングに使い、衝突回避システムで動くディスクには三つのサイズがある。乗客一人用、最大四人用、そして最大八人用だ。ディスクは地点AからBへ、最短かつ最も安全なルートを選んでわれわれを運んでくれる。

未来の車と同じように、ディスクも自家用に保有するのではなく、スカイウェイ・サービスを利用するという形になるかもしれない。スカイウェイにアクセスするには、ビルの一四〇階の高さにあるディスク発射台まで上る必要がある。発射台は既存のビルの屋上に設置できる。人工知能に基づく運行システムが乗客の好みを取り込み、自動的に内部の温度、座席、照明、BGMを調整する。都市内あるいは都市間の移動で、長距離の場合はスカイウェイ、短距離には高速道路という使い分けができるだろう。

しかし、空飛ぶディスクが解決する問題とは、そもそも何だろう。現在、通勤しなければならない人々は、センサーネットワークによって交通渋滞がなくなり、浮いた時間を別の目的に使えるようになったら、空飛ぶディスクを本当に必要とするだろうか。未来のスカイウェイは、既存の高速道路より安全なものになるだろうか。公共交通のユーザーはカラスのように空を飛べるディスクに、新しいタイプの車両とインフラへの莫大な投資に見合う価値があると思うだろうか。普通の人はスカイウェイを、生活に欠かせないものとして使うだろうか。

シナリオ❸「起こりうる未来」

乗り物などなくても、移動できるようになったらどうだろう。数年前、オランダのデルフト工科大学カブリ・ナノサイエンス研究所の物理学者らが「量子もつれ」[*23]なるものの実験に成功した。かつてアインシュタインはこの概念を否定した。いわく「物理学は時間的・空間的現実を表すべきものであり、彼方の不気味な活動からは自由であるべきだ」と。[*24]

最近まで、量子もつれは量子力学における風変わりな理論にすぎなかった。だが一九九三年三月に開かれたアメリカ物理学会の年次総会で、ＩＢＭの物理学者が量子もつれは可能であると主張した[*25]。電子は原子の周囲を軌道に乗って回っている。ちょうど地球が太陽の周囲を回るように。そして地球が軸を中心に回転しているように、電子も回転している。量子同士がもつれると、すなわち互いに衝突し、再び分かれると、回転方向が逆になる。簡単にいうと、二つの電子はそれまでと逆の状態になるのだ。カブリ研究所の研究者らが発見したのは、離れた場所にある二つの粒子の回転方向を変える方法である。彼らの実験結果の再現率は一〇〇％だった[*26]。

量子もつれは知らなくても、ＳＦ世界で何といわれているかはご存じだろう。「テレポーテーション（瞬間移動）」である（スタートレックのセリフ「チャーリー、転送を頼む」でもおなじみだ[*27]）。初期の動く歩道を開発した技術者が宇宙旅行できる未来など想像できなかったのと同じように、今日の状況で自分を転送することなど想像もできない。

まずはカブリの研究者がごくわずかな粒子で行ったのと同じように、平均的な人体を構成する七〇億×一〇億×一〇億個（七の後にゼロが二七個並んだ数だ）の原子すべてのデータを送信でき機械をつくる必要がある。となれば当然、バグ、ハッキング、ファームウェアのアップデートに影響される可能性がある。われわれの身体システムにエラーが生じ、テレポート先で潰れた細胞が肌にべったり付着、などという事態もありうるだろう。反対側に複製された人物が本当に自分なのかという不気味さも受け入れなければならない。技術的には、テレポートマシンに入った時点のあなたの複製、つまりコピーである。目的地ではあなたを構成する原子が、テレポーテーション開始時とまったく同じ配置で並んでいるはずである（ぜひそうあってもらいたい）。

とはいえ、これは現在われわれが持っている物差しを当てはめただけで、テクノロジーがときに不思議かつ驚くべき進歩をもたらすという事実を十分反映していない。もしかしたら二〇〇年後には、われわれは物理的に移動しなくなっている可能性もある。身体は元の場所に残したまま、意識だけをどこかの空っぽの人体にテレポートさせるようになっているかもしれない。レンタカーやカーシェアを利用するかのように、目的地近くに人体を借り、自分の身体的ビジュアルを設定する。それを他の人が認識できるようになっているかもしれない。

以上、未来の移動手段に関するシナリオを三つ挙げたが、そのどこにも翼の生えた車は出てこない。ここから未来を考えるときに、一般的見解とは別の方向に目を向けることが重要な理由、そして漸進的変化にしか見えないものを軽んじてはいけない理由がわかるだろう。たしかに空飛ぶ車の開発に取り組んでいる人はいるものの、社会の端っこではそれよりはるかに大勢の研究者が、過去のイノベーションを参考にしながら、新たな仮説やモデルや戦略を生み出している。

これまで見てきたとおり、注視すべきトレンドは空飛ぶ車でも動く歩道でもなく、自動移動手段である。だがそれは何を意味するのだろう。動く歩道や空飛ぶ車についても一〇〇年以上の検討の歴史があるのに、どこが違うのか。

トレンドは一夜にして出現するものではない。新しくて「トレンディ」なものと混同すべきではない。トレンドは最新のまばゆい製品やサービスより、もっと大きなものだ。ウーバーのように企業評価が一〇億ドルを超える新興のユニコーンは、トレンドの一部であるかもしれないが、それ自体はトレンドではなく、検討すべき一片の情報にすぎない。

今後、空飛ぶ車の実用化をもくろむベンチャーはいくつも登場するだろう。わくわくする話かもしれないが、どれも目くらましである。空飛ぶ車が必要とされたことはない。われわれが求めてきたのは、現在のライフスタイルのニーズに見合った移動手段である。今のアメリカでいえば、それは移動中に運転に注意を払うことなく、他の作業に集中できるような移動手段ということになる。

つまるところトレンドは、人間の基本的ニーズや願いをうまく拾い上げ、人間の本能と新たなテクノロジーや画期的発明とを結びつけるものだ。はるか先の未来にトレンドがどう発展していくか、しっかり考える必要がある。シナリオ❷の空飛ぶディスクは、さまざまな形でテクノロジーに支えられた多忙な現代生活を補完するものとして、シナリオ❶の自動運転車と高速道路のコンビネーションより大幅に優れているだろうか。おそらくそうではないだろう。

移動手段の未来を予測しようと思うなら、しかも自動運転がトレンドであることがわかっているなら、なじみのある安直なアナロジーは捨てなければならない。要するに、いまだに空飛ぶ車をつくろうとする理由があるだろうか。それは飛行機旅行が大衆の手の届かないもので、自動車が平均的な家庭には高すぎ、会議は必ず顔を合わせて行うものとされていた時代の産物である。

われわれはいずれ自動走行する車に乗って、渋滞や他の人々に煩わされることなく自由に移動できるようになる。未来の移動手段は間違いなく実現する。ただその姿は、テレビや映画のなかで目にするものとはまるで違っているだろう。

未来を「六つのタイムゾーン」で整理する

未来という言葉だけでは、予測や意思決定の役に立たない。ひと口に未来といっても、今この瞬間から三〇〇年先のこともあれば、一〇年、一二カ月、一二日、あるいは四七秒後のこともある。あなたが未来について語るとき、周囲の人はみな、それはいつの話なのかを知りたがるはずだ。

トレンドの進化は、後述の六つのタイムゾーンに整理するとわかりやすい。この分け方は恣意的なものではなく、エコシステムのあらゆるセクターを通じて変化が加速していくパターンを反映している。ここでいうセクターとは、学者や科学者や我流の研究者、システムをつくる発明家やそれを壊すハッカー、慈善家や投資家、政府や規制機関、設備メーカー、サプライチェーンの管理者、マーケティングや広告会社、初期採用者《アーリー・アダプター》、そして普通の消費者である。

科学やテクノロジーの進歩が加速する一因は、テクノロジーそのものにある。この現象を端的に表しているのが有名な「ムーアの法則」だ。インテル共同創業者のゴードン・ムーアは一九六五年、トランジスタの小型化に伴い、集積回路上の部品の数は二年ごとに倍増すると書いた。[*28] このシンプルで優美な予測は、エレクトロニクス産業の基本原則となり、インテルがより高速で小型で安価なトランジスタをつくり、イノベーターが毎年二倍になるコンピュータの処理能力を先回りして戦略を立てるのに役立ってきた。

トレンドが一つひとつタイムゾーンを通過していくのに伴い、進歩は指数関数的に加速する。その原動力はムーアの法則であり、さらにもっと適用範囲の広い法則のためでもある。変化そのものの加速が、技術的変化のペースを加速させる、というのがそれだ。

自動移動手段というトレンドを、六つのタイムゾーンに当てはめてみよう。

❶今（これから一二カ月以内）：本書発売時から一年以内（二〇一七年末頃）に、ソフトウェア・アップデートや新たなセンサーによって、自動車は運転者の代わりに駐車や適応走行制御（ACC）などさらに多くの機能を実施できるようになる。

❷短期（一～五年後）：二〇二二年までに、ほとんどの車には周囲の物体を探知する接近カメラが搭載され、渋滞中でもACCが使えるようになる。

❸中期（五～一〇年後）：二〇二七年までに、高度なGPSとLiDAR（レーザー光による検知と測距）テクノロジーが車両の位置情報を送信し、同じ道路を走っている他の車両を認識するようになる。このテクノロジーによって自動運転が広がりはじめる。

❹長期（一〇～二〇年後）：二〇三七年までに、高速道路システムは準自動運転車と共生できるように刷新される。人間が運転するのは細かい道だけになる。自動運転が義務化される高速レーンでは、乗車している人間は自由に読書や動画鑑賞、あるいは仕事ができるようになる。

❺超長期（二〇～三〇年後）：二〇四七年には自家用車はなくなり、自治体もバスを運行しなくなる。自動運転バスが税金を財源に運営され、無料で利用できるようになる。懐に余裕がある人は、完全自動化されたポッドを運行する輸送サービスを契約する。ポッドは必要なときに目的地まで運んでくれる。

❻遠い未来（三〇年以上先）：二〇五五年までに、ポッドは複数の高速リニアモーターカーに接続するようになる。リニアモーターカーはアメリカの東西沿岸部で、民間航空機の代替として使われるようになる。

ここに示したタイムゾーンは入念な考察の結果であり、自動移動手段のトレンドの進展はやみくもに割り当てたものではない。テクノロジーが現在どのような進歩を遂げているかについて、私が持っている知識に基づいている。

トレンドについて考えるときには、タイムゾーンを意識することが重要だ。未来を思い浮かべるとき、今から遠い先の未来まで直線的な進歩が続くと考えてはならない。進歩のペースは今起きていること、そして未来に起こりそうなことの両方に影響を受けるという事実を考慮する必要がある。

自動移動手段の歩みを振り返ると、一九五〇年から八〇年にかけては大きな進歩がなかったことがわかる。一九八〇年から二〇〇五年にかけては、自動車は隣接するコンピュータ産業の影響を受けた。この結果、手動から自動への微妙だが重要な変化が起きたことがわかる。二〇〇六年から今日にかけては、タッチスクリーン式ダッシュボード・システムから完全な電気自動車、さらには運転手のいない自動運転車の試作品まで、信じられないようなイノベーションが生まれた。それはトレンドが、テクノロジーが積み重なることで生じる加速度的変化に影響されるためだ。

われわれは常に自らの経験、所属する集団、そして取り組んでいるプロジェクトのなかで、過去と現在と未来のタイムゾーンを相互に関連づけている。タイムゾーンという視点でモノを考えないと、未来に対する効果的な戦略を立てることはできない。

トレンドに影響を及ぼす「変化の一〇の要因」

トレンドやタイムゾーンは目の前の現実を見て解釈するための特別な方法であり、考えを整理するのに役立つ枠組みといえる。特に未知なるものを探しているときや、まだ問いの立て方すらわからない疑問への答えを見つけようとするときには有効だ。テクノロジーの変化を追いかける作業は、研究開発部門だけに任せるべきではない。新しいテクノロジーが大好きなミレニアル世代のためだけにあるのでもない。テクノロジーの変化は、個人や仕事上の立場にかかわらず、われわれすべてにかかわりがある。組織でどんな立場にあろうとも、トレンドを意識するべきだ。

テクノロジーのトレンドは、新たなプラットフォームやコード、デバイス、デジタル関係のワークフローだけに影響を与えるのではなく、社会的変化にも影響を及ぼす。再びソニーのハッカー攻撃を見ながら、小さなテクノロジー・トレンドや他のセクターの動きが、どのように重大な結果を引き起こすかを見ていこう。

ソニーが初めて大がかりなハッカー攻撃を受けたのは二〇〇五年であったことはすでに述べた。それから二〇一四年にソニー・ピクチャーズに対する攻撃が起こるまでの一〇年間には、注意すべき隣接分野でのトレンドや社会的変化が多数発生していた。

・インターネットユーザーは、ネット上の意外な場所に集まるようになっていた。「4chan」と呼ばれる比較的新しい掲示板は、写真を投稿しながら議論ができ、立ち上がり早々に閲覧者が増えていた。「レディット」という別の掲示板は、アイデアのマーケットとしてスタートした。ただしデザインは直感的ではなく、簡単に使いこなせるものではなかったので、議論に参加しリンクを共有するのは、主にオンラインコミュニティに慣れたユーザー（その多くはハッカー）だった。書き込みはすべて匿名で、ゲームに関する投稿が大半だった。
・ハッカーは通常、単独で行動することが多いが、協力してより大規模な企てに取り組む動きが出はじめていた。各地に点在するアクティビスト・ハッカー（「ハクティビスト」とも呼ばれる）の集団は「アノニマス」と名乗り、4chanを舞台に組織的活動を始めていた。
・アメリカ国民は政府への不信感を高めていた。イラクが大量破壊兵器を保有しているというホワイトハウスの公式見解は疑問視され、当時のジョージ・W・ブッシュ大統領の不支持率は六〇%に達した。[*29] ハリケーン・カトリーナとリタがメキシコ湾岸地域のコミュニティを破壊し、数十万人が職を失った。[*30] リソース配分の失敗、政治工作、コミュニケーションの失敗が相次いだ政府の対応には、幅広い層から厳しい批判が寄せられた。ブッシュが大統領を退く直前の支持率はわずか二二%と、過去七〇年で最低水準だった。[*31]
・サブプライムローン危機によって、アメリカ全土で金融機関が危機的状況に陥った。数百万人が貯蓄、雇用、自宅を失った。
・アノニマスの支持も受けた「ウォール街を占拠せよ」運動がニューヨークのズコッティ公園に

集結し、活動を開始した。[*32]

・普通の人々が怒りを抱き、その矛先を政府、大手金融機関や企業に向けた。ハッカーも怒っており、しかも、さまざまな集団の支持を受けるようになっていた。

ソニーはトラブルの種が膨らんでいるのに気づけたはずだ。社内セキュリティ監査の結果に加えて、自社のゲーム機のヘビーユーザーがネット上で示す行動の変化や、彼らの政府や企業に対する怒りが膨れ上がっていることからも、それは明らかだった。たとえばレディットには「アンチ・ソニー」という専用のサブレディット（チャンネルともいう）が立っており、その最も古い投稿は二〇〇九年にさかのぼる。[*33]

テクノロジーは真空状態のなかで勝手に進化するわけではない。どんな未来志向のイノベーターも現実に根ざしており、社会の他の分野とつながっている。トレンドは外部の力によって影響を受け、形づくられていく。タイムゾーンを使って思考を時系列的に整理するのが有効であるように、テクノロジーという切り口から、日々の生活のさまざまな側面を整理することも重要だ。「変化の一〇の要因」に沿って見ていこう。

❶富の分布：テクノロジーが普及しても、社会のあらゆるところに存在する根強いデジタルデバイドは、今後も富の分布に影響を及ぼし続けるだろう。アメリカで最も報酬の高い仕事はエンジニア、コンピュータや情報システムの管理者、そして医師であり、いずれもテクノロジーとのか

かかわりが大きい。[*34] しかもこうしたプロフェッショナルの世界も、テクノロジーによってその実態は大きく変わりつつある。

二〇一〇年にオバマ大統領が署名した「医療費負担適正化法」[*35]は、すべての医療提供者に電子医療記録（EMR）の使用を義務づけた。[*36] 簡単な話のようだが、現実はまるで違う。法律によって医師がEMRを作成する際には、世界保健機構（WHO）の「疾病および関連保健問題の国際統計分類（ICD-10）」の最新版に従って、診断に特別なコードをつけなければならない。コードは現在、六万八〇〇〇種類ある。[*37] システムがあまりにも複雑なので、医師が法律を順守するには、承認を受けたEMR管理システムが必須となる。それにはコンピュータを購入し、設置し、さらに暗号化を施す必要がある。

EMR管理システムのインターフェース（医師が患者を診察する際に使う画面）は標準化されておらず、おそろしく複雑だ。膨大なコードを扱うため、インターフェースには長々としたフローチャートと何百という選択肢がある。EMR管理システムをつくるメーカーは、システムを最新の状態に維持しなければならないため、ボタンやウィンドウの位置を常に修正している。

これは技術者になるためではなく、患者を治療するためにメディカルスクールに通った医師が、きわめて高度なコンピュータ教育を何度も受けなければならないことを意味する。過去数百年にわたって、ノートとペンさえあればできた作業をこなすために。医師は高給取りなのだから同情の余地はないと思うかもしれない。ただ、ここで私がいわんとしているのは、テクノロジーは社会のあらゆる層の報酬や富にも影響を及ぼすということだ。

❷**教育**：数十年にわたって科学と数学の点数で他国の後塵を拝してきた末に、アメリカの学校はようやくSTEM教科（科学、技術、工学、数学）のカリキュラムを倍増させた。教育省は「これらの教科で経験豊富な教師が不足している」と述べ、二〇一一年にはこの不足を解決するために連邦政府がプログラムを立ち上げた。[*38] テクノロジーは単に生徒に影響を及ぼすだけではない。教師や管理者もテストや採点に電子的記録システムを使わなければならなくなった。

❸**政府**：現在四〇を超えるアメリカの政府組織や部局が、何十というサイバーセキュリティに関するプロジェクトを運営している。そこには国家偵察局、国土安全保障省、ホワイトハウス、連邦議会などが含まれている。保健社会福祉省や運輸省など一五の連邦行政部が政策立案を主導し、アメリカの日々の生活に影響を及ぼすプログラムを管理している。[*39] 州や地方政府では、テクノロジーを活用しながら行政サービスを提供し、統治を行っている。今日の政府活動のなかで、科学とテクノロジーのトレンドとかかわりのないものは一つもない。

❹**政治**：今日、選挙を動かすのはプログラマやエンジニアだ。彼らは、データ、予測のための分析手法、アルゴリズム、プロトコルを使って票を獲得しようとする。個別の支持母体の支持を獲得するためにマイクロ・ターゲティングモデルを構築したり、特別なソフトウェアを使って個人データを解析して潜在的支持者を発掘したりする。自らの政治的意見を通そうとする人々も、相手が有権者か政治家かにかかわらず、同じツールや技術を活用する。たとえばロビー団体、業界団体などで、ときには他国の政府までがそういうことをする。市民活動家は協力し合ってネットで署名を集め、ソーシャルメディアを使って自らの主張を伝えている。

❺**公衆衛生**：コグニティブ・コンピューティング・プラットフォームは、公衆衛生の研究者が地域やコミュニティの健康状態を予測し、マッピングするのに役立っている。予測モデルを使えば、新たな生物学的脅威が拡散する可能性を追跡できる。また、新たに登場しつつある科学テクノロジーによって、まもなくマラリアなど特定の疾病は撲滅できるだろう。

❻**人口動態**：人口の変化、すなわち、出生率や死亡率、所得、人口密度、移出入、死亡原因などの変化を理解することは、大企業から自治体まで、さまざまな組織の経営において必須である。日本、イタリア、ドイツなど多くの国がまもなく劇的な人口動態変化に直面する。日本ではすでに四人に一人が六五歳以上の高齢者で、もはや労働人口は退職者と子供の両方を支えるのには足りない。[*40]科学技術がいずれ人手不足を補うようになる。ロボットが高齢者介護を支援し、運輸その他のサービス業は自動化が進む。また人手不足に悩む医療機関では、増え続ける患者の管理をトラッキングシステムが担うようになる。

❼**経済**：科学技術のトレンドは、耐久財、小売業、あるいは住宅建設など、あらゆる重要な経済指標と交錯する。自動化システムによって、雇用には劇的変化が起こる。ロボットが雇用の一部を奪うのも間違いない。ただその過程で新たな雇用も生まれる。高頻度取引（ＨＦＴ）の出現によってウォール街の仕組みは変化し、それは市場のあり方にもすでに影響を及ぼしている。

❽**環境**：テクノロジーは地球にダメージを与えると同時に、恩恵ももたらしている。テックゴミやｅ廃棄物がゴミの埋立地や海に大量に流れ込んでいる。自動車は環境にやさしくなっているとはいえ、製造段階ではまだ環境を汚染し続けている。その一方で、問題解決につながる革新的

な技術も生まれている。生物発光する木は、いずれ街灯に代わって夜道を照らしてくれるはずだ。

3D印刷によって地球で生み出した微生物を使い、火星の地球化を進めるという研究も進んでいる。生命をプログラム可能にすることをもくろむ合成生物学という研究分野もある。二〇一〇年にはバイオテクノロジストのクレイグ・ベンターが合成生命「シンシア」を生み出した。コンピュータを母親とする、世界初の生命体である。将来的には、環境汚染物質をクリーン燃料に変える、ワクチンを簡単につくるなど、さまざまな可能性が拓けるとベンターはいう。[*41]
❾**ジャーナリズム**：われわれは身の回りの世界で起きていることを、どうやって知るのか。ニュースの取材、編集、放送という作業は、インターネット、コンピュータ、モバイル端末、アルゴリズム、クラウドと密接に結びついている。新たに登場するテクノロジー・プラットフォームは、われわれが目にするニュースの内容のみならず、それを目にするタイミングや理由にも影響を与える。新たなプラットフォームやツールは、ジャーナリストが権力の番犬としての役割を果たすのを支援し、変化を促進する。
❿**メディア**：われわれが個人やグループとして、SNSやチャットサービス、デジタル動画チャンネル、写真共有サービスなどを使うようになったことで、お互いのかかわり方は一変した。独自のコンテンツを制作したり、同好の仲間を集めたり、リアルタイムで意見やアイデアを共有する機会は無限に広がった。スナップチャットやインスタグラムを通じて互いに影響を与えるだけでなく、伝統的なニュースメディアを使わずに世論を変えることが可能になった。
隠し撮りビデオで有名になった、中絶反対を訴えるグループ「センター・フォー・メディカル・

プログレス」はその最たる例だ。このグループの活動家が医療サービスNGOの「プランド・ペアレントフッド」の幹部の会話を録音し、その発言を編集し、胎児組織取引に関するとんでもなく不正確な動画を作成した。動画はユーチューブ、フェイスブック、ツイッターなどで一気に拡散、政治家が連邦政府からの資金拠出を取り消すよう提案する騒ぎにまで発展した。[*42]

テクノロジーは変化の要因にどうかかわってくるか

何かの未来を予測しようとするなら、こうした互いに交錯する変化のベクトル、その方向性や強さを検討する必要がある。それは姿を現わしつつある新たなテクノロジーの行方に関係してくるからだ。ソニーへの最初のハッカー攻撃は、システムへの侵入と進取の気性に富むハッカーが原因だったかもしれない。しかしソニーのゲームを買い、そのハードウェアを使い、映画を観るのは普通の人々だ。このためソニーのサイバーセキュリティを真剣に考えるべき立場にあった者は、メディア、経済、政府、政治、そして富の分布の変化が、人々のモノの考え方、行動、企業に対する活動にどのような影響を及ぼすかを検討しておくべきだった。

ソニーに限らず、テクノロジーのトレンドと、前出の変化の一〇の要因とを切り離して考える人は多いだろう。しかし今日の情報化時代には、両者は密接に絡み合っている。たとえば、日本の人口構成をめぐる一見バラバラな変化が、どのように驚くべきロボット工学の進化につながってきたかを振り返ってみよう。

変化の要因：人口動態、公衆衛生、富の分布、政府

背景：今や日本の人口の四分の一は六五歳以上であり、どのような政策を講じても労働人口が突然増えることはない。どのような経済規制を講じても、税収の大幅減は防げない。どのような社会福祉政策を講じても、この途方もない数の高齢者を在宅で介護するための、高度な訓練を受けた人材を短期間のうちに確保することはできない。

テクノロジー・トレンド：ロボットによる生活支援

可能性：それほど遠くない将来に、日本社会を今日のような形で維持していくには人手が足りなくなる。ロボット工学に関心がある人はシリコンバレーではなく、日本の大学や研究開発機関に目を向けるべきだ。そこでは幅広い研究が今、進んでいる。必要に迫られて、機械装置、人工知能、自動応答サービスなどさまざまな形態のロボットが生産性の高い有能な助っ人として、頭数の少ないジェネレーションXに協力するようになるだろう。

またテロリズムの未来を理解すると、デジタルメディアをめぐる次のようなトレンドが必然的なものだとわかる。

変化の要因：メディア、政府、教育

背景：テロ集団はソーシャルメディアというチャネルを使って、新たなメンバーを公然と募っている。兵士は銃とスマートフォンで武装し、銃撃のみならず動画撮影の訓練を受ける。兵士はツ

イッター、フェイスブック、ユーチューブ、インスタグラム、タンブラーなどのアカウントを使って積極的に情報を発信している。

テクノロジー・トレンド：ハッカーテロリスト、略して「ハッカロリスト」やハッカー活動家は破壊行為をすることに変わりはないが、その攻撃対象は世間が興味を持ちそうなことすべてである。彼らは現実世界のテロ活動を煽るためにネット世界を利用するだろう。

可能性：ハッカロリストはデジタルメディアに精通している。新たなＳＮＳが登場すればすぐに採用し、プレゼンスを確立する。運営企業からサービスを停止されても、ギリシャ神話に登場するヒドラのごとく、すぐに新たなアカウントを無数につくってしまう。またハッカロリストは、「ダークネット（闇のネット）」と呼ばれる、匿名性が保証され、暗号化ツールを利用できるネット上のニッチな領域を使いこなす。未来のテロとの戦いには、アルゴリズムを駆使した高度な情報戦略が必要になる。警察はダークネットで暗躍するテロ集団を追跡し、その活動を阻止し、武装解除させなければならない。テロ集団によって使用する暗号化ツールは異なるため、政府は暗号という戦場においても難しい戦いを強いられるだろう。

本物のトレンドは社会の端っこで、ひっそり進行する

これでトレンドが何かはわかった。そしてトレンドは現代社会の変化の一〇の要因と結びついていること、そしていくつか共通の特徴があることもわかった。それでもトレンドを見つけるの

がこれほど難しいのはなぜなのか。その質問の答えとして、別の質問をしてみよう。なぜ「ジェットソンの車」は即座にイメージが沸くのか。一九六三年にリアルタイムで『宇宙家族ジェットソン』を観ていなくても、あるいは車のボディが緑色だったこと、一本の操縦桿だけで制御できたこと、赤いモジュール式のバケットシートで車内を自由に移動できたこと、未来型の動く歩道に飛び乗るときには畳んでブリーフケースにしまえることなどを一切知らなくても、やはりそれが空飛ぶ車だと知っているのはなぜなのか。

今度は新しいタイプの、安定制御用のマイクロ電気機械センサーを思い浮かべてほしい。このセンサーは自動車のOSのアップグレードと連動しており、そのOS用途というのは……。これ以上続ける必要はないだろう。マイクロチップやセンサーをめぐるきわめて重要なイノベーションですら、ジェットソンの空飛ぶ車の直感的イメージにはかなわない。

ときとしてトレンドはとにかく地味で、われわれの注意をまったく引かないこともある。移動手段の未来を予測するには、アニメ作家のスケッチや記憶に残る物語だけでは足りない。将来の移動手段はグーグルカーなのか、空飛ぶディスクなのか、それともテレポーテーションなのか。それを見きわめるには、少なくとも現代の変化の一〇の要因のうち、いくつかを検討する必要がある。たとえそれが、ジェットソンの空飛ぶ車ほど魅力的なものではなくても。

政府：現在検討されている新たなドローンの規制に、将来の道路上あるいは空中での車両の使い方を意図的に、あるいは知らぬうちに変えてしまうようなものはないだろうか。

政治：隣接する業界の企業が、政治家に何か変わった要求をしていないだろうか。高速道路信託基金の予算を増やしてほしい、など。センサー技術への投資を求めるロビー活動などをしていないだろうか。

経済：雇用市場が冷え込む一方、ガソリン価格が不安定な状況が続いた結果、近い将来、われわれは車を運転しなくなるのではないか。世界の有力な自動車メーカーはそれに対応し、新たな収益源をつくる必要が生じるのではないか。

メディア：自動車メーカーは運転という行為のなかにスマートフォンを組み込みつつある。一部のメーカーは、ソーシャルメディアのアカウントを自動車のダッシュボードに接続するためのプラットフォームを提供している。消費者は今後新たなシステムに慣れていくのに伴い、メディアを使ってより多くの活動をしたい、あるいは情報を入手したいと言いはじめるのだろうか。車に乗っている間、運転するより、メディアをいじっていたいと思うようになるだろうか。

公衆衛生：二〇一四年、運転者の不注意で命を落とした人は三〇〇〇人、負傷した人は四三万一〇〇〇人にのぼる。[*43] われわれは電子機器への依存度を強めている。自動車事故が増えた結果、運転中の不注意は公衆衛生上の問題ととらえられるようになるのだろうか。

人口動態：調査によれば、ミレニアル世代はそれ以前の世代と比べて、運転免許を取得したり自動車を所有することへの関心がはるかに薄い。一九八三年にはアメリカの一六歳人口の四六％が運転免許を取得していたが、二〇一四年にはわずか二四％に減少した。[*44] その原因として研究者は、運転しなくても買い物ができるeコマースの普及や、外出しなくてもデジタル世界で友達と会えるソーシャルメディアを挙げている。ミレニアル世代で運転免許を取得した人のなかでは、ジップカーやシティバイクなどのカーシェアのプラットフォームを使う人が増えている。高速道路で自動運転技術が使えるようになる前に、ミレニアル世代によって自動車の所有に対する社会の考え方は完全に変化してしまっているのではないか。

テクノロジーしか見ていないとき、さまざまな変化の要因が一見テクノロジーとは無関係に思えるとき、あるいは変化の要因が魅力的な未来のシナリオと結びつかないとき、われわれはトレンドを見誤りがちだ（あるいは完全に見落としてしまう）。未来予測は、新聞の大見出しを飾るような結果につながるとは限らない。いずれ地球上の人類のあり方を変えるようなトレンドであっても、それは同じである。映画『卒業』のなかで、ダスティン・ホフマン演じる主人公ベンジャミンは、未来についてのおもしろい見立てを聞いた[*45]。

マクガイア氏「ひと言、おまえに言っておきたいことがある。たったひと言だ」
ベンジャミン「何でしょう」
マクガイア氏「ちゃんと聞いているのか」
ベンジャミン「はい、聞いてます」
マクガイア氏「プラスチック、だ」

一九六七年の時点でシグナルを認識できた者にとって、プラスチックはかなり魅力的なテーマだった。工業化、画一化、大量生産型の消費財をやたらと礼賛するマクガイア氏に眉をひそめた観客も多かったが、ほどなくプラスチックのおかげでパソコンが出現し、進取の気性に富むベビーブーマーは四〇歳を迎える前にウォール街を闊歩する金持ちのヤッピーとなった。

その一方、プラスチックの登場によってペットボトルが大量生産されるようになり、やがて「太平洋ゴミベルト」が出現した。アメリカ海洋大気庁が八八年の論文で出現を予測し[*46]、九九年にチャールズ・J・ムーアが発見した海洋のゴミ捨て場である。[*47]

出場していたヨットレースから自宅へ帰る途中、ムーアは果てしなく帯状に広がるプラスチックゴミに遭遇した。ペットボトル、歯ブラシ、さらには原型をとどめない無数のプラスチックの破片が浮いていた。六七年にきちんとした計画を立てなかったことが、五〇年経った今も影響している。二〇一〇年代になっても、科学者も環境保護論者も政府機関も、増え続ける大量のプラスチックゴミの処理に関するグローバルな方針をつくれずにいる。

未来の世の中の仕組みを一変させてしまうようなトレンドは、社会の端っこで生まれ、メディアや一般大衆が一切関心を払わないうちに社会に浸透していくことが多い。太平洋ゴミベルトがはっきりと姿を現わすまでに一〇年以上を要したように、携帯電話の世界的普及という重要な技術的・社会的現象も、六〇年もの間、ほぼ誰も気づかないうちに進行していた。

電話が初めて持ち運びできるようになったのは、一九四七年のことだ。AT&Tの研究者だったダグラス・リングが、電話を自動車のアンテナに接続する新たな方法を発見した。[*48]サービスの利用者は多くはなかったが、四〇年近くにわたって自動車電話サービスはアメリカのいくつかの都市で利用可能な状況にあった。六〇年代にはAT&Tが当初の技術の発展形として、自動車が移動するのに伴い通話を次々とつなぎかえていく中継塔を開発した。

自動車と一体化したものではなく、携帯電話が単体で初めて販売されるようになったのは八四年のことだ。[*49] ほんの一〇年前まで、アンテナつきの折り畳み式携帯電話をレザーケースに入れて使っていた人も多かったのではないか。留守番電話を聞くには特定の番号に電話をかけ、合図を待ってから暗証番号を入力するという煩雑な手続きが必要だった。写真を撮るには何度か画面を切り替え、撮影ボタンを押したらファイルに名前をつけて保存しなければならなかった。今や面倒なメニューシステムはなくなり、使い勝手ははるかに改善した。携帯電話は「いつもつながっている」ライフスタイルを生み出し、われわれの集合意識の一部となった。

今日では大多数の人がフラットスクリーン型のスマートフォンを使い、仕事のメールを送ったり、スーパーでの買い物を済ませたり、ウーバーやリフトなどの配車サービスで車を予約したりしている。思えば驚異的な変化であるが、われわれはまったく驚いていない。それは変化の真っただ中で生きているからである。

自動車電話が原始的な折り畳み式携帯電話に進化するまで、六〇年かかった。対して、今後一〇年で携帯端末は、人間の脳に匹敵するほどの計算能力を持つようになり、通話機能など最も取るに足らない用途となるだろう。たった一〇年という短い期間だが、ムーアの法則と技術進歩は、はるかに短いサイクルで進んでいくことを思い出してほしい。携帯ネットワーク、ユーザー・インターフェース、プロセッサは小さな進歩の積み重ねであり、ｉＰｈｏｎｅのような明らかな大発明に結実するまでは見過ごされがちだ。

トレンドを見つけるのは難しい。トレンドの形成につながるすべての変化が地味であるとか、社会で当然とされているモノの考え方を否定しかねないものであるときは、なおさら難しい。ソニーのケースはまさにそうだった。しかし周辺分野の状況に目を向けず、一つの分野のトレンドだけを追いかけていると、目の前のまばゆいトレンディなモノに目を奪われ、変化の一〇の要因がはるかに大きな変化をもたらそうとしている様子を観察する機会を逃してしまうだろう。

未来とは、はるか先の漠然とした時期を指すわけではない。だからこそ、タイムゾーンを踏まえて考える必要がある。トレンドは人間の本質の変化を反映し、われわれの基本的ニーズに立脚しているからこそ、未来の変化を予見し、予測するのに役立つ。

前章で紹介した未来予測の「六つのステップ」に入る前に、組織がトレンドを読むことの意義を、創業一二五年以上にわたって繁栄を続ける有名企業を例に見ていこう。また、ブラックベリーと同じように一時はすばらしい成功を収めた企業が、起きている変化を認められず残酷な末路を迎えた例も紹介する。

3

トレンドをつかむ組織、逃す組織

なぜ任天堂は生き延び、DECは消えたか

トレンドがはっきりとした形をとるまでには時間がかかることもあり、その長期的な可能性をわれわれが理解できない（あるいは誤解する）ことも多い。トレンドは、変化の理解に役立つ。そして変化を理解することは、あらゆる組織に欠かせない。少なくとも一〇年二〇年以上、存続したいと考える企業には必須である。

これから見ていく二つの企業のエピソードは、まさにそうした教訓を示している。一方はゆうに一〇〇年を超える歴史を持ち、もう一方は二〇年ほど飛ぶ鳥を落とす勢いだったものの、シグナルに耳を傾けなかった結果、失墜した。

任天堂はシグナルに耳を傾け、トレンドをとらえた

次に来る事態に意識的に備えようとする企業は、地平線に姿を現わしつつある事態を予測し、自らの望むような未来を描きやすくなる。企業規模が大きくなっても、それは可能だ。一八八九年に京都で誕生したゲーム会社は、まさにその好例

である。現在の名前は、任天堂という。「スーパーマリオブラザーズ」「ゲームボーイ」、そして「Wii」を世に送り出した任天堂の原点は、京都で山内房治郎という経営者が興した小さな花札製造会社、任天堂骨牌《こっぱい》である。花札は五二枚セットになっていて、トランプと似ているが、数字と四種類の模様の代わりに、一二種類の美しい花の絵が描かれている。[*1]

一九五三年、房治郎の孫にあたる山内溥《ひろし》は新たなトレンドに胸を躍らせていた。『卒業』のマクガイア氏とベンジャミンのシーンに出てきた、プラスチックだ。紙でできた任天堂の花札は利益は出ていたものの、事業としてあまりにも規模が限られていた。山内は社会の端っこに想定外のニューフェースを見つけにいき、点と点を結びつけた。プラスチックの商業利用の広がりと新たな製造設備が結びつけば、ゲーム産業の競争は間違いなく激しくなる、と。

テレビの価格は下落し、アメリカの子供向けアニメ『ルーニー・テューンズ』や『ミッキーマウス・クラブハウス』の人気が高まっていた。ウォルト・ディズニーは自らの名を冠したテーマパーク、ディズニーランドの開業準備を進めていた。昔ながらのトランプや花札、チェスやチェッカーは、新しい戦略、ストーリー、さらにはキャラクターとセットになった大量生産型のボードゲームやカードゲームに間違いなく駆逐されるだろう。

祖父から社長職を引き継いだ山内は、将来を見据えていくつか大胆な手を打った。まずプラスチックで花札をつくった。[*2] もちろん周囲は山内の戦略に首をひねった。プラスチック製のカードは紙製のものよりはるかに耐久性がある。寿命の短い紙のカードと比べて、永遠に使えそうなプラスチック製のカードを売り出したら、任天堂の売上高は縮小するのではないか、と。

新たな事業を立ち上げると、山内はアメリカに出張し、ディズニーの幹部と面会した。まだディズニーが成長の初期段階にあった五九年、山内はディズニーキャラクターを任天堂の花札に印刷する契約を結んだ。このコラボによって、それまで大人のギャンブルに限定されていた花札市場の裾野は一気に子供へと広がった。[*3]

その後も山内はシグナルに耳を澄まし、点と点を結びつけていった。ほどなく任天堂のディズニー花札の遊び方を解説する本が現れ、何百万個もの花札セットの販売につながった。しかし七〇年代に入ると花札市場は完全に飽和、すでに上場企業となっていた任天堂の株価は急落した。次なる収益事業を求めて、山内は任天堂の工場を回って従業員と対話をはじめた。ある技術者がめずらしい機械式アームをつくっていた。プラスチック製の伸縮性アームで、刈込ハサミのようなハンドルを開いたり閉じたりすると、先っぽでモノをつかめるようになっていた。任天堂はそれを「ウルトラハンド」として商品化した。[*4] これはおもしろさと実用性を兼ね備えた、まったく新しいタイプの玩具だった。販売個数は一〇〇万個を超え、新製品の開発や意欲的な試みの地ならしができた。

七〇年代には、初期のビデオデッキが家庭に入りはじめた。同じ頃、コンピュータ・プログラマはコンピュータ・ゲームの開発に取り組んでいた。その多くは現実世界のボードゲームをシミュレーションしたものだった。任天堂は再び未来のシナリオを描くため、社内の技術者にビデオ・コンソールが将来、家庭やレストラン、ゲームセンターなどにどのような形で入っていく可能性があるか、検討するよう命じた。たとえば、立ったときの視線の高さにテレビ画面が来るようにして、誰かが遊んでいる様子を他の人々が見られるようにしたらどうか。

任天堂は再び大胆な行動に出た。七三年、レーザークレー射撃システムを開発したのである。これはコンピュータ・プログラマにとどまらず、万人を対象としたゲームだった。さらにその翌年には、画像投影システムというまったく新しい技術を生み出し、それを採用したハードウェアも製造した。そして日本全国はもとより、アメリカとヨーロッパでもビデオゲーム機と専用のゲームを販売しはじめた。七九年には山内の娘婿である荒川實《みのる》がニューヨークシティに移り、その後の国際企業となるニンテンドー・オブ・アメリカの基礎を築いた。[*5]

任天堂は創業時と変わらず、依然としてゲームを生業としていた。ただそれと同時に、ゲーム産業と周辺産業の新たなトレンドの把握に熱心に取り組む企業でもあった。その結果、未来の行方を決めるような製品を次々と世に送り出すこととなった。まもなく「ドンキーコング」や「スーパーマリオブラザーズ」、そして私のお気に入りである「ゼルダの伝説」といったゲームタイトルが登場した。さらにはNES（ニンテンドー・エンターテイメント・システム）のような高性能の家庭用ゲーム機も生み出した。

八八年になると、任天堂の研究開発部門はパーソナル・コンピューティングやウェアラブル・テクノロジーの進歩とゲームを融合させるような、さまざまなプロジェクトに取り組んだ。そこから生まれたのが、ハンズフリーで使えるコントローラー・ベストとマウスピースを組み合わせ、四肢が麻痺した人でもビデオゲームを遊べるシステムだ。翌年には世界初のポータブルなハンドヘルド（手持ち式）ゲームシステム「ゲームボーイ」を投入した。ゲームボーイはカートリッジを入れ替えてさまざまなゲームを遊べるようになっており、その一つが「テトリス」と呼ばれるささやかなゲームだった。[*6]

この間、さまざまな競合企業が登場した（たとえばアタリなど）。さらには、会社をつぶしかねないような深刻なバグが生じたこともあった。それでも任天堂はイノベーションに取り組み続けた。二〇〇六年には「Ｗｉｉ」を発売。年齢やコンピュータの使用経験を問わず、誰でも楽しめる動作検知を売り物とするゲームシステムだった。ネット接続が可能で、手持ち式のコントローラーは軽量かつコードレスで、魔法の杖のようだった。たとえばボウリングゲームでは、実際にボールを投げるようなフォームで杖を振る。ゴルフゲームでは、コースに出たときと同じように、腕と腰を回転させて杖を振る。[*7]

任天堂が一二五年以上にわたって生き残り、繁栄を続けてきたのは、シグナルに耳を傾け、初期のトレンドを見つけ、ゲーム産業そのものの新たな道を切り拓いてきたからだ。他社のゲーム機はもちろん、スマートフォンやコンピュータなどゲーム以外のプラットフォームでも今日当たり前に使われているプレイコントロール技術の多くは、任天堂の先見性の産物である。

二〇一六年時点で、任天堂は世界で最も成功しているビデオゲーム企業の一つであり、日本では今も花札のトップメーカーだ。いつなんどき新たなテクノロジーや顧客の好みの変化、そして娯楽産業の新勢力の台頭によって潰されていてもおかしくなかった。だが、そうならなかったのにはシンプルな理由がある。トレンドを味方につけたのだ。

コンピュータの進化に乗り遅れたDEC

一方、シグナルを見逃し、トレンドをつかみそこねた会社もある。ディジタル・イクイップメント・コーポレーション（DEC）である。DECはパソコンの登場を完全に見逃していた。

今では信じがたいことだが、ほんの二世代前にはコンピューティングは社会の端っこで行われていた実験にすぎず、それもきわめて原始的な段階にあった。初期のコンピュータ技術者は、端っこで活動する完全な異端者だった。当時のマシンは大きな部屋を埋め尽くすほどの大きさだったが、初期の技術者の活動をパソコンの登場まで追っていけば、一つのトレンドがどのように進展していったかがわかるだろう。そして、アメリカで最も刺激的な会社といわれたDECが、端っこの研究が主流に変わる様子に目をつぶった結果、何が起きたかも。

一九三七年、ベル研究所に勤める数学者、ジョージ・スティビッツはダイニングテーブルで物思いにふけっていた。考えていたのは、電話の交換システムに使われている電気機械式リレーのことだ。あれを他の用途に使えないだろうか。音声を送るのに使えるなら、たとえば文字はどうだろう？　こうして、電気機械式リレー、懐中電灯の電球、タバコ入れの缶でつくったスイッチを組み合わせ、二進数の加算で計算をするまったく新しいタイプのマシンを試作した。[*8]

スティビッツはリレーの数を増やしたりクロスバースイッチをつけるなど、マシンの改良を続けた。最終的に複雑な割り算もできるようになり、八桁の数字二つの割り算をわずか三〇秒でできるまでになった。まもなくスティビッツの研究は正式なプロジェクトに格上げされ、研究チームも編成された。

四〇年九月、ダートマス大学で開かれたアメリカ数学会の会議で、スティビッツは「コンプレックス・ナンバー・コンピュータ（CNC）」を披露した。世界初のデジタル・コンピュータだ[*9]（ここでいう「デジタル」とは演算に使われる〇～九までの数字を指していた）。スティビッツは電話回線を通じて、会議が行われたダートマス大学からニューヨークのマンハッタンに設置していたCNCに複雑な計算問題を送った。人間が手計算でやろうと思えば、相当な時間がかかる問題だ。約一分後、テレタイプ端末（電気機械式タイプライター）から正解を書いた返信が届いた。会議の出席者は仰天した。演算が行われたという事実だけではなく、初めてコンピュータの遠隔操作を目撃したのだから。それから三時間にわたり、観客はCNCを困らせるために次々と難題をふっかけた（が、ついにしくじらせることはできなかった[*10]）。

このデモによってコンピュータへの関心は大いに盛り上がり、それを契機にマサチューセッツ工科大学（MIT）とペンシルバニア大学の学生と研究者は新しい設計を模索するようになった。いくつかの数字を使って演算をするというのも確かに優れた機能だったが、彼らはもっと重要な目標を掲げていた。分散型のネットワークにある複数のマシンを使って、遠隔的に高度な演算ができるコンピュータの開発を目指したのだ。

戦争は常に科学の進歩を促す。たまたまスティビッツがダートマス大学で自らの発明を披露していた頃、ドイツ国防軍空軍はイギリス市民を標的とした攻撃を命じていた。ロンドンのセントポール大聖堂やバッキンガム宮殿の爆撃など「ブリッツ（電撃戦）」の始まりである。その後、一九四一年にアメリカが第二次世界大戦に参戦したことで、コンピュータの導入など戦争関連技術に資金が投入されることとなった。

解決すべき問題は山ほどあった。その一つがアメリカ陸軍の砲撃の精度で、当時は頻繁に照準調整が必要だった。射撃者は風速、湿度、供給された火薬の種類など何百という変数を確認しなければならなかったが、そのすべてを計算している余裕などなく、かといって憶測で撃って無駄にできるほど砲弾に余裕があるわけではなかった。

そこで四三年四月、アメリカ陸軍省は電子計算機「ENIAC（電子式数値積分器・計算器）」の研究への資金拠出を決めた。電子計算機の実験は以前からあったが、今日のコンピュータのようなマルチタスクが可能なマシンはENIACが初めてだった。ENIACはプログラム可能で、あらゆる計算をこなし、しかもきわめて高速だった。[*11] 同年中には別のコンピュータ「コロッサス・マーク1」も完成し、ドイツ軍が無線電信印刷機で送る暗号文の解読に使われた。[*12]

グレース・ホッパーはプログラマの先駆けの一人で、海軍の予備役将校としてコロッサス・マーク1のプロジェクトに携わった（八五年には少将に昇進した）。第二次世界大戦後、ホッパー率いるレミントンランド社のチームは、コンピュータ言語用の世界初のコンパイラ（人間にわかる「高級言語」で書かれたプログラムを機械語に翻訳するプログラム）を開発した。こうしてコンピュータが数字だけでなく、言語を扱えるようになった。当時としては想像もできないような技術的成果であり、学術界や軍事産業界では誰もその実現を信じなかったほどだ。[*13]

五〇年代には、ホッパーらの開発したコンパイラを土台として、コンピュータの共通プログラム言語COBOLが生まれた。同じ頃コンピュータはアメリカ統計局、原子力委員会などに活躍の場を広げていた。また放送ネットワークのCBSはコンピュータ「UNIVAC」を使い、五二年大統領選挙でのドワイト・D・アイゼンハワーの圧勝を予測した。[*14]

数字計算が可能なマシンに代表されるコンピューティングの第一世代が、プログラム可能なコンピュータという第二世代に発展したことは明白だったはずだ。第二世代のコンピュータは高速、軽量で、命令セットを保持できるだけのメモリもあった。ローカルにプログラムを保存することが可能になり、それ以上に重要なこととして、複雑な機械言語ではなく、普通の言語でプログラムが書けるようになった。

集積回路に搭載されるコンポーネントの数は毎年二倍に増えるというゴードン・ムーアの六五年の予測は、正しかったことが証明されつつあった。コンピュータの性能は一段と高くなり、数字計算だけでなく、さまざまな作業を処理できるようになっていた。

しかしそれから二〇年にわたり、産業界はコンピュータに対して懐疑的な姿勢をとり続けた。こうしたコンピューティングの第二段階が、単なる端っこ的な研究プロジェクトではないということが理解できなかったのだ。新たにコンピュータ製造に乗り出したIBMは、わざわざ会長のトーマス・ワトソン・ジュニアを顧客企業に送り込み、高価なコンピュータには投資するだけの価値があると説得していたほどだ。コンピュータが部屋一つ分の大きさから机の上に収まるほどに小型化してもなお、いつの日かコンピュータが仕事以外の用途で使われるようになると想像できた者はほとんどいなかった。

ほとんどの経営者は、「現在のパラドックス」によって、変化の一〇の要因のすべてにまたがる大規模な変化が目の前で起きていることにまるで気づかなかった。たとえば、女性の社会進出が進んでいた。経済はグローバル化が進み、多くの企業が海外での事業展開に乗り出していた。コンピュータ科学の学位を取得できる大学が出てきた。MITとハーバード大学の学生は、コンピュータを使ったデートサービスの開発でしのぎを削っていた。[*15]

アメリカ国防高等研究計画局（DARPA）の「行動科学および指揮命令プログラム」の責任者だったコンピュータ科学者のJ・C・R・リックライダーは、このコンピューティングの第二段階に別のビジョンを描いていた。同一のプログラミング言語を使った複数のコンピュータ（四～八台）を連結するシステムだ。

このシステムではユーザーはデータを引き出し、加工し、再び共有し、他のユーザーがデータをそれぞれの研究に活用できるようにする。リックライダーの作成したメモには、ユーザー自身のプログラムと、ユーザーが借りて使用するプログラムの「リンケージ（つながり）」が説明されている。このアイデアがアーパネット（高等研究計画局ネットワーク）の土台となり、まもなくカリフォルニア大学ロサンゼルス校（UCLA）、スタンフォード大学研究所、カリフォルニア大学サンタバーバラ校（UCSB）、ユタ大学のプログラマをつなぐネットワークが出現した。[*16]

同じ頃MITの技術者だったケン・オルセンとハーラン・アンダーソンは、個々のユーザーが専用マシンとして使える小型のコンピュータの開発を思い立った。そこでDECを創業し、六〇年代後半に「ミニコンピュータ」と称するマシンの製造を始めた。[*17] ミニコンピュータは複数のスタッフが同時にコンピュータを使った作業を行う必要のある研究機関、政府機関、企業での使用を想定していた。DECはまたたくまに業界のリーダーに成長し、八〇年代には従業員は一二万人、売上高は一四〇億ドルに達し、アメリカ有数の高収益企業となった[18]。

その時点で社会の端っこには、コンピューティングの第三世代のビジョンを描きはじめている人々がいた。そのビジョンとは、優秀なプロの研究者や科学者がデータを共有し、共同プロジェクトに取り組めるようにする、というものだ。未来学者のオラフ・ヘルマーは六七年にランド研究所のために書いた有名な論文「技術進歩の見通し」のなかで、こう予測している。いつの日か「専門職が世界的なネットワークを形成し、それぞれのコンソールを中心となるコンピュータやデジタル・データバンクに接続」し、科学的研究を進めるために「コンピュータ・ネットワーク経由で交流するようになる」と[19]。

しかしヘルマーを含めて、本物のトレンドを見抜いた者はほぼ皆無だった。コンピューティングの第三世代は「パーソナル・コンピューティング」という、まったく別の道を進みはじめていたのだ。ヘルマーの想定していたものとまったく同じテクノロジーが、普通の人々が互いにメッセージを送ったり、ニュースを読んだり、歴史を記録したりするのに役立つかもしれないと予見できた者はいなかった。この失敗が多くの企業に悲惨な結果をもたらした。DECもその一つだ。

七七年、DECの社長となっていたケン・オルセンは「個人が自宅にコンピュータを持つ理由は一つもない」、そして「パソコンは完全な失敗に終わるだろう」と語った[20]。オルセンはその時点の常識の枠組みに完全にとらわれていた。企業や研究機関のために設計した、プログラム可能な小型コンピュータを売り物とするDECは、たしかに大成功を収めていた。しかしオルセンの視界に入っていた「現在」の外側では、新たな革命が進行していた。

教育：アーパネットは本格的に稼働していた。ネットワークには五七個の「インターフェース・メッセージ・プロセッサ（IMP）」がつながっていた。ネットワークへのゲートウェイであるIMPにつながるコンピュータの数、それ以上に重要なコンピュータ・プログラマの数は増え続けていた。プログラマらが開発した「TCP／IP」（データ処理をパケットで処理する低レベルのプロトコル）によって、ネットワークへのリモートアクセスが可能になった。[*21]

経済：市場にはベンチャー企業があふれていた。アタリとコモドールはパソコンのモデルをつくった。コンピュータに魅了された二人の若者、スティーブ・ウォズニアックとスティーブ・ジョブズはカリフォルニア州ロスアルトスのガレージで小さなコンピュータをつくっていた。コンピュータのわかりやすい技術マニュアルを書くことにおいてはパイオニアだったアダム・オズボーンは、世界初のポータブル・コンピュータを発売した。重さは約一一キロしかなく、しかもコンセントがあるところならどこでも使えた。[*22]

メディア：プログラマは「ギャラクティック・エンパイア」「ギャラクティック・トレーダー」などのコンピュータ・ゲームを生み出した。ディズニーは映画『トロン』にコンピュータ・グラフィクスを使った。ワード・クリステンセンとランディ・スースはメッセージを投稿するのに使えるデジタル掲示板システムを立ち上げた。

九〇年代には、パソコンという第三世代から、インターネットという第四世代への移行が始まった。インターネットにより、誰でも情報共有ができるようになった。普通の人々がネットに接続し、この新たなフロンティアの開拓に参画するようになり、インターネットはあらゆる産業セクターに影響を及ぼすようになった。だが驚くべきことに、第一世代からのコンピューティングに対する否定的見通しはまだ続いていた。インターネットというトレンドは長くは続かない、という意見が大勢を占めた。必要性のない、物好きのすることだ、と。

九五年、イーサネットの共同開発者ロバート・メトカルフェは「インターネットはまもなく爆発して超新星となり、九六年には一気に崩壊するだろう」と述べた。[*23] その同じ年にニューズウィーク誌は、コンピュータの専門家で著述家のクリフォード・ストールのコラムを掲載した。「デジタル・タウンミーティングやバーチャル・コミュニティが話題になっている。商取引や事業活動の場が、オフィスやモールからネットワークやモデムに移るという声もある。とんだたわごとだ。オンライン・データベースが紙の新聞に置き換わることも、CD-ROMが有能な教師に置き換わることも、コンピュータ・ネットワークが政府の仕組みを変えることもない」[*24]。

今日、地球上のあらゆるところでネットに接続できるようになった。極端な僻地は例外だが、そうした状況も変わりつつある。グーグルやフェイスブックが巨大な宇宙気球を打ち上げ、雲の上からネット接続を提供しようとしているからだ。世界で一番普及しているタイプのコンピュータには、文書処理、計算、ネット接続以外にも膨大な機能が備わっている。重さはわずか一二〇グラムほどで、コンセントがなくても使える。インターフェースには人間と変わらぬ知能があるようで、まもなく「チューリング・テスト」（コンピュータに知能があるかを判断する）にも合格しそうだ。あなたのポケットにも入っているかもしれない。そう、スマートフォンである。

このコンピューティングの第四世代は、過去に専門家が予測したものとはまったく異なる姿となった。プログラマだけでなく普通の人々が、アプリを追加したり削除したりと好きなように設定を変え、自分らしく使いこなしている。それによってわれわれの行動も変化している。ソフトウェアは所有するものから借りるものへと変化し、コンテンツは購読するものから自ら生み出すものとなった。自分のニーズに合った周辺機器はオンライン・プラットフォーム経由で入手したり、あるいは自宅で3Dプリンターを使って自作するものとなった。

なぜ優秀な人でもトレンドを読み誤るのか

なぜこれほど多くのとびきり優秀な人たちが、パーソナル・コンピューティングというトレンドを読み誤ったのか。なぜインターネットが普及し、またコンピュータが日常生活の一部となることを予測できなかったのか。

われわれは現在の常識の枠組みのなかで重要性が低いものを、過小評価する傾向がある。一九八〇年代半ばにクリフォード・ストールがインターネットは長くは続かないと予測した原因の一つは、ネットが「フィルタリングされていないデータの不毛地帯」になり、求める情報を見つけることができなくなると考えたためだった。ストール自身が初期のヘビーユーザーだったために、インターネット一・〇の重大な欠陥に自然と発想が縛られてしまったわけだ。

ロバート・メトカルフェもまた、自身の経験に基づく偏見を抱いていた。まず、容量の拡大に疑問を抱いた。インターネットが破綻せずに成長を続ける道があるのか、と。初期のインターネット接続業者の間に調整機能や協力関係が欠けており、すでに深刻なネットワーク問題が生じていた。改善の兆しもなく、インターネットは進歩より破綻する可能性が高いと踏んだわけだ。

反対に、インターネットとコンピューティングに過大な期待を寄せたテクノ・ユートピアンも大勢いた。彼ら自身にとってきわめて重要なものだったからだ。共同設立者として電子フロンティア財団（EFF）を立ち上げたばかりのジョン・ペリー・バーロウは、サイバースペースには法律はなく、政府の支配からも自由であると主張した。[*25] メディア論の専門家リチャード・バーブルックとアンディ・キャメロンは、インターネットによって完全な「サイバー共産主義」社会が実現すると予測した。そこでは万人が平等であり、ソフトウェアはすべて無料になり、自由市場から疎外されていた人々はテクノロジーによって解放される、と。[*26]

優秀な思想家がトレンドを見誤るのは、現在の常識に縛られ、通常の価値体系から離れて考えることができないからだ。ときには新たな技術的イノベーションがあまりにも空想じみていて、現実的用途がないように思われるために、トレンドを誤解することもある。六〇年代には、SF作家が完全な知能を持ったコンピュータを題材とした作品を書いていた。たとえば『二〇〇一年宇宙の旅』に出てくる「HAL9000」や『三二〇〇年未来への旅』に出てくるスーパーコンピュータ「ザ・シンカー」だ。

しかしどちらも、単純な空想上の存在ではなかった。研究者が一時的にプロセス（こうしたコンピュータを具体的にどのようにつくるか）を考えるのをやめていれば、パーソナル・コンピューティングとインターネット接続のその後の軌跡を読むことができただろうし、SF作家と同じようなシナリオを描くことができたはずだ。

別の言い方をすれば、DECの中核となる技術陣が、遠い未来の人工知能を備えたコンピュータについて壮大なビジョンを描くことができていたら、どんな効果があっただろう。その当時のDECの人々に、そんなマシンをつくることは到底かなわなかった。しかし未来の可能性を探るなかで、姿を現わしつつあるトレンドを認識することはできたのではないか。そのような先見性があったなら、世界初のノートパソコンをDECが生み出していたかもしれない。コンピューティングの第四世代と、さらにその先を予測することができていたかもしれない。

ただ決定的な問題だったのは、DECの経営陣にトレンドが見えていなかったことだ。九八年までに、DECの事業部門のほとんどは閉鎖あるいは売却されていた。一時は輝かしい成功を収めていた同社の残骸は、同年一月にコンパックに買収された。

その責めをオルセンだけに負わせるのはフェアではない。DECの他の人々は足下の変化に気づいていたが、恐怖で身動きがとれずにいた。古いテクノロジーに慣れ親しんでいたために、パーソナル・コンピューティングの進歩が自分たちのスキルの価値を目減りさせると、脅威に感じたのだろう。このトレンドが破壊的変化を招き、既存の有力メーカーもまったく新しいシステムやモデルを開発せざるをえなくなるかもしれない。それを認めたくなかったのだ。こうした人々の頭のなかで爬虫類脳が起動し、変化を認める代わりに、直感的に逃げることを選んだのだ。

未来を正しく読むには

業界や状況を問わず、歴史を通じて常にその正しさが証明されてきた予測が一つある。テクノロジーは進歩し、決まって社会の他の変化要因と交錯すること、そしてトレンドは、変化が現実の生活のなかにどのような形で現れるかを示す手がかりとなるということだ。カール・ベンズが生み出した内燃機関はその後「フォード・モデルT」が生まれるきっかけとなり、グーグルの自動運転車の登場につながった。ダ・ヴィンチの同世代の人々は、その飛行装置をばかげた代物だと考えたが、それから四〇〇年かかったものの人が空を飛ぶことは現実となった。

具体的にどんな未来が待っているのか、一〇〇%の確度で知ることはできない。「変化の一〇の要因」、自然災害、突発的な事件など、検討すべき変数があまりにも多すぎる。

前章で自動移動装置の未来について、三つのシナリオを説明した。後に行くほど、ばかげた話に思えたかもしれない。しかし「起こりそうな」「起こるかもしれない」「起こりうる」という異なる名前をつけることで、それぞれにおいて着目すべき「今日わかっている事実」と「未来の可能性」がはっきりとした。

このメソッドでは「HOW（どのように）」の部分はあえて考えない。「WHAT（どんな）」、つまり、未来の移動手段がどんな形をとるかというところのみに集中する。とりあえず端っこで行われている研究に注意を向ける。「起こりそうな」「起こるかもしれない」「起こりうる」という用語は統計学から拝借したもので、未来学者は過去数十年にわたってこの方法を使って姿を現そうとしている未来に対する具体的なイメージを生み出してきた。

起こりそうな未来：現在のトレンドが続く可能性が高いと想定したら（たとえば自動移動手段）、今日存在する技術と構想段階にある新たな研究によって、実現性がかなり高い状況とはどんなものか。高速道路システムをめぐる財政、警察の仕組み、あるいは企業が製品や荷物を流通させる仕組みに根本的な変化が起きないとしたら、今と同じように自動車やトラックを使い続ける可能性がきわめて高い。一〇年後にはインターネットに接続したネットワークにログインし、高速道路の専用レーンを自動走行するようになるだろう。二〇年後には都市部でも田舎道でも、あらゆる道路を自動で走行するようになるだろう。今日わかっている事実を踏まえると、自動移動手段というトレンドでは、このシナリオが実現する確率が最も高い。

起こるかもしれない未来：トレンドの現状はわかっている。また、自然法則、物理法則、数学法則、さらには現在のシステム、ワークフロー、そして研究機関、企業、政府を支配するプロセス、つまり、変化の一〇の要因における基本的なモノの考え方やルールもわかっている。それゆえにこうした仕組みの下で、端っこで起きている初期段階の実験のうち、どれに実現可能性があるか判断することができる。短距離の輸送手段としてスカイウェイを航行する空飛ぶディスクを使うというのは、一つの選択肢だ。それは未来の自動移動手段として起こるかもしれないシナリオとして、思考から排除するわけにはいかない。

起こりうる未来：われわれが生きている間には、『スタートレック』に出てくるエンタープライズ号の乗組員のように、転送という形で移動することはおそらく不可能だろう。しかしそれが胸の躍るアイデアであるのは間違いない。技術進歩のスピードが指数関数的であることはわかっている。人類が馬の引く戦車からグーグルの自動運転車に行きつくまで二〇〇〇年かかったが、固定電話からiPhoneまでは二〇年しかかからなかった。二〇一七年の状況を踏まえれば、今から二五〇〇年後に人類が量子コンピューティングを使って、意識をレンタルした身体にテレポートできるようになっている可能性はゼロだと言い切れるだろうか。このようなシナリオを否定することは、現在受け入れられている宇宙の法則が未来の発見によって試されたり、覆されたり、書き直されたりすることはありえない、と主張するに等しい。

組織のリスク管理に当たる人なら、「起こるかもしれない未来」や「起こりうる未来」にまで備える余裕などない、と思うかもしれない。論理的に考えれば「起こりそうな未来」に信憑性があるなかで、他のシナリオに資金や時間や労力を割く必要があるのか、と。しかし任天堂が驚くほど長期にわたって存続している理由、そして一八八九年から二〇一六年までトレンドをつかみ、「起こるかもしれない未来」や「起こりうる未来」のシナリオを描き続け、ゲーム産業を未来へと導いてきた事実を振り返ると、なぜそうしたリスクを引き受けるべきかは明白だろう。

「起こりそうな未来」だけに集中することは、短期的には有効かもしれない。DECの場合もそうだった。何十年かにわたって、時代のほんの少しだけ先を行くことで、同社の研究者は一時的にコンピューティング産業の方向性や進歩のスピードを支配することができた。

ＤＥＣが初めて市販したコンピュータ「ＰＤＰ－１」はＩＢＭ製品より安く、小さく、しかも専用の空調も不要だった。ＤＥＣの技術陣は、世界初の大衆向けのグラフィックディスプレイ（画像表示）システムもつくった。「ＰＤＰ－１」用に初のコンピュータ・ゲーム「スペースウォー！」も制作し、コンピュータに計算以外の用途があることも示した。

後続モデル「ＰＤＰ－７」は、ベル研究所のケン・トンプソンとデニス・リッチーが初の階層型ファイルシステムやコマンドラインインタプリタを備えたＵｎｉｘを開発するのに使われた。一九八〇年代初頭に発売した「ＶＴ－５２」は、ディスプレイとキーボードを含めたオールインワンのコンソールで、初の「ＷＹＳＩＷＹＧ」エディタを備えていた。こうした輝かしい成果はひとえに、ＤＥＣが「起こりそうな未来」に集中したためである。[*27]

しかし、ひとたび「起こるかもしれない未来」、すなわち、普通の人々が自宅でコンピュータを使う日が来るというシナリオが実現したとき、ＤＥＣの経営陣は対応できなかった。結局この過ちは、コンピューティング業界のパイオニアだった同社が、完全に消滅する原因となった。

トレンドを味方につけられるのは、六つのタイムゾーンをさまざまな視点から見ようとする者だけだ。トレンドは、未来のある時点で遭遇するかもしれない状況を示す「手がかり」としてとらえる必要がある。その未来は一〇〇年先かもしれないし、わずか一・三光秒先かもしれない。

アルゴリズムでは、壮大な計画《ムーンショット》を予測できない

人間の爬虫類脳があてにならないことはわかった。選択肢を与えられれば、たいていの人は「起こるかもしれない未来」や「起こりうる未来」に踏み込むのを避けようとする。しかし行動を起こさなければ、取り残される可能性は高い。するとこんな問いが出てくる。人間の代わりにアルゴリズムに未来を予測させればいいではないか、と。なぜ未来学者のメソッドなどに頼る必要があるのか（そもそも未来学者のいうことに耳を傾ける必要があるのか?）。

アルゴリズムとは簡単にいってしまえば、どのような操作をどのような順番で行うべきかを定めた一連のルールである。機械学習、人工知能、そしてきわめて高性能なコンピュータと組み合わせれば、アルゴリズムは膨大かつ無秩序なデータセットをより分けて、さまざまな複雑な問いに答えることができる。公衆衛生における未来の危機など、変化を予測するのにも役立つ。

われわれは日々、アルゴリズムと接している。グーグルのアルゴリズム「ページランク」は、特定のウェブページへのリンクの数や質を評価し、それをユーザーの入力した検索語や過去の検索履歴と照らし合わせて重要性を判断し、検索結果に表示する順序を決定する。ネットフリックスやアマゾンは、顧客がクリックしそうな書籍や映画などの商品を推奨するアルゴリズムを使っている。アメリカ国家安全保障局（NSA）は、強力なアルゴリズムを使ってわれわれの個人情報を分析している。

ここで、みなさんに一つ質問がある。なぜコンピュータだけでは未来を予測できないかが腑に

落ちるような問いだ。「アルゴリズムは、ニール・アームストロングとバズ・オルドリンが一九六九年に月面に立つことを予測できただろうか？」

その八年前のある寒く澄みきった朝、ジョン・F・ケネディが大統領に就任した。アメリカ史上最年少で選出され、その就任演説は過去より未来に照準を合わせたものだった。「たいまつはアメリカの新しい世代に渡された」[*28]。世界の出来事は新しい戦争の始まりを示唆していたが、ケネディと若き大統領夫人は、新たな理想主義と情熱を体現していた。

アメリカとソビエトを中心とする共産主義陣営との緊張は高まっていた。ソビエトの最高指導者ニキータ・フルシチョフはアメリカ軍を嘲笑し、ソ連とミサイルの「撃ち合い」をすればいいと挑発した[*29]。アメリカ軍のパイロット、フランシス・ゲーリー・パワーズが操縦するスパイ用偵察機「U-2」はソビエト上空で撃墜された[*30]。特別委員会は核戦争に備えてアメリカ全土にシェルターを建設するよう政府に要請した。フィデル・カストロがキューバの指導者となり、ラテン・アメリカ各地で同じような共産主義反乱分子が勢いづいていた。

ケネディは大統領に就任してほんの数カ月後、カストロ政権を倒すためのCIAが画策したキューバ攻撃（ピッグス湾事件）が失敗するという屈辱を味わった。同じ頃地球の裏側では、ユーリイ・ガガーリンが人類で初めて、一八〇分間かけて地球を周回した[*31]。

ケネディは慣習を破り、翌年の議会演説を待たずに行動を起こした。六一年五月二一日に議会合同会議を招集したのだ。その演説は単にアメリカ連邦議会の賛同を得るだけでなく、クレムリンに聞かせることを意識したものだった。ソ連の衛星「スプートニク」の打ち上げ、そしてアメリカが技術開発においてソ連の後塵を拝しているという状況のなか、ケネディはアメリカを地球周回軌道をはるかに超える宇宙へと送り出したいと考えた[*32]。

このときの演説は九項目から成り、そこには緊急準備計画局（OEP）の設立、工業化により失業した数十万人の労働者を再教育するための人材開発訓練計画、ラテンアメリカや東南アジアを対象とするラジオとテレビ放送の強化などが盛り込まれていた。ただその最後に、ケネディは新たに設立されたばかりのNASAへの野心的目標を説明した。「私は、一九六〇年代のうちに人間を月に着陸させ、安全に地球に帰還させるという目標の達成に我が国民が取り組むべきと確信している」と語ったのだ。

ケネディは月に向かう宇宙船、代替的な液体および気体燃料ブースター、新たな推進エンジン、さらには月やその先の太陽系の無人探査に使える原子力ロケット「ローバー」の速やかな開発を求めた。さらに世界的なコミュニケーションと気象観測の質的向上に役立つ宇宙衛星の開発も呼びかけた[*33]。

アメリカが冷戦に突入して、すでに相当な期間が経っていた。共産主義に感化された反乱分子は、第三世界のジャングルや荒野でのゲリラ戦への準備を整えていた。共産主義への対抗策としてケネディが立てた計画は、七〇億ドルから九〇億ドルの税金を、戦車や核兵器にではなく、月を目指す宇宙開発競争に投じるというものだった[*34]。

これはとんでもない提案だった。当時、ソ連もアメリカも地球周回軌道に達しない準軌道飛行は成し遂げていた。ただ、宇宙船に地球の大気圏と宇宙空間の間の境界を突破させるだけの力のあるロケットは、まだ存在しなかった。さらにはルート計画、船外で安全に活動するための宇宙服の素材、情報を地球に送信するためのコミュニケーション・システムなど、人間を五体満足の状態で宇宙に送り、帰還させるためのさまざまな要素が欠けていた。

「はっきりさせておこう」とケネディは語った。「私は連邦議会と国民に、新しい行動方針、それも何年もの時間と非常に重い負担を要する方針を受け入れるよう求めているのだ」。そして九年というのはきわめて野心的な期限だと認めつつ、ソ連がかなり先行していることを改めて強調した。「中途半端に取り組むくらいなら、あるいは困難に直面して目標を下げるくらいなら、そもそも取り組まないほうがいいだろう」。さらに「われわれがいつの日か最初に月面に到達できる保証はないが、取り組まなければ他国の後塵を拝すのは間違いない」。政治家、閣僚、外交官、そして会議を傍聴していた一般国民の拍手喝采で、ケネディの演説は一八回も中断したほどだ。[*35]

ケネディ政権やNASAの誰に尋ねるかによって、宇宙飛行士を月面に着陸させることは「起こるかもしれない未来」、つまり、正しい条件が整えば理論的には可能だという返事が返ってきたかもしれない。あるいは「起こりうる未来」、すなわち突飛な空想だという人もいたかもしれない。そしておおかたの人が「起こりそうな未来」として、およそ返済できない国家債務、非業の死を遂げる宇宙飛行士、国家的恥辱が待っていると予想していたのではないか。

ケネディにとって、演説の内容は「望ましい未来」だった。アメリカはソ連に対して技術的・軍事的優位性を示すための、宇宙開発競争のただ中にあった。議会を前にして情熱的な演説をしたケネディに、人類を月面に着陸させ、しかも地球に安全に帰還させる一〇〇%の自信があったわけではない。しかし月面着陸を未来の目標に設定すれば、NASAが実現に必要なプロセス、システム、技術を逆算できるだろうと信じるに足るエビデンスは十分あるように思われた。月面着陸を計画することでケネディの目標は「起こりうる」から「起こりそう」に変化し、アームストロングとオルドリンが六九年に月面に着陸したことでそのビジョンは現実となった。

ケネディのカリスマ性やアメリカ国民の熱狂をもってしても、月を目指すという計画が近い将来に実現性の高いシナリオであると、アルゴリズムを説得するのは不可能だっただろう。このような抽象的で定性的なデータを、コンピュータに正しく評価させることは不可能だったからだ。

特定の要素の未来を予測するアルゴリズムを開発するのは可能だ。アルゴリズムに一つもバグがなければ、プログラムされたとおりの順番で一連の操作を完了するだろう。プログラムの計算モデルは、基本的に次のようものだ。特定の事象が想定どおりの確率で発生する場合、それは他の事象の発生確率にどんなプラスあるいはマイナスの変化をもたらすのか、と。ケネディのアポロ計画についていえば、次ページの**図1**の上の表となる（それをわかりやすくしたのが**図1**の下の表である）。

ここに挙げたのは、ごく少数の計算結果を用いた単純化したパターンである。コンピュータのほうが人間より計算は間違いなく速い。複数の変数を迅速に処理できるためだ。定量的データはコンピュータが処理できる。しかしたとえば熱意、カリスマ性、社会のリスク許容度といった抽象的な定性的概念は、計算の対象にはならない。

事象（E_1）	確率（P_1）
月面ロケットの急速な開発	P_1
代替液体・固体燃料ブースターの開発	P_2
新しいタイプの推進エンジンの開発	P_3
ローバー原子力ロケットの開発	P_4
予算案通過の実現性	P_5
十分な訓練を受けた宇宙飛行士の確保	P_6
その他	P_7

この事象が実現するとするならば 確率は	P_1	P_2	P_3	P_4	P_5	P_6	$P_{...}$
E_1 月面ロケットの急速な開発		高まる	高まる		高まる		
E_2 代替液体・固体燃料ブースターの開発	高まる				高まる		
E_3 新しいタイプの推進エンジンの開発	高まる	高まる			高まる		
E_4 ローバー原子力ロケットの開発	高まる	高まる	高まる		高まる		
E_5 予算案通過の実現性							
E_6 十分な訓練を受けた宇宙飛行士の確保	高まる	高まる			高まる		
その他							

［図1］アポロ計画：事象と発生確率

人間の創造的発想が、最大の変数

要するに、問題とはこういうことだ。未来はあらかじめ確定した、体系的データだけでできているわけではない。それは人間によって、すなわち現在われわれが学んでいること、壊していること、達成していること、感じ考えていること、そしてつくり上げているものによって変化する。アルゴリズムは新たな定性的変数を検討材料に含めることができない。たとえば、現実主義者のCEO、気まぐれな開発者、あるいはネットコミュニティにおける「正義の暴徒」の台頭といったことだ。

現時点ではどれほど優れたアルゴリズムでも、想定外のリアルタイムの変化に対応して、結果を自動修正することはできない。たとえば想定外の技術的故障によって株式市場が暴落し、フェイスブックの余裕資金が消失し、同社が二〇億ドルを投じて進めていた仮想現実（VR）プロジェクト「オキュラス」が無期限停止になり、その結果としてVRの業界標準やバージョンが変わってくるといった事態を予測することはできない。

アルゴリズムは、プログラムされたことだけをする。それがときにプログラマを悩ます問題となり、アラジンの魔法のランプに入っている魔人の名をとって「ジーニーの問題」と呼ばれたりする。現在、コンピュータはわれわれが願ったとおりのことをする。しかし、われわれはまだ正しい願い事をすることができない。もちろん自分がモノを考えるうえでアルゴリズムを補完的に使うことはできるが、未来に何が起こるかを予測するには、やはりシグナルに耳を傾け、分析し、つながりを判断できる人間が必要だ。

政府機関は現在、未来における人々の行動を予測するのにアルゴリズムを使おうとしている。予測モデルには正確性とスピードがある。情報先端研究プロジェクト活動（ＩＡＲＰＡ）は諜報という領域における研究機関であり、ＤＡＲＰＡやＮＳＡなどの政府機関と協力関係にある。ＩＡＲＰＡは予測の自動化に強い関心を持っている。現在進行中の取り組みの一つである「プロジェクト・マーキュリー（水星計画）」は、政治危機やテロ活動の予測を目指している。ＳＣＩＴＥ（継続的な内部関係者の脅威評価のための科学的研究）プログラムは、エドワード・スノーデンのケースのような政府職員による重要文書漏洩の可能性を予測するため、データ（インターネットの検索パターン、財務的記録など）の受動型モニタリングをしている。[*36]

今日これほどのコンピューティング資源があるにもかかわらず、あらゆる状況における個人の思考、反応、行動を正確に予測することは依然として不可能だ。ムーアの法則が妥当性を失わないのは、集積回路のトランジスタの数が一定期間内に倍増することを予測しているためだ。トランジスタはモノを感じたり、考えたりはしない。

当時アルゴリズムがあったら、ケネディに月を目指せと指示しただろうか。したかもしれない。技術進歩の一部は予測できたかもしれない。しかしわれわれを宇宙へと導いた人間の創造力、すなわち無数の失敗や大胆な実験から生まれる創造的発想を、アルゴリズムが計算することは絶対にできなかったはずだ。

アルゴリズムだけでは未来を予測することはできない。予測というプロセスにはまだ、常にトレンドをモニタリングし、その結果を組織の現在の意思決定に反映させていける人間が必要だ。

任天堂の優れたリーダーは、過去一二五年にわたってトレンドに目を光らせてきた。そのおかげで、姿を現わしつつある変化を予測するだけでなく、ゲーム産業全体の方向性を自ら決めることができた。一方DECのリーダーは、トレンドを注視することを怠っただけでなく、パーソナル・コンピュータがどのような進歩を遂げるかが明確になってからもそれを無視し続けたことによって、一時は栄華を極めた会社を潰してしまった。

さて、これでトレンドとは何か、なぜそれがすべての組織にとって重要なのかがはっきりしたと思う。次章からは、六つのステップをじっくり見ていこう。そのためには社会の端っこに足を運ばなければならない。

4

STEP1

社会の端っこに目を凝らす

「想定外のニューフェース」を探す

未来を予測する第一歩は、ユニークな実験が起こる場である「端っこ」、すなわち科学、テクノロジー、デザインの世界や社会の辺境に足を運ぶことだ。あらゆるトレンドは、そこで生まれる。

ユニークな実験の一例が、マンゴーとロメオという二匹の猿を使ったものだ。どちらも難しい問題に取り組むことが好きで、オレンジジュースに目がなかった。数年前、二匹は一見単純な課題を引き受けることになった。ディスプレイを見ながらバーチャルアームを操作して、目標物をつかむのだ。成功すればご褒美にオレンジジュースがもらえる。

とはいえ、この課題には少しひねりが加えてあった。マンゴーとロメオは、ゲームで使うようなジョイスティックやキーボードを与えられたわけではない。むしろ手で何かを操作することはできなかった。さらに厄介なことに、片方は水平方向（ディスプレイのX軸）、片方は垂直方向（Y軸）にしかバーチャルアームを動かせなかった。つまりアームを目標物に近づけるためには、二匹は協力し、互いの動きを同期させる必要があった。おまけに二匹は別の部屋にいた。

コントローラーもなく同じ部屋にもいないのに、どうやってご褒美にたどりつくのか。実は、二匹の脳はネットでつながっていたのである（『スタートレック』に出てくるバルカン人の種族間テレパシーを思い浮かべた人は、だいたい合っている）。[*1] 脳の体性感覚皮質と運動皮質に小さな電極が埋め込まれていた。この二つの皮質は、脳のうち運動をつかさどる部分だ。

二匹は時間をかけてある種のデジタルテレパシーを習得し、互いの思考を送り合い、スクリーン上のアームをコントロールする方法を身につけていった。特定の方向にアームを動かそうと考えたり、またアームを目標に近づけるには相手と協力しなければならないことを理解したりするなかで、二匹は一定の因果関係のパターンに気づいた。互いの動きを同期させることで、二匹は首尾よくアームを動かし、ジュースをもらえるようになった。

この画期的研究は、デューク大学ニューロエンジニアリング・センターのディレクター、ミゲル・ニコレリスの二五年以上に及ぶ取り組みの産物である。[*2] ニコレリスとその共同研究者である、ニューヨーク州立大学ダウンステート・メディカルセンターの心理学と薬理学の教授であるジョン・チャピンが「ブレーン・マシン・インターフェース（BMI）」を最初に考案したのは、一九九〇年代後半のことだった。[*3] PCワールド誌が「ゲートウェイGシリーズ」を最高の家庭用コンピュータに選出し、ノキアの「9000iコミュニケーター」を「携帯電話であり、ファックスであり、ハンドヘルド・コンピュータでもある。（中略）まさに夢のようだ」と語っていた時代に、なんと彼らは、脳をコンピュータに接続することを考えていたのだ。[*4]

人間の脳を他の人間だけでなく、コンピュータやロボットと接続するというアイデアは、ホラー映画やスーパーヒーローもののマンガに多少似てはいるが、そこから着想を得たものではない。彼らが考えていたのは「歩行を可能にする技術」の未来であり、身体麻痺の患者を再び歩けるようにすることを目指していた。市場にはたくさんの義足が出回っていたが、自由自在に歩くには程遠いものだった。ニコレリスらは、いずれ人間は自らの脳で義足をコントロールできるようになるかもしれない、と考えた。患者が足を動かす感覚を覚えていれば、ロボティクス義肢に脳から信号を送れるのではないか、と。

はじめはネズミの脳を人工的神経システムに接続し、意思の力だけでロボット工学的給水器を動かして水を出させる、という実験を行った。続いて猿の脳をコンピュータに接続し、標準的インターネットを通じて脳信号を送り、別の都市にあるロボットアームを操作させることを試みた。普通の人にはＳＦ映画ばりの、およそ実用的ではないばかげた実験に思えるかもしれない。

しかしニコレリスの長期間に及ぶ努力の結果、全世界が見守るなか、ＳＦが現実と交錯する瞬間が訪れた。下半身麻痺の障害を持つ二九歳のジュリアーノ・ピントが、ニコレリスの研究チームが製作したロボットスーツに身をつつみ、二〇一四年ワールドカップの競技場を歩いたうえ、開幕式でボールを蹴ったのだ。[*5]

ニコレリスは「アイアンマンスーツ」を現実につくってしまったわけだ。

この先には何があるのか。ニコレリスの研究はさらに発展していくのか。ＢＭＩはいつの日か、ジュリアーノのような人々を再び歩けるようにするのだろうか。では、脳卒中の患者はどうだろう。話す能力だけでなく、言語とは何かという認知的理解そのものを失ってしまったら？　唇の動かし方に関する記憶が消えてしまったら、BMIは動かない。そういう状況になった人の脳を、普通に会話のできる健康な二人の理学療法士の脳に接続したら、どうなるだろう。理学療法士の脳の活動を通じて、患者の脳を再訓練できるだろうか。

ニコレリスは動物の脳のネットワーク化という研究に乗り出し、「ブレーンネット」と名づけた。哺乳類の複数の個体をつなぎ、その神経活動を制御し、管理するという試みだ。二〇一五年、ニコレリスのチームは「複数の相互接続された脳を使った生物コンピューティング装置の構築」という論文を発表し、複数のネズミの脳を接続し、一匹のネズミでは解けないような基本的な予測問題を解かせた実験の結果を説明した。[*6] 実験のたびに、ブレーンネットは問題を解くことに成功し、ネズミたちの共同作業のパフォーマンスは回を重ねるたびに向上していった。

ニコレリスはネズミを使った最初の研究成果を発表した後、ブレーンネットに接続した動物たちが相互作用を始めたとき、どんな新しい性質が出てくるかは予測できない、と語っている。「理論的には、複数の脳を組み合わせることで、単一の脳では生み出せないような解決策を生み出せる」。彼の研究の行きつく先はどこなのか？ 「われわれは科学者にすぎない。先端まで出かけていき、そこに何があるかを発見することが仕事だ[*7]」

すでにおわかりかもしれないが、ニコレリスの研究は驚くべき未来を暗示している。前提にあるのは、いつの日か人間同士を接続することで集団的知性を実現できるという発想だ。彫刻家、建築家、生態学者、ダンサーのブレーンネットをつくり、それぞれの経験や知識を統合すれば、見た目にも美しく、環境にやさしく、そこで生活したり働いたりする人たちにやすらぎと刺激を与えられるまったく新しいタイプの建物ができるかもしれない。心臓学者、血管の専門家、ロボット工学者を、心臓外科医や胸部外科医と結びつけるブレーンネットは、難しい緊急手術で威力を発揮するかもしれない。

ニコレリスのいう「先端」は、私のいう「端っこ」にほかならない。それは科学者、芸術家、技術者、哲学者、数学者、心理学者、倫理学者、そして社会科学の専門家などが集い、一見ばかげた仮説を試したり、途方もなく独創的な研究に取り組んだり、人類が直面する問題へのまったく新しいタイプの解決策を発見しようと努めたりする場である。端っこで新たなアイデアを持った人材を見つけることが、未来予測の最初の一歩である。

トレンドは未来への手がかりであり、任天堂のように、望ましい未来をつくろうとする組織は必ずや把握しなければならない。トレンドに共通する特徴や性質は何か、またその未来は、常に外部の変化要因によって形成されることを理解する。DECの経営陣も端っこに足を運んでいれば、姿を現わしつつあるコンピューティングの未来を目にすることができたはずだ。

歴史を振り返れば、端っこで生まれた新しい突飛な概念（自動運転車、ポケットに収まる電話型コンピュータなど）が時間をかけてつくり直され、修正され、使われながら、傍流から主流となってきたことがわかる。ただ端っことは具体的にどこなのか。どうすれば見つかるのか。足を運んだら、何をすべきなのか。

未来を探そうとするとき、たいていの人は伝統的な市場調査から始める。だがそれは未来ではなく、過去を振り返ることだ。フォーカスグループに招かれる普通の消費者が新たなトレンドを話題にし、新聞やウェブサイトで記事になる頃には、端っこのアイデアは主流に移行している。すでに考えた「起こりそうなシナリオ」の補強材料を探しているだけなら、こうした情報源で必要な情報は入手できるだろう。広く受け入れられたリサーチ方法ではあるが、そこからは今この瞬間、端っこで起きていることは浮かび上がってこない。

どんな業界にも関心領域にも、新たなアイデアを温めている研究者、市井の実験家、とびきり独創的な起業家がいる。たとえばソニーをハッキングした人々は、もとは「4chan」や「レディット」など当時は無名のサイトに集まっていた。端っこに巣くう者のなかには、一般人の目にはとまらない「闇のネット」で情報をやりとりする者もいた。一方「メーカースペース（ハッカースペース）」と呼ばれる共同作業スペース、コミュニティの研究施設、学術機関などで堂々と研究に取り組む者もいた。率先してベンチャー企業の新たなツールを使いこなし、気の利いた用途を見出したりする。音楽を聴き、映画を観、ゲームをプレイするが、そのやり方は一般の人のそれとは違う。まだ開発途上にある実験的なネットワークやデバイスを使ったり、メール、ブログ、フェイスブックなどを使わずに互いに情報を共有したりする。

組織が「X」の未来を描くときの最大の問題は、従来の市場調査のパラダイムに従って、Xをあまりにも狭く定義してしまうことだ。新たなトレンドを見つけるには、端っこからの情報を集め、観察しなければならない。加えて、Xの定義も広げる必要がある。すでに見たとおり、ソニーに対するハッキングは、一人の悪意あるユーザーの単一行動から始まったのではなく、大企業が共謀して自分たちの音楽の楽しみ方をコントロールしようとしているとハッカーコミュニティが認識した結果だった。国民の多くと同じように、彼らもまた、政府によって救済された大企業や巨大金融機関への不満を募らせていた。経済は悪化し、多くの人が雇用を失った。そんな彼らの自宅にはプレイステーションがあり、またネット掲示板で不満を言い合う時間もふんだんにあった。

あなたが何かの未来を予測しようとしているなら、最初のステップはいくつもの交錯する変化のベクトルをしっかり見ることだ。違う考え方をする人を探す必要がある。簡単にいえば、もっと大きな網を張る必要がある。

歴史に見る「想定外のニューフェース」

今見えている地平線の先にある「起こるかもしれないこと」や「起こりうること」を理解するため、つまりXの定義を広げるためには、「想定外のニューフェース」を見つけ、深く理解しなければならない。まだ華々しい賞を受賞していない人、「四〇歳以下の四〇人」特集などに取り上げられていない人だ。過激で斬新なアイデアを持っているがゆえに、議論を巻き起こしていることも多い。あるいは、まったく気づかれないところでひっそり研究に没頭しているかもしれない。彼らの存在はきわめて重要だが、その発想が無視され過小評価されることがあまりに多い。

人類史上、特筆すべき大きな発見のなかには、端っこの異端者がもたらしたものも多い。同時代の人々からは奇異な、ときには危険とすら思えるような突飛な計画に取り組んでいた人々だ。

一六一〇年、ガリレオ・ガリレイは『星界の報告』に自らの発見をまとめて発表した。月は平らではなく、クレーターや山に覆われた球形であること、木星にはまわりを周回する複数の月があること、金星には月と同じようにいくつもの相があること、などだ。続いて「モノが水に浮かぶのは形が平らだから」という教会の公式な教義を否定する論文を出し、さらに太陽は完璧な形をしているという教会の見解を否定し、斑点があることを示した。一六三三年には、地球は太陽のまわりを周回していることを示す研究によって異端裁判にかけられた。有罪判決が出た後は、生涯を自宅軟禁状態で過ごし、客の訪問を受けることも禁じられた。ガリレオが正しかったことを教会が認めるまでには、二〇〇〇年を要した。[*8]

一九六〇年、ジェーン・グドールはチンパンジーの生態を調べるためアフリカ冒険の旅に出かけた。グドールは文明から完全に隔絶された、現在のタンザニア（タンザニアとザンジバルは六四年に統合した）にあるタンザニア湖東岸のゴンベ川保護区にテントを構えた。孤立した厳しい環境でたった一人、野生動物に囲まれて過ごした。チンパンジーの研究に行ったといっても、学者ではなく、正式な訓練を受けた科学者でもなかった。学士号すら持っていなかった。これほど想定外のニューフェースはいなかった。チンパンジーとともに暮らし、それぞれに番号ではなく名前をつけ、その個性を記録するといった型破りな研究方法は、当初は学会から完全に否定された。グドールのあかぬけない観察手法や霊長類への思い入れは、嘲笑の的となった。

そうした状況は、グドールが人類学者の常識を覆す重要な発見をしたことで一変した。チンパンジーは草食ではなく肉も食べること、人間と同じように道具をつくること、そして生き延びるために道具を使うことだ。[*9] 今から五〇年前にさかのぼるグドールの発見は、現代史に残る重要な科学的成果だった。人類と霊長類の知的および文化的ギャップを縮めたのである。

ガリレオの同時代人が講義や議論、数学的説明を好んだのに対し、ガリレオは詳細な図を描きながら太陽中心説を導き出した。グドールは研究対象であるチンパンジーのようにモノを考えたいと思い、彼らの文化の中に身を置き、同じようにふるまい、移動し、声を出すことで理解を深めようとした。

端っこの人々は生産的に夢想する。比喩を使うのがうまいので、あるものだけを見るのではなく、他のものとの仮定の関係に注目する。ニコレリスが「ブレーンネット」を考案できたのもそのためで、この言葉自体が象徴的だ。あるコンピュータが自らの持っている情報を別のコンピュータにコピーできたら、そしてコンピュータが互いから学ぶことができたら、それは人間の脳というコンピュータにどのような示唆を持つのだろうか。

端っこの頭脳は、Xの未来を広く定義する。それゆえ、現時点の状況のもとで起こりそうなことや起こるかもしれないことではなく、起こりうることを考えられるようになる。

端っこの頭脳が、未来に関心を持つ現実主義者の良いパートナーとなる理由の一つがここにある。端っこの頭脳は、すぐに成果を出したり、利益目標を達成したり、投資効果を証明したりする必要がないので、プロセス、つまりどうやって夢を現実に変えるかという方法論にとらわれずに想像力を思いきり飛ばすことができる。端っこの頭脳の発想や方法は型破りに思えるかもしれないが、それはまだ登場してから十分な時間が経っておらず、他の研究者、初期採用者、企業、正統派の学会、そして社会の主流に届いていないからにすぎない。

凡人と端っこの頭脳では、新しいアイデアへの姿勢がどれほど違っているかを示す例を挙げよう。一九四一年八月一日、アイザック・アシモフは編集者との打ち合わせに向かっていた。新しい小説のアイデアを話すことになっていたが、構想も登場人物も一切考えていなかった。そこで得意のブレーンストーミング法を使うことにした。たまたま劇作家ウィリアム・ギルバートと作曲家アーサー・サリバンによるオペレッタ集を持っており、ぱっと本を開くと『アイオランシ』のあるページが目に飛び込んできた。妖精の女王が、近衛兵連隊のウィリス二等兵の前にひざまずく場面だった。

それをきっかけに、ニューヨークシティの地下鉄の旅、軍事社会、封建制度、エドワード・ギボンの『ローマ帝国衰亡史』、第二次世界大戦、大戦中のドイツ空軍のイギリス空軍との戦い「バトル・オブ・ブリテン」、ナチス・ドイツのソ連侵攻、宇宙、地球外生命へとアシモフの発想は果てしなく広がっていった。編集者との打ち合わせ場所に到着する頃には、代表作となるSFシリーズの基本構想が固まっていた。当初は雑誌に連載され、その後『銀河帝国興亡史』三部作として刊行された。ほんの数時間で、未来の銀河帝国の滅亡と封建主義の再来にまつわる物語を生み出してしまったのだ。登場人物の一人であるハリ・セルダンが、クラウドソーシングによる心理学と数学を掛け合わせた「心理歴史学」という新たな学問分野を用いて、帝国の崩壊を予測する。そしてセルダンの予測を踏まえ、次に何をすべきか考える「ファウンデーション」という小さな集団が設立される、という筋書きだ[*10]。

『銀河帝国興亡史』三部作はその後、『指輪物語』をおさえてヒューゴー賞のベストオールタイムシリーズ部門を受賞した（アシモフ自身を含めて、この賞はトールキンとその作品を称えるために創られたと思っていた）。ノーベル賞経済学者のポール・クルーグマンは、『銀河帝国興亡史』を読んで進むべき道を決めたと語っている。「ハリ・セルダンになるのが私の夢だった。人間の行動を数学的に読み解くことで文明を救いたい、と」[*11]。元アメリカ連邦下院議長のニュート・ギングリッチも、刺激を受けた人物としてセルダンを挙げている[*12]。

アシモフは優れた端っこの頭脳であり、その手法はわれわれも見習うことができる。現在のシグナル、過去の状況、そして自由な連想に基づいて、「HOW（どうやって）」ではなく、「WHAT（何を）」「WHY（なぜ）」の部分に注目するのだ。

端っこの想定外のニューフェースに注意を払うのは重要だ。彼らの生み出すものは主流に到達したときに驚きをもって受け止められることが多いが、実はずっと以前に発見し、その動向を見守ることが可能である場合が多い。

クローン羊「ドリー」にいたる流れと世界的パニック

二〇世紀の想定外のニューフェースのなかでも、とりわけ賛否の分かれる人物の一人は、ほとんど知られていない。ストラトフォード・アポン・エイボン近隣の村、ハンプトン・ルーシーに住む、穏やかな語り口のイギリス人である。イアン・ウィルムットというこの人物は、子供の頃から農業と農学に強い興味を持っていた。学部生の最終学年にはケンブリッジ大学の大学院に進学し、動物の生殖生理学という一風変わった研究に取り組むための奨学金を獲得した。学生時代のウィルムットは、精力的に研究に取り組んだ。博士論文のテーマは、低温凍結による雄の精液の保存方法だ。そして凍結保存した受精卵を代理出産する牝牛に移植し、最終的に出産にこぎつけた。子牛は「フロスティ（凍った、の意味）」と命名された。[*13]

一九七三年には、政府が出資する研究機関で、スコットランドのエジンバラに近いロスリンという小さな町にある「動物育種研究機関（ABRO）」の上級研究者となった。政権の変化もあり、ABROはウィルムットに、動物の受精卵が死んでしまう原因の調査ではなく、台頭しつつある遺伝子工学へと研究対象を変更するよう命じた。ウィルムットは難しい目標を与えられた。治療用の人間のたんぱく質を大量に生産するため、遺伝子組み換え羊をつくれ、というのだ。[*14]

この研究には一〇年を費やした。八九年、ウィルムットは大学院生とともに、受精卵細胞核移植に成功した。これは受精卵の幹細胞から取り出した核を、核を取り除いた卵子に注入するという手法である。この実験の結果、四匹の子ヤギが生まれた。

六年後の九五年冬、ウィルムット率いる小さな研究チームは、細胞培養でつくった受精卵細胞を、代理母の羊に移植する実験に取り組みはじめた。翌年夏、シリル、セシル、セドリック、タペンスという四匹のポールドーセット種の子羊が生まれた。研究チームは同じように細胞培養から生み出した胎児繊維芽細胞を使うなど、さらに研究を進めた。新たに二匹の羊が生まれた。タフィーとツィードだ。

続いて六歳の成熟した雌羊から抽出した細胞を使い、成人の細胞核を持った数百個の受精卵をつくった。そして一三匹の羊の代理母にこれらの受精卵を移植したが、妊娠したのは一匹だけだった。九六年七月五日、フィンドーセット種の羊が生まれ、ドリーと名づけられた。チームは生きている成体のクローンをつくることに成功したのである。[*15]

ウィルムットらは科学誌『ネイチャー』に研究成果を発表した。その衝撃は、世界が驚いたなどというものではない。彼らの手紙の題名には、その発見の持つ意味がどこまでも明確に表れている。「哺乳類の胎児細胞と成体細胞に由来する生存能力のある子孫[*16]」

ドリー誕生のニュースは、科学界に強烈な衝撃と動揺を与えた。すぐにウィルムットの電話は鳴りっぱなしになった。当時、イギリス新聞協会に対してこう語っている。「この研究の主な用途は、より多くの医薬品の開発だと考えている。現在治療法の存在しない遺伝性疾患を研究し、それにかかわるメカニズムを追跡することが可能になる[*17]」。

さらにウィルムットは、嚢胞性線維症など人間特有の疾患をクローン動物に移植し、新たな治療法の研究や試験に使うという計画を話した。またブタの肝臓など特定の内臓器官に存在するタンパク質を修正する方法を研究し、移植の順番を待っている多くの患者に使えるようにしたいという希望も持っていた。

クローンという概念は新しいものではなかった。クローン技術の研究者は他にもおり、両生類のクローン作成に成功した者もいた。発達の初期段階にある受精卵を分割し、遺伝的に同一の個体を作成することに成功した人々もいる。生命倫理の研究機関であるヘイスティングス・センターの創設者ダニエル・キャラハン博士は、ニューヨーク・タイムズ紙に対し、七〇年代にはクローン技術の将来について盛んに議論が行われていたと語る。

ただ科学者の多くは、クローン技術は単なるSF的なファンタジーだと切り捨てたという。「こういう研究が科学の評価を貶《おとし》める。倫理学者はもう議論するのをやめるべきだ。そういう声が多かった」[*18]。ウィルムットの研究で特に問題視されたのは、ドリー以前の実験で生成された個体は、既存の成体の正確なコピーではなく、その若かった状態のレプリカになっていたことだ。

その衝撃の大きさから、科学界はメディアを舞台に論争を始めた。セントルイスにあるミズーリ大学の医療倫理学者、ロナルド・マンソン博士は「ジーニーがランプから出てきてしまった。この技術は本質的に管理不能である」とニューヨーク・タイムズ紙に語った。さらに死者のクローンをつくるのにこの技術が使われないか、と疑問を呈した。そして「私も昔、こんな小説を書こうと思ったことがある」として、十字架からしたたり落ちたイエス・キリストの血液を使い、科学者がキリストのクローンをつくるという筋書きを皮肉たっぷりに語った[*19]。

ウィルムット博士がドリーを世に紹介してから数カ月後には、MITで生物倫理に関する緊急サミットが開かれた[*20]。学術界の端っこでクローン技術の初期の実験が行われていたものの、多くの科学者は実現不可能、あるいは予見可能な未来には起こりえないもの、という認識にとらわれていた。バクテリアやマウスを使った実験なら可能かもしれない、と。しかしこれほど早く、それも大型哺乳類での実験が成功するとは誰も予想していなかった。

トレンドを早々と切り捨てたことを反省するどころか、「なぜわれわれはそれを見逃したのか」

という疑問は「いったいどうなっているんだ?」というパニックに変わった。ボストン大学公衆衛生学部の健康法学科長のジョージ・アナス教授は、激怒した。「恐怖という反応が返ってくるのが当然だ。親には子供の細胞を集めて、その子供を再生する権利などない。人間のクローン化をめぐって世間が基本的に激しく抗議しているのは当然だ」

仰天したのは科学界だけではない。ドリーのニュースは世界中で恐怖を巻きおこした。ロスリン研究所からほんの一〇キロ先のスコットランド教会は、総会を開いて正式な教令を採択し、国連に人間を再生するクローン技術に対する強制力のある禁止措置を講じるよう求めた。聖書のエレミヤ書一章四〜五節を引きながら、同教会は人類が神に成り代わることはできないと主張した。「主の言葉がわたしに臨んで言う、わたしはあなたをまだ母の胎につくらない先に、あなたを知り、あなたがまだ生れない先に、あなたを聖別した[*21]」

アメリカのビル・クリントン大統領は記者会見を開き、科学者が人間のクローンをつくるための研究に連邦資金を出すことを禁じると発表した。ホワイトハウスに集まった記者に、大統領はこう語った。「人間の誕生にかかわるあらゆる発見は、単に科学的探究の問題にとどまらない。それは倫理と精神性にかかわる問題でもある[*22]」

端っこのアイデアを主流に持ち込もうとするとき、しかもそれが科学技術に関する既存の常識に劇的な変化を迫るものであればなおさら、何らかの非難を受けるのは覚悟したほうがいい。

歴史の第一稿を書くのはジャーナリストだ。ドリーの話題は完全にメディアを席巻した。ただ、第一稿によくあることだが、ニュースの要となる細部が抜け落ちていた。九七年三月一日に発表されたCNNとタイム誌の世論調査では、アメリカ人の過半数（ほんの数週間前まではクローン技術など考えてみたこともなかった人々）はあっという間に態度を固め、動物でも人間でもクローンを作成することは倫理的に許容できないとの意見が示された。回答者の五六％が、遺伝子操作を受けた動物の肉は絶対に食べないと答えた。ほぼ同じ割合が、遺伝子操作を受けた果物や野菜を食べることなど検討の余地もないと答えた。二九％がドリーの報道に強い懸念を抱いており、人間のクローン化に反対するデモに参加する用意があると回答した。[*23]

しかし十分な時間が経過し、ウィルムット博士の端っこの研究から始まった遺伝子工学が本流に移った今、ドリーのことはもはや話題にすらならない。ドリーの誕生以降、さらに多くのクローン羊が成体からつくられた。同じようにネズミ、イヌ、ブタ、ラクダ、ロバ、ヤギ、ウシ、ウサギ、ウマ、そしてピレネー山脈のアイベックス（すでに絶滅した野生ヤギの一種で、数分間だけこの世に復活した）まで、さまざまな動物のクローンもつくられた。

ケンブリッジ大学のウィルス学の専門家らは、鳥インフルエンザ・ウイルスを他の個体に感染させることのないニワトリをつくった。[*24] 中国の咸陽にある西北農林科技大学の研究者はウシを操作し、アジアとイギリスに多いウシ型結核菌の軽度な感染への抵抗力を持たせた。[*25] 中国と韓国の科学者は、脂が少ない肉質で、一匹あたりからとれる肉の量も多い「筋肉量二倍」のブタを生み出した。[*26]

現在、アメリカで市販されている加工食品の八〇％には、遺伝子組み換え材料が含まれている、というのがおおかたの見方だ。[*27] あなたが二〇〇〇年から現在までに、アメリカで食料品を買っていたとすれば、クラッカー、ポテトチップ、甜菜《てんさい》、綿棒、ビタミン剤、ハンバーガー、枝豆、卵など遺伝子組み換え製品を消費した可能性が高い。ドリーを受けて登場したのは、おおかたの人が予測していたような悪魔ではなく、人の命を救うたくさんの医薬品だった。

ドリーに対する否定的反応の一因は、爬虫類脳が引き起こした端っこに対する自然な忌避感だったのかもしれない。技術進歩を予測していないとき、すなわち未来について積極的に考えていないとき、その反応は闘うか逃げるかの二者択一になる。爬虫類脳は、何週間もかけて周囲と合理的な議論を重ねるまで判断を引き延ばすことを嫌う。何かに対して知識がないほど、受ける衝撃も大きくなる。新たな展開が業界のなかで信頼され、一目置かれている人によってもたらされた場合、その衝撃は一段と大きくなる。

そして遺伝子編集へ――端っこは繰り返し登場する

ドリーの登場から二〇年。われわれはまたしても、同じような状況にある。今回問題となっているのは、クローン技術そのものというより、遺伝子編集にかかわるテクノロジーだ。今日の研究者は哺乳類の同一コピーをつくるのではなく、親世代の遺伝子をコピーし、編集して、子孫に影響を与えようとしている。完全に不意を突かれた格好のおおかたの科学者は、恐れをなしている。政治家は政策をまとめようと必死だ。メディアは一般の人々の疑念と不安を煽っている。

二〇〇〇年代初頭、端っこで真剣な研究に取り組んでいた科学者らは、さまざまな細菌に自然に見られる、大昔からの遺伝的防御機構を研究しはじめた。実際、初期の研究はドリー誕生以前から始まっていた。端っこに注意を払い、点と点を結びつける方法を心得ていた人なら、次に何が起こるか予測できたはずだ。

二〇一二年、カリフォルニア大学バークレー校の研究者が「ＣＲＩＳＰＲ／Ｃａｓ９《クリスパー・キャスナイン》」なるものをまとめた。クリスパーとは「Clustered Regularly Interspaced Short Palindromic Repeat（クラスター化された等間隔にスペーサーが入った短い回文型のリピート）」の頭文字をとったもので、ゲノムのなかで編集を加えるべき場所を見つけるメカニズムである。科学者らは、デオキシリボ核酸（ＤＮＡ）の配列を遺伝子編集ツールとして使う方法を見つけた。たとえば遺伝子のうち、生命を脅かすような遺伝子変異や疾病を広めるような悪い部分を編集するといった用途に使う。キャス９はこうした反応の触媒となる天然タンパク質だ。[28]

今日、世界中で数えきれないほどの科学者がクリスパーを使った研究に取り組んでおり、一週間に平均二〇本という驚くべきペースで研究成果が発表されている。[29] それは実験室レベルで、クリスパーによってヒト細胞でＨＩＶ感染を防げることが示されたためでもある。さらに蚊のＤＮＡからマラリア原虫を運び、拡散させる能力を編集によって削除するだけで、マラリアを撲滅する方法も見つかった。クリスパーは人間の遺伝性疾患の大半を治療し、また環境的に有害な殺虫剤などの必要性をなくすうえでカギとなると見られている。

二〇一六年六月、サイエンス誌はクリスパーがリボ核酸（ＲＮＡ）の編集にも使えることを示す論文を掲載した。細胞はＲＮＡを使ってタンパク質をつくる。さらに重要なこととして、クリスパーによっていずれガン細胞を狙い撃ちし、破壊できるようになることも指摘していた。クリスパーは未来の地球に生きるあらゆる生命体に改善をもたらす希望ともいえる。[30]

二〇一五年には闇のネットで、中国の広州で研究チームがヒトの受精卵の遺伝子操作を計画しているという噂が流れた。科学者の多くはこの噂を信じず、そのようなSF的噂話はこの分野のまじめな研究の価値を貶めるものだと警鐘を鳴らした。[31]

そんななか、一本の論文が発表された。中国の研究チームがヒトの受精卵の遺伝子を操作した実験の結果をネット科学誌プロテイン&セルで公開したのである。[32] 研究チームは、地元の不妊治療病院から生存能力のない受精卵を譲り受けた、と説明した。そしてクリスパーを使って、命にかかわる血液疾患の原因となる遺伝子を修正しようと試みた。

驚くことに、科学者がクリスパーを想定とはまったく別の用途に使ったというこのニュース、すなわち人間が生まれた後に発症する疾患の治療ではなく、生まれる前に遺伝的なプログラミングを施すために使ったというニュースを、科学界はまるで予期していなかった。他の科学者は自分の研究しか見ていなかった（たとえばヒト細胞のなかでC型肝炎を抑制する方法など）。クリスパーのさらなる発展が未来にどんな意味を持つのか、何のシナリオも描いていなかった。

有名な科学者たちは共同で、ネイチャー誌で公開書簡を発表した。この種の実験は時期尚早であり、人間の遺伝子操作のもたらす科学的影響と倫理的影響はまだ十分に検討されていないと警鐘を鳴らした。[33] 学術界の外側でもクリスパーの可能性は大きな議論を呼び起こし、メディアには「赤ん坊の遺伝子操作が現実となった」（ニューヨーク・マガジン）[34]、「新たな遺伝子組み換えパニッ

ク到来 ヒトの遺伝子操作」(グリスト[*35])、「本物のミュータント」(アスクメン[*36])といった見出しが躍った。

われわれの集合的無意識は、まさに生命のあり方を変える新たなテクノロジーの影響力を理解するため、比較対象となるものを探していたのかもしれない。「コピー、カット、ペースト」のうち、クローン技術が「コピー」だとすれば、クリスパーは「カット」にあたる。そして中国の研究者は、人類という設計図を最新版にペースト(編集)するという領域に踏み込んだのだ。現在の地政学的状況を考慮すれば、これは多くの人を不安な気持ちにさせる。中国は他国に先んじて量子コンピューティングをモノにするために、超優秀な超人類をつくろうとしているのではないか。あるいは地球上の誰も太刀打ちできないような強靭な体力、知力、タフな精神力を持ち合わせた未来の兵士を編集していたら?

それにしても、科学界の一流の学者、科学ジャーナリスト、これらの研究を把握する任務を与えられていた政府職員はなぜ、またしてもこれを見逃したのか。

答えは単純である。体系的な予測の方法論を使おうとせず、端っこをモニタリングしていなかったからだ。

たいていの人はクリスパーの仕組みを正確に理解することはできない。それはそれでかまわない。また誰もがプロの科学者であるわけでもない。しかし新たなテクノロジーに直面すると、爬虫類脳が優れた判断を下す妨げとなることはわかっている。われわれの感情(パニックを引き起こして拙速な行動を起こすか、一度限りの目新しいだけのものとして切り捨てるかにかかわらず)は、新たな思想より危険である。感情を合理的に評価するのは難しいからだ。

だからわれわれは積極的に端っこをモニタリングし、おとぎ話のように思えるモノについて真剣に議論を交わし、さまざまな産業の地平線に姿を現わしたばかりのトレンドを積極的に追跡しなければならない。きちんとした情報に基づいた議論をしなければ、的はずれな見解を持つようになる。テクノロジーにできもしないことをできると思ってしまうこともあるだろう。

さらにまずいのは、可能性のあるシナリオを描くのに十分時間をかけず、テクノロジーの将来的な可能性に目をつぶることだ。そうなるとニーチェのいう「存在の永遠の砂時計」が幾度もひっくり返るかのごとく、新たなイノベーションが登場するたびに無知、不意打ち、恐怖のサイクルを果てしなく繰り返すことになる。

端っこのバイオハッカーを無視できない理由

端っこの頭脳の一人であるゾルタン・イシュトヴァンの物語は、あなたと何のかかわりもないものに思えるかもしれない。しかし大ありだ。わかればきっと落ち着かない気持ちになるはずだ。

イシュトヴァンは「超人間主義者《トランスヒューマニスト》」である。つまりテクノロジーには人間の知性、精神的・身体的能力を現在の生物学的制約を超えて進歩させる力があると信じている。二〇一五年秋、イシュトヴァンは車でアメリカ横断の旅に出て、途中でカリフォルニア州の小さな山間の集落に立ち寄った。超人間主義者の多くがそうであるように、イシュトヴァンもテクノロジーによって死さえ回避できるようになると考えている。「われわれが望むのは、無限に生きるという選択肢を持つことだ。それは一万年かもしれないし、一七〇年だけかもしれない」。

旅をしていたとき、ちょうど二〇一六年アメリカ大統領選に出馬していたイシュトヴァンは、とんでもない身体改造のアイデアを思い描くのが好きだった。たとえばロボット制御の心臓を入れるとか、臓器の老化を遅らせるといったことだ。「火山灰サーフィン」という、そのものずばりのスポーツを発明したとも主張している。[*37]

イシュトヴァンがカリフォルニアに足を運んだのは、バイオハッキング研究所を立ち上げたジェフリー・ティベッツを訪ねるためだった。彼は登場したばかりのテクノロジーに新たな用途を見つけ、我流で生物学的実験に取り組む人々の集まる「端っこコミュニティ」の顔役だった。研究室の内部は特段代わり映えのしないもので、実験用のシャーレ、はんだづけの道具、はかり、ピペット、顕微鏡などが並んでいた。外見は自動車整備工のガレージと変わらない。[*38]

ティベッツは無限の命を求める研究をしていたわけではなく、現在の生活を少しずつ改良することに取り組んでいた。イシュトヴァンはカリフォルニア訪問中、親指と人差し指の間の皮膚下にNFC（近距離無線通信）機能のついたRFIDチップ埋め込んだ。条件が整えば、車のドアの前で手を振るだけでエンジンをかけられるようになった。暗証番号やパターンを覚えなくてもスマートフォンのロックも解除できる。自宅やオフィスの電子鍵も解除できる。[*39]

このような改造を体に施すのは軽はずみ、あるいは危険にすら思えるかもしれない。鍵を持ち歩きたくない、あるいはパスワードを覚えるのが面倒といった理由だけで、進んで体にチップを埋め込むなんて、頭がおかしいのではなかろうか、と。だが、もっと効率的に生きたいという人なら、それも厭わないかもしれない。

シリコンバレーのベンチャー・キャピタル会社、クライナー・パーキンス・コフィールド＆バイヤーズの調査では、アメリカ人は一日平均一五〇回、スマートフォンを確認するようになったという。[*40] 体にチップを埋め込めば、デバイスをスマートフォン一台に減らし、チップのプログラミングによって複数のバイブレーション（振動）パターンを使い分けるといったことができる。触覚型のモールス信号のようなものだ。徐々に経験を積めば、一五〇回スマートフォンを見ることなく、パルス信号によってテキストメッセージを受け取れるようになるだろう。電話をチェックする回数は一日数回まで減るはずだ。

一方、われわれは平均して二年おきにスマートフォンを買い替える。機能的には問題なくとも、最新モデルを入手したいからだ。こうした消費者行動は、体に埋め込むＲＦＩＤチップについてはどのような意味を持つのか。最新モデルに適したチップを埋め込みなおすため、二年おきにショッピングモールに泊まり込んで順番を待つことになるのか？

イシュトヴァンの行為を愚かなものとして、拙速に切り捨てないほうがいいだろう。もしかしてその行為は、別の可能性を示唆しているのかもしれない。たとえば新しいタイプの、個人に合わせてカスタマイズされた医療だ。

ＲＦＩＤインプラントによって、すでに埋込可能になったコンポーネントを考えてみよう。チップ、アンテナ、誘導コイル、そしてコンデンサである。マイクロチップが発信する情報は、およそ一メートル以内であれば読み取れる。体に埋め込んだRFIDチップを使えば、間断なく心拍、体温、血圧などを記録し、iPhoneなど外部のデバイスにデータを無線送信できる。そんなデバイスが心臓発作のときに血流に放出される逸脱酵素などの異常値を探知したら、スマートフォンから一一九番にあらかじめ用意しておいたメッセージとあなたの居場所を送信するよう設定しておくこともできる。救急隊員は救急車で駆けつける道中もバイタルサインを確認できる。

イシュトヴァンや端っこの超人間主義コミュニティに所属する人々にとって、埋込可能なチップは起こるかもしれない未来の明確な予兆である。まだテスト段階にあり、三〇年後にどのように使われるようになっているかは定かではないが、現在わかっていることをもとに実現するかもしれない、あるいは実現しうる使用例を考えることは間違いなくできる。

中小企業の経営者、学校の教師、あるいは投資銀行で働く人がなぜ、イシュトヴァンのようなバイオハッカー（バイオテクノロジーを使って革新的実験をする人々）がカリフォルニアの山奥でしていることに興味を持つ必要があるのか。

この問いに答えるには、さらにいくつもの問いに答えなければならない。それこそが六つのステップの一つ目である、「端っこの思考」の基本だ。アシモフが編集者に会いに行く道すがら行ったように、自由に発想を飛ばしてみよう。経験に基づいて背景を考えたり、今日起きていることからヒントを得たり、まったく関係のない分野のアイデアや概念と結びつけたりするのだ。

以下のリストを参考に、あなたが身を置く産業について考えてみてほしい（できればアシモフの例に倣い、自分とはまったく関係のないものも含めて、ここに挙げたすべての産業について考え、問いに答え、自由に考えをめぐらせてほしい)。

医師、病院、医療大学院

・あなたの分野に関連する人間の基本的欲求でまだ満たされていないもの、あなたには満たす価値があるとは思えなくても、バイオハッカーが満たそうとしているものは何だろうか。
・バイオハッカーは人工装具、あるいは眼、心臓血管、神経などの専門領域の未来にどのような知的貢献をするだろうか。たとえばコンタクトレンズに手を加えて、緑内障治療に役立てるといったことはないか。
・バイオハッカーのアイデアや初期の実験の多くは実用的ではない。どれに関心を払うべきか。

科学者

・バイオハッカーの取り組みのなかで、あなた自身の研究に有益な情報をもたらすものはどれか。
・特に構造生物学、ロボット工学、神経学の研究者は、バイオハッカーが思いもよらない形で生物学とテクノロジーを融合させていないか。
・バイオハッカーのコミュニティで、あなたの研究にも役立つような珍しい、あるいは型破りな研究方法が使われていないか。

投資家

・魅力的なシード・インベストメントの機会はどこにあるだろうか。

・医療テクノロジーに関して、ユーザーの頭痛の種、日々のイライラの種となっているものは何か。バイオハッカーならどのようにそれを解決できるだろうか。
・ベンチャー・キャピタルから第一ラウンドの資金調達を検討している者たちはいないか。
・バイオハッカーにも部品や素材が必要だ。アンテナやセンサー企業への投資を開始すべきではないか。
・現在のバイオハッカーの取り組みのうち、あなたの未来の投資ポートフォリオの構成に影響を与えそうなものはどれか。

政府機関

・バイオハッカーが現在使っているテクノロジーのうち、少なくとも一部が未来には主流に到達すると仮定すると、最善の意思決定をするには何を勉強しておく必要があるか。
・バイオハッキングを規制するため、新たな機関や部局を立ち上げる必要が生じるか。それには食品医薬品局、麻薬取締局、そして今後設立されるかもしれない国民のデータ管理を専門とする新たな機関との間で、組織を超えた新しいタイプの協力関係が必要になるだろうか。
・これからつくる規制、政策、手続きを、バイオハッキング・テクノロジーの進化と歩調を合わせて確実にアップデートしていくためには、何が必要だろうか。

政治家とその政策スタッフ

・長期的にバイオハッキングを制約、促進、あるいは他の形で影響を与える新たな法律を提案する前に、学習し、理解しておくべきことは何か。

・今後、どのような集団からのロビー活動を受けるだろうか。彼らは何を要求し、あなたは見返りとして何を約束することになるのか。

大学、その他の公立・私立学校

・バイオハッキングについて、学生にどのような行動規範を課すべきか。
・相手の明確な同意なしにバイオハッキングした学生に対し、どのような処罰を設けるべきか。
・学習あるいはスポーツの場で、学生の成績を伸ばす可能性があるバイオハッキング・テクノロジーをどのように見きわめるべきか。

設備メーカー

・部品や素材の生産量が伸びる可能性のある分野はどこか。
・部品や素材を必要とする分野はどこか。より安全な部品や素材を開発できるだろうか。
・男性、女性、子供、ペットなど体の大きさの違いに対応できるように、設備のサイズも複数用意する必要が出てくるだろうか。

製薬会社

・検討すべき潜在的な投資機会はどこにあるのか。
・買収の機会はどこにあるのか。
・バイオハッキング・コミュニティの研究のなかに、現在計画中の論文や特許申請に関係するものはないか。
・現在のバイオハッカーの取り組みのうち、あなたの会社の既存製品の未来に影響を及ぼす可能性があるものはどれか。

広告およびマーケティング会社

・近い将来、バイオハッキングについてどのようなストーリーを伝えるニーズが出てくるか。
・特にソーシャルメディアにおいて、どのような危機管理のシナリオを想定すべきだろうか。
・バイオハッキング製品にジェンダー（性別）は付与されているだろうか。その場合、ジェンダー・バランス上問題はないか。

財団および非営利団体の理事会

・あなたの運営する財団や非営利団体はバイオハッキングに投資するだろうか。その場合、倫理上どのような立場をとるのか。
・支援するバイオハッキング・プロジェクトを決定する際、どのような基準で評価するのか。
・バイオハッキングのプロジェクトが、あなたの組織のミッションを効果的に達成しているのか、主要な業績評価指標（KPI）をどのように設定すべきか。

データストレージ会社

・バイオハッキング・データを保護するため、クラウドの設計にどのような見直しが必要か。
・どのような新たな暗号化の仕組みが必要か。
・どのタイプのデバイスに、どれだけのアクセスレベルを与えるべきか。

治安当局

・バイオハッキング（たとえば体にチップを埋め込む）を使って、社会復帰の資格があるとされる囚人をモニタリングする仕組みを取り入れ、刑務所の在監者数を減らせないか。
・特定のタイプの犯罪者を追跡する手段として、体内チップは合理的だろうか。
・警察官が危険性のあるバイオハッキング技術を認識できるよう、訓練の内容をどのように変更すべきか。

知的所有権の弁護士

・バイオハッキングに関して、将来どのような特許や商標関連のニーズが出てくるだろうか。
・生物学的プロセスやメカニズムは、保護の対象となるのだろうか。
・生物学的データの所有権は誰が持つのか。消費者は自分のデータを誰に使わせるかについて、発言権を持てるのだろうか。

憲法学者

・バイオハッキングに関連する要素で、言論として認められるものは出てくるだろうか。
・自らの体にデバイスを埋め込むのは、憲法上認められた権利だろうか。
・囚人にはバイオハッキングを強制された場合、それを拒絶する憲法上の権利があるのか。

小売業者

・バイオハッキング・ツールやキット、関連商品へのニーズは出てくるだろうか。
・初期採用者はどんな人々になりそうか。彼らはバイオハッキング材料を既存の商品と組み合わせて使いたいと思うだろうか。たとえば手に埋め込んだＲＦＩＤチップと通信可能で、装着者の心拍数、乳酸値、呼吸数などを表示できる運動用グローブなどはどうか。

不動産会社と民間のメーカースペース

・バイオハッキング・ラボ（実験室）には今後、どれくらいの需要があるだろうか。
・共同作業スペースには高度な実験設備が必要になるだろうか。
・ラボでの実験や設備を保護するために、さらに強固なセキュリティシステムに投資する必要があるだろうか。
・不動産の買い手やメーカースペースのメンバーには、より厳格な身元調査が必要になるか。

保険産業

・バイオハッキングに対応するため、現在使っている保険引き受けのアルゴリズムにはどのような修正を加えるべきだろうか。
・バイオハッキング、マン・マシン・インターフェース、そして遺伝子編集の進歩は必然的に保険料のあり方に変化をもたらすのか。その場合、時期や内容は？
・誰かが自らの体にバイオハッキングを加えた場合、それは既往症と見なされるのか。
・バイオハッキングで負傷した場合、治療費に保険は下りるのか。下りない場合、それは契約に明記されているのか。

バイオハッカーを自分の分野、隣接する産業、そして未来と結びつけて考えるなかで、これまで考えてみたことのないところまで思想を飛ばすことができただろうか。

すでに述べたとおり、テクノロジーはサイロの中で進化するわけではない。外部の変化要因に影響を受ける。みなさんが前述の産業あるいはコミュニティに身を置いているのなら、もはやバイオハッキングが社会の端っこから姿を現わしたとき「想定外」とは言えなくなった。

「端っこのスケッチ」が視野を広げる

ここまで猛スピードで一七の産業やコミュニティを見てきた。いずれもバイオハッキングの影響を受け、またその未来を形づくるのに影響を及ぼす分野だ。このなかで自分の状況を確認するだけでなく、自身と新たなテクノロジー、そして周辺の産業や一見無関係に思える分野とのつながりに気づいてもらえたら嬉しい。「Xの未来はどんなものか」と考えるとき、自分の業界にズームインすると同時に、一歩下がってズームアウトし、周囲の景色を広い視点で見ることが重要だ。

ビジネススクールの教授は「バリュー・ネットワーク」という言葉をよく口にする。組織と個人の間のさまざまな関係性が、どのようにエコシステム（生態系）全体に恩恵をもたらすかを意味する。ネットワークは、ノード（メンバー）とつながり（関係性）によって可視化できる。私はこのモデルを応用し、端っこで何が起きているかを可視化してみた。これはXの未来に影響を及ぼすすべての組織、個人、そして関係性を把握する手段であり、「端っこのスケッチ」と呼ぶ。

図2は私の描いたスケッチだ。中心のX、ここでは「遺伝子操作の未来」が出発点だ。それにノードやつながりを加えていく。Xに直接関連のある出来事は中心の近く、そして起こりそうではあるが、他のことが先に起こることが前提となるものは中心から離れたところに置いた。

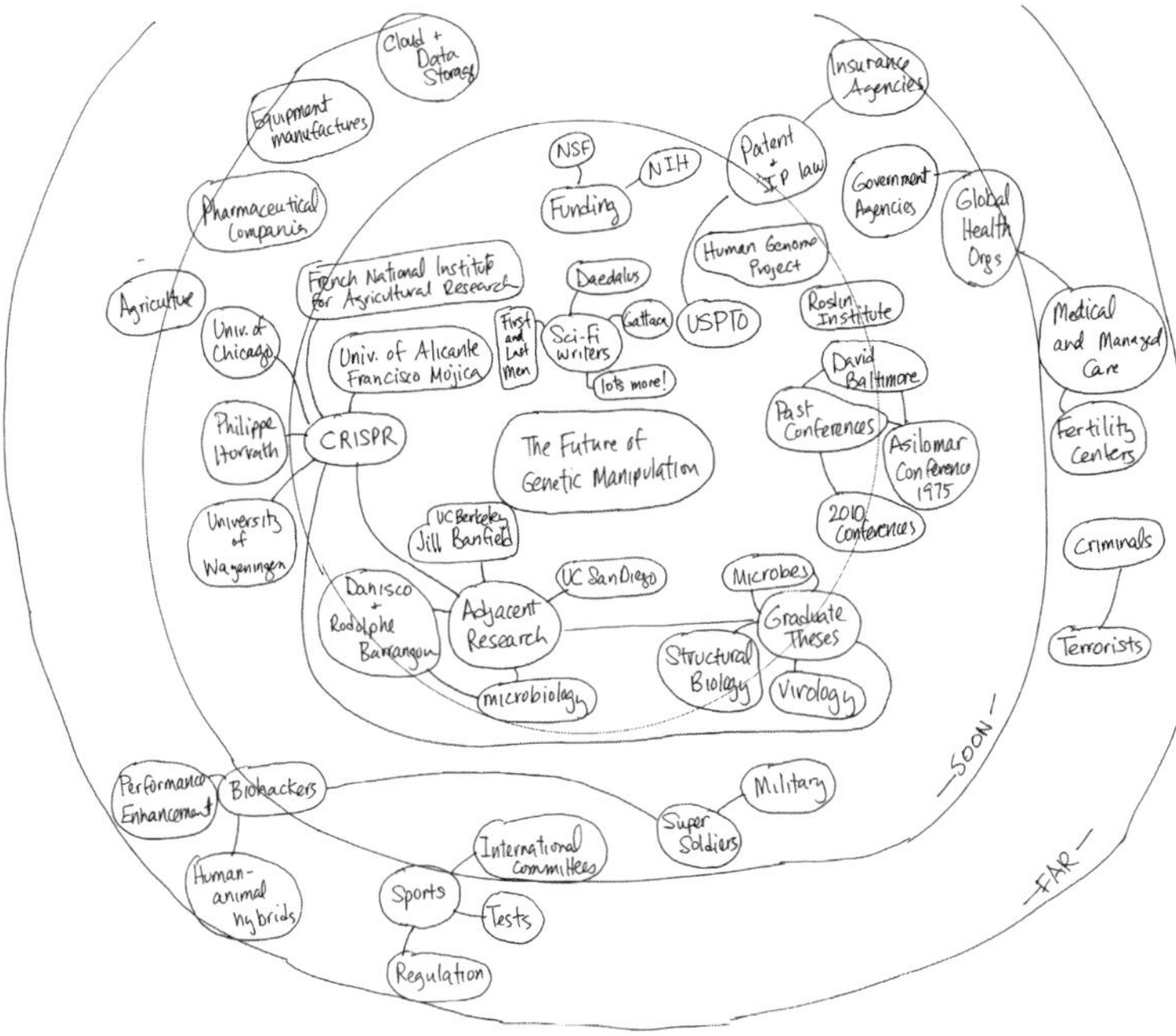

[図2] 遺伝子操作の未来に関する「端っこのスケッチ」

端っこのスケッチは、想定外のニューフェース、その関係性やXに与える影響を可視化したものだ。この段階ではスケッチを見ても具体的に何がトレンドなのかはもちろん、未来の三通りのシナリオもはっきりとは描けない。端っこのスケッチの作成は、地平線の先に潜んでいるものを予測するための六つのステップの一つ目にすぎない。

端っこのスケッチは「WHAT」と「WHY」の概要であり、「HOW」は含まれない。つまりこの段階ではまだプロセスは考えないということだ。手順に思いをめぐらせ、何かが本当に実現可能かといったことを考えるのはもっと先のことだ。

予測プロセスの第一ステップでは、視野を広げ、想定外のニューフェースとその取り組みのすべてを取り込む。スケッチを始める前に頭に入れておくべきルールは、以下の三つだ。

・理論上の話、あるいは質の低い情報まで含める。
・現在の障害は、未来には克服されるかもしれないと想定する。
・工夫次第で使えるもの（あるいは、少し違う用途に使えるもの）は、使われるようになると想定する。

続いてノードやつながりをはっきりさせるため、Xの未来について次に挙げる「明確化のための質問群」にできるだけ詳細に答えていこう。

❶この分野に直接、間接的にかかわっているのは誰か。
❷この分野の実験に資金を出している、あるいは他の形で奨励しているのは誰か。
❸この出来事によって直接的影響を被るのは誰か。
❹このような変化を阻もうとする動機を持っているのは誰か。そうすることで何か得をする、あるいは損をするのは誰か。
❺このアイデアをもっと壮大なこと、あるいはもっとすばらしいことの出発点とみる可能性があるのは誰か。

ここで再びドリーとクリスパー・キャス9の話に戻ろう。一九八〇年代に生物学コミュニティ（少なくともそのなかでヒトDNAに関心があった人々）は主にゲノムマッピングに注力していた。九〇年には人間のすべての遺伝子の配列を決定し、マッピングするための国際的な取り組みである「ヒトゲノム計画」が立ち上がった。人類史上初めて研究者は、自然がつくり上げた人間を構成する遺伝子の完全な地図を把握することに乗り出したのだ。

このプロジェクトは多少の物議を醸した。遺伝子の完全な地図が手に入れば、優生学に手を染める者が出てくる、という声もあった。どこかの政府機関や団体が、優良な人種をつくりだそうとするのではないか、という懸念だ。

しかし科学者たちはこうした懸念を一笑に付し、そんなシナリオが起こりうるという考えすら否定した。たとえば、まとまった数の胎児をどこで育てるのか。それだけの数のヒトの子宮を確保することなど不可能であり、現実的な手段はない、と。遺伝子編集は可能だと主張する科学者もいたが、それを実際に証明した者はいなかった。可能性を検討した少数の学者も、実現可能だとは思わず、ましてや安全かつ成功裏にやってのけることなど不可能だと考えた。

科学者は想定内のニューフェース（生殖細胞、受精卵、優生学など）ばかりに注目し、Xの定義を狭めてしまった。プロセスや手順といったものは、現在のパラドックスの片棒を担ぐこともある。一方、政府機関、投資家、製薬会社、生物倫理学者や政治家などは、遺伝子編集というXを定義すらしなかったため、不意打ちを食らった。こうした集団も二〇一〇年の時点で「明確化のための質問群」を考えてみることで、次に何が起こるかを予測できたはずだ。

未来学者なら、同じXを予測するとき何に目を向けるか、一つ例を示そう。

❶この分野に直接的・間接的にかかわっているのは誰か

大学院生の博士論文。微生物学、構造生物学、ウィルス学など隣接分野で発表された研究。さまざまな会議（会議では何十年も前からヒトゲノムの未来が議論されてきた）。類似あるいは隣接する分野で提出された特許申請。同じ問題をテーマとするSF作品。

❷この分野の実験に資金を出している、あるいは他の形で奨励しているのは誰か

企業が主催するサイエンスフェア（科学的研究の発表会）や人材発掘のためのコンテスト。政府の表彰制度や助成金。財団の表彰制度や補助金。ベンチャー企業向けのインキュベーター。

❸この出来事によって直接的影響を被るのは誰か

大学の研究者。製薬会社。特許・知財弁護士。保険会社。世界的な保健衛生機関。農業企業。政府。不妊治療センター。政府間のパートナーシップ。国際的な協力組織や研究プロジェクト。

❹このような変化を阻もうとする動機を持っているのは誰か。そうすることで何か得をする、あるいは損をするのは誰か

他分野の研究者。犯罪者。製薬会社。特許および知財弁護士。保険会社。宗教指導者。ハッカー。政府間のパートナーシップ。国際的な協力組織。

❺このアイデアをもっと壮大なこと、あるいはもっとすばらしいことの出発点と見る可能性があるのは誰か

投資家。特許および知財弁護士。製薬会社。研究設備メーカー。医療団体や管理医療コンソーシアム。保険会社。軍事組織。政府。隣接分野の研究者。

こうした質問に答えていくなかで、どんなノードが存在するかという全体的なイメージがつかめるだろう。しかし可視化しなければ、ノード間のつながりや関係性はわからない。そこで二〇一〇年時点で見た遺伝子操作の未来を次ページの**図3**のようなマップにしてみる。

見てのとおり、明確化のための五つの質問への答えをノードとして、「現在」「近い未来」「遠い未来」を示す三つの同心円の中に書き込んだ。それぞれが何年後を指すのか、具体的な数字はあえて入れていない。この段階で正確なタイミングは重要ではないからだ。

端っこをマッピングしていくと、エコシステム全体が姿を現わし、それによってXを広く定

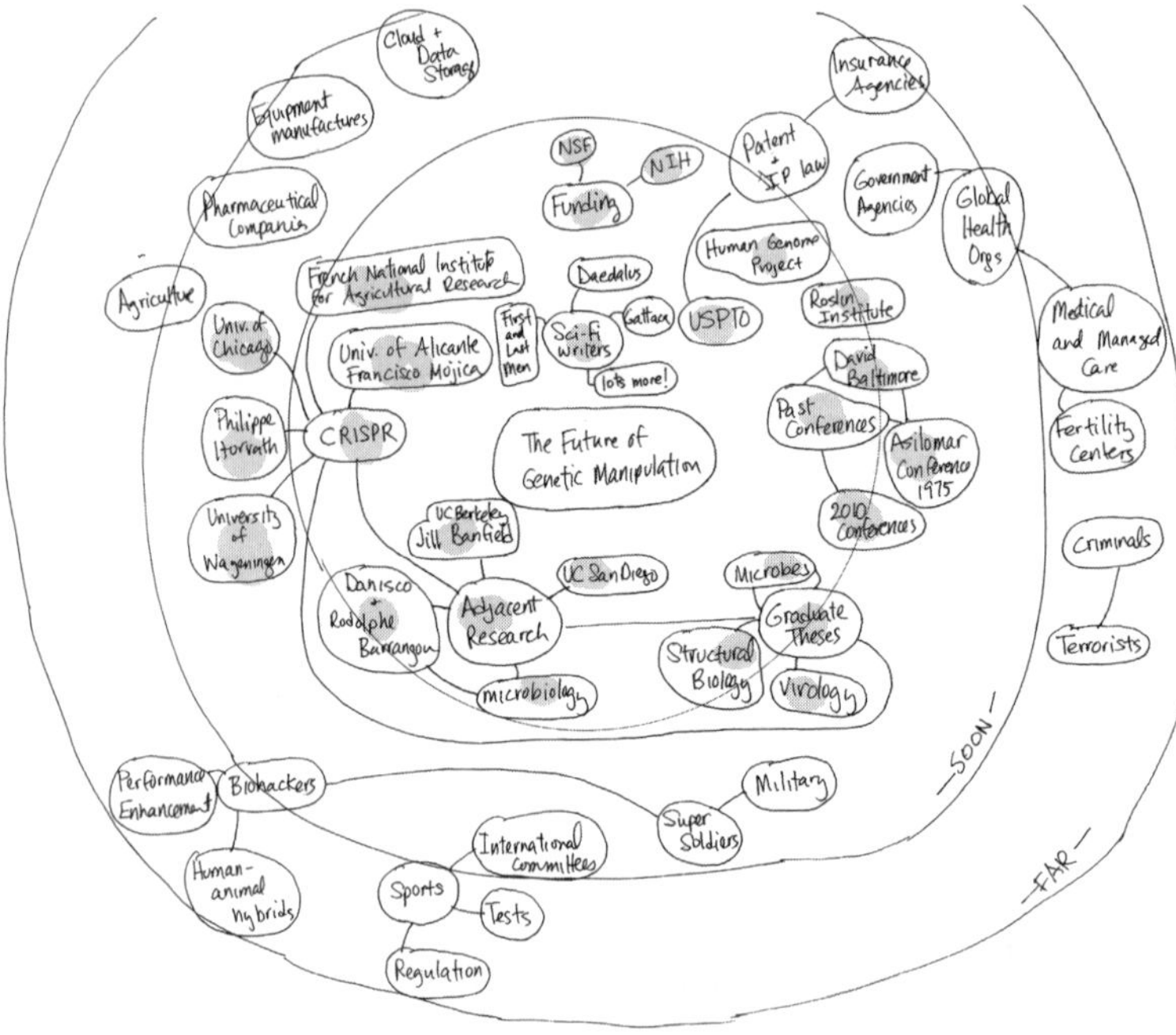

[図3] 遺伝子操作の未来に関する「端っこのスケッチ」：想定と知識

「想定（色づけなし）」はまだ真実かわからないが、真実ではないとも言い切れないもの。

「知識（色づけあり）」はすでに真実だとわかっていること。

義することができる。ここに挙げたような遺伝子操作に影響を与えそうな要素をすべて把握し、検討したうえでなければ、遺伝子操作の確固たる未来像を描くというステップには進めない。このスケッチはこれから起こる事態を完全に表現するものではないが、端っこに存在する、調査すべき組織やその関係性を明らかにしている。

このような広い視点で、ノードとつながりの両方を同時に見ることがきわめて重要だ。端っこの人々が、おおかたの人よりはっきりと未来を見通すことができるのはこのためだ。端っこのスケッチは、現在のパラドックスを封じる。端っこの頭脳は、当たり前の研究や物事のやり方に引きずられない。何が可能かということについて、一般人とはまるで違う意見を持ち、そのおかげでまったく新しいアイデアを生み出すことができる。ニコレリスがブレーンネットを考案できたのは、バリュー・ネットワークに人、身体、コンピュータ、ロボットの間接的なつながりをすべて含めていたからだ。

端っこのスケッチを完成させたら、あなたの想定したことと、実際にわかっていることを区別してみよう。あなたの強い信念が、思考に影響を与えていないか。たとえば、これから一〇〇年経っても、遺伝子操作を使った犯罪が起こる可能性はゼロだと考えているかもしれない。それはこの技術があまりに複雑で高価でもあるため、研究者以外にはおよそ使いこなせないからだ。あるいは、遺伝子編集のブラックマーケットなど存在しえないと思っているかもしれない。不法に人を雇い、自分のゲノムの一部を追加あるいは除去することなどできない、と。だからそうした可能性は排除したのかもしれない。

客観的な目でもう一度端っこのスケッチを見直したとき、それは本当に包括的なものだといえるだろうか。どこまでがあなたの想定で、どこまでが本当の知識に基づくものだろうか。図3の端っこのスケッチでは、私の想定（着色しなかった部分）と知識（着色した部分）を色分けした。

この端っこのスケッチはかなり単純なものだ。同じ方法は、特定分野の端っこをマッピングするのにも使える。たとえば、クレジットカードの未来はどのようなものか。産業全体でもいい。出版産業の未来はどうか。ソニーなら自社のコミュニティの端っこや、ゲーム産業の未来をマッピングするのに使ってもいいだろう。DECなら、パーソナル・コンピューティングの未来のマッピングに使えばよかった。

例として二〇一〇年時点の遺伝子操作の端っこをマッピングしたが、たしかに、過去の端っこのマップを作成するほうがはるかに簡単だ。遺伝子操作のマップには、二〇一二年六月にささやかな変化があった。三組の研究チームが、生命を編集する方法を発見したと相次いで発表したためだ。今日になってもこの三組の間で熾烈《しれつ》な特許訴訟は続いており、未来への影響をしっかり考えるには、端っこのマップをアップデートする必要がある。この訴訟の意味合いはきわめて大きい。訴訟の勝者となった者はそれをライセンスする権利を獲得し、数十億ドルものロイヤリティを手に入れることになる。それを使った製品によってさらに数十億ドルの収入が入るだろう。

あなたの体は、すでにハッキングされている

MIT、ハーバード大学、カリフォルニア大学の科学者は、クリスパー・キャス9の遺伝子編集メカニズムの発展にそれぞれ役割を果たしてきた。そんな彼らが一様に目的としていたのは、命にかかわる病気の撲滅だった。ウィルムット博士は、病に苦しむ患者のために組織や臓器をつくる新たな方法を見つけようと、クローン羊のドリーを生み出した。スティビッツは、複雑な数学問題をより早く解くための方法を見つけようとした。グドールは新しいやり方でチンパンジーを観察したいと思った。ガリレオは宇宙のなかの地球の立ち位置を理解しようと努めた。われわれは今でこそこれらの端っこの頭脳を高く評価しているが、歴史的に社会の端っこで活動する者は、敬愛されるより非難されるほうが多かった。

ホモ・サピエンスの歴史を通じて、われわれは自らの心と体をハッキング、すなわち手を加えてきた。ハッキングは常に社会の端っこで始まり、それから中心に向かって移動し、最終的に社会の主流となる。

一八〇〇年代初頭、外科手術はまだ端っこの実験、いよいよ手の施しようがなくなったときの治療法とみなされていた。アルコールやアヘン製剤以外に有効な麻酔がなく、解剖用のメスやノコギリに太刀打ちできなかったためだ。当時のアメリカで最大かつ最高の病院であろうマサチューセッツ総合病院で一八二一年~四六年に行われた外科手術はわずか三三三件、一カ月あたり約一件だった。腕のよい外科医なら、手早く正確に手足を切断することは可能だった（それが主な処置だった）が、ほとんどの人は生死を分けるギリギリまで手術を受けようとしなかった。

そんななか、端っこの医師のなかに、患者に麻酔をかけ、手術中に猛烈な痛みを感じないようにする有効な方法がないか、試してみる者が出てきた。ジョージア州の外科医クロウフォード・ウィリアムソン・ロングは、無色のきわめて可燃性の高い液体であるエーテルを蒸発させて気体にし、手術前に患者に吸わせることができるかもしれない、と考えた。一八四二年には協力的な患者に対して自らの理論を試してみたが、実験の結果はすぐには公表しなかった。

一方、端っこの住人であるボストンの歯科医も同じアイデアを思いつき、マサチューセッツ総合病院の患者に試してみた。それは産科医のジェームズ・ヤング・シンプソン卿が、同じく無色だが、別の気体であるクロロホルムを試してみるきっかけとなった。クロロホルムも効果があるように思われたが、場合によっては命取りになることがわかった。クロロホルムは分量を管理するのが難しく、少しでも多ければ患者の肺が麻痺する危険があった。[*41]

当時の先進的医師にとって、公開デモンストレーションの場で同じ結果を再現するのは難しく、医学界の非難の的となりやすかった。患者にとっても、メリットよりリスクのほうが大きかった。しかし時間の経過とともに、エーテルとクロロホルムは傍流から主流へと移動した。口火を切ったのはアメリカ軍で、まずはアメリカ・メキシコ戦争で、その後は南北戦争の際に軍医が使用した。麻酔士の資格を持った看護師は引く手あまたとなった。一八九七年までに、アメリカの薬理学者は交感神経系と麻酔の関係を本格的に研究するようになり、やがてそれは科学と医学を組み合わせた麻酔学という専門分野に結実した。[*42]

今日、麻酔科医になるためには、まず学部課程を修了し、さらに四年間メディカルスクールで学び、麻酔科のインターンとして四年間勤務しなければならない。ほとんどの学生がそれ以外にも資格や訓練を得ている。現在アメリカで最も収入の高い仕事が麻酔科医であると聞いても、もはや意外には思わないかもしれない。医師の平均時給は一一三ドル、また年間収入の平均は二三万五〇七〇ドルである。端っこで物議を醸していた実験の到達点としては悪くはない。[*43]

一六世紀には、ガスパーレ・タリアコッツィというイタリアの医師が、変わり者というレッテルを貼られていた。タリアコッツィは決闘で鼻を切り取られた者のための再生手術の方法を編み出した（当時は鼻の再生は非常に需要も多く、実入りのよい商売だった[*44]）。外科医のロングやシンプソン卿が行った初期の麻酔学の取り組みに着想を得て、解剖学者のピエール・ドソーのいう「美容外科」を試みる者たちが出てきた。

第一次世界大戦中、軍医はぞっとするような顔面や頭部のけがを治療しなければならなかった。ぱっくりと割れた頭蓋骨、粉々になった顎、榴散弾の炸裂に巻き込まれた鼻などだ。端っこの医師たちは、先達の編み出した技法を土台に、再生手術の方法を考案した。それからまもなく世界初の美容鼻形成術が、そして一九三一年には世界初のフェイスリフト（しわ取り）手術が行われた。五〇年代には、ハリウッドスターがお忍びで手術を受けるようになった。ディーン・マーティンやマリリン・モンローはどちらも鼻の形を直すために手術を受けている。

七〇年代になると、懐に余裕のある男女は眉毛リフト、顎の整形、脂肪吸引などの手術を受けるため、美容外科に駆け込むようになった。しかし手術を受けた者は、その事実を一切口外しなかった。美容整形を受けた者は二～三週間旅行に出かけ、帰ってきたら周囲は「たっぷり休養したみたいだね」と声をかける、という暗黙の了解があった。[*45]

二〇一四年にはアメリカでまぶたの整形、腹部の整形、脂肪吸引、ケミカルピーリング、ボトックスやヒアルロン酸注入など、一〇六〇万件の外科的および非外科的な美容処置が行われた。[*46] 患者は処置を受けたことを堂々と語るだけでなく、生放送のテレビ番組でのデモに出演することを申し出るほどになった。E!が放映するリアリティ番組『ボッチト（失敗）』、ブラボーの『ザ・リアル・ハウスワイブズ・オブ・ニューヨークシティ』、ライフタイムの『アトランティック・プラスチック』、ABCの『エクストリーム・メイクオーバー（過激なお直し）』、フォックスの『ザ・スワン』、MTVの『アイ・ウォント・ア・フェイマス・フェイス（有名人の顔がほしい）』などは、美容外科手術をエンターテイメントに変えた。美容整形は不名誉でなくなっただけでなく、むしろステータスシンボルとなった。「その処置、どこで受けたの？」は「どんな車に乗っているの？」と変わらない挨拶となった。

あなたなら、美容整形が端っこから主流へと変化することを予測できただろうか。予測できていたら、必要な血清、手術道具、インプラント用品などを製造する会社に投資するなど先手を打てたかもしれない。ソフトウェア技術者なら、手術前に患者に再生手術後のシミュレーション結果を見せるためのコンピュータ・システムを開発できたかもしれない。進取の気性に富む医療大学院なら、トップクラスの美容外科コースを立ち上げられたかもしれない。

最後にもう一つ、社会の端っこで始まった驚くべきバイオハックの例を紹介しよう。あなたも知らないうちに二五％の確率で、このバイオハッキング・コミュニティに加担している。

一九五〇年代初頭、ニューヨークのスタテン島のシービュー病院で働いていた医師らは、結核患者の治療にイプロニアジドという薬を使っていた。それ以前の薬より治療効果は高かったが、肺で起こる急激な組織死を制御できなかった。ただ、処方された患者は不機嫌で元気がなかったのが、急に楽しそうで元気になることが判明した。辛い病気を患っているにもかかわらず、運動したい、もっと豪勢な朝食がほしい、廊下でダンスがしたいなどと要求するようになった。

ちょうどその頃、アメリカ東海岸を数百キロ南下したところでは、医師らが血圧降下剤のラウディクシンを処方された患者から、急に無気力になり、絶望感が出てきてうつ状態になったという苦情を受けるようになった。ラウディクシンを服用した患者のなかには、それまでまったく情緒的問題がなかったにもかかわらず、突如自殺を試みる者まで現われた[*47]。

それから一〇年も経たずに科学界には、イプロニアジドやラウディクシンは脳内のセロトニンのレベルを変化させる可能性が高く、それによって服用した患者の気分に劇的な変化が起きていると考えるだけの知識が蓄積されていた。先駆的な発見は、抑うつ状態の原因は脳内の「化学的不均衡」にあり、セロトニンレベルの上下と患者の気分には直接的な相関があるとする今日の精神医学の中核をなす理論の基礎となった。

問題はこの理論と、それに基づき過去五〇年行われてきた神経伝達物質を操作するという標準的治療法を裏づける具体的証拠がまだ見つかっていないことだ。学術誌ニューイングランド・ジャーナル・オブ・メディスンの元編集長であるマルシア・エンジェルは「この理論の大きな問題は、研究者が数十年にわたって証明を試みてきたにもかかわらず、何の成果も得られていないことだ」と書いている[*48]。

つまり、あなたがセレクサ、プロザック、レクアプロ、パキシル、ジェイゾロフトなどの選択的セロトニン再取り込み阻害薬（ＳＳＲＩ）を服用したことがあるとすれば、自分の気分や健康を変化させるための実験的な神経操作薬を、自らの意思で飲み込んだことになる。こうした薬がどのように機能するか正確にわかっていないばかりか、適切な投与量もわかっていない。だから標準的な治療としては、まず基本となる投与量から開始し、数カ月かけて調整していくのだ。投与量を調整するのは実験にほかならない。あなたは薬の効果を測る実験の被験者なのだ。

抗うつ薬には、異なる神経伝達物質を標的とするさまざまな種類がある。ＳＳＲＩの他、セロトニン・ノルエピネフリン再取り込み阻害薬（ＳＮＲＩ）、ノルエピネフリン・ドーパミン再取り込み阻害薬（ＮＤＲＩ）、四環系抗うつ薬、そしてセロトニン拮抗・再取り込み阻害薬（ＳＡＲＩ）などだ。しかしイーライリリー（「プロザック」）、フォレスト・ラボラトリーズ（「セレクサ」）、ファイザー（「ジェイゾロフト」）、グラクソ・スミスクライン（「ウェルブトリン」と「パキシル」）の研究者は依然として、抑うつの具体的な原因を突き止めていない。ドーパミン、ノルエピネフリン、セロトニンなどの神経伝達物質が、脳の神経細胞の間で信号を伝達すること、抗うつ薬が信号の伝達に影響を及ぼすことはわかっているが、土台となっているのは四〇年前の理論だ。

私が「実験」という言葉を使ったことに反論が出るかもしれない。重篤なうつ病に苦しむ人にとって、ＳＳＲＩは天の配剤だった。エリザベス・ワーツェルは一九九四年に出版した『私は「うつ依存症」の女』（講談社）に、プロザックによって人生が劇的に変化したと書いている。それまでは「すべてを否定するコンピュータ・プログラムのなかで生きていた。（中略）何の感情も、気持ちも、反応も、興味もなかった」。それが緑と白の錠剤を飲み始めてほんの数週間後、まさに覚醒したという。「ある朝、目が覚めたとき、心から生きたいと思った。（中略）まるでサンフランシスコで午後になると霧が晴れていくように、うつの毒気が私からすっと引いたようだった。プロザックの効果だろうか？　それは間違いない」[*49]。

それでもわからないのは、なぜうつが起こるのか、そしてなぜＳＳＲＩをはじめとする抗うつ薬によってわれわれの気分が晴れるのかだ。

私がいわんとしているのは、われわれは抗うつ薬の使用を、体に手を加えるバイオハッキングの実験だとは認識していない、ということだ。それは抗うつ薬が端っこから主流に移行し、社会全体で当たり前の存在になるのに十分な時間が経過したためだ。

抗うつ薬、美容整形、麻酔。どれをとっても、端っこから出てきた実験的な人体改造の試みとは思わないだろう。そんなことは口に出すのも愚かしいし、三つをひとまとめに議論すること自体ナンセンスと思われるかもしれない。だが、長期的視点でモノを見る姿勢を保つことが大切だ。

最初はどれも奇抜な、社会の端っこで起きていた身体ハッキング、すなわち新しい治療学や医学テクノロジーを通じて日々の生活をより良いものにしようという試みであった。かつて社会が取るに足らない実験だとバカにしていたものが、今では医療におけるきわめて重要な三つの専門分野となった。またいうまでもなく、世界的ビジネスとして大きな収益をあげている。

そう考えれば、今から二〇年後、ピーター・Ｄ・クレイマー博士のいう「心の美容治療[*50]」が堂々と行われるようにならないと言い切れるだろうか。風邪を引いたときにドラッグストアで風邪薬や漢方薬を買って飲むように、いずれは向精神薬の一種である「アデロール」や「リタリン」の低用量版を買うのが普通になるかもしれない。すでにミレニアル世代の若者たちの間では勉強や仕事の効率を高めるための「スマートドラッグ」が人気を集めている。注意力を高める「ストラテラ」や「プロヴィジル」などのソーシャルドラッグはどうか。どんな状況でも自信を保てるよう、脳を刺激するヘッドギアを進んで装着するようにはならないだろうか。

結婚式当日にはこのうえない幸福感が味わえる薬を飲み、複雑な政策交渉をするときには集中力を保つ薬を飲む。反対に、同じツールを使えば、この世の地獄をつくり出すことだってできる。二四時間独房で過ごすことになった囚人に、わびしい独房で五〇年を無為に過ごしたような気分を味わわせることだってできるのだ。

社会の端っこから中心へいたる、受容の七段階

歴史を振り返ると、抗うつ薬、美容外科、麻酔のような科学的イノベーションが社会の端っこから中心へと移行する過程では、社会の反応として驚くほど一貫した受容パターンが見られる。

第一段階：そんなもの聞いたこともない。なぜ試す（投資する、合法化する）必要があるのか。なぜ関心を持つ必要があるのか。

第二段階：聞いたことはあるが、ばかげている（危険である、軽はずみである、倫理にもとる、絶対にうまくいかない）。最悪の投資だ。大きく成長することはありえない。
第三段階：内容は理解しているが、自分をはじめ顧客や支持者や投資家や聴衆の役に立つ（恩恵がある、参考になる）とは思わない。
第四段階：役に立つ（恩恵がある、参考になる）可能性がありそうだ。情報を集め、市場にどれぐらい勢いがあるか見てみよう。
第五段階：役に立つ（恩恵がある、参考になる）ことは理解しはじめたが、まだ社会にとって必要なものというより、目新しいものに過ぎないと認識している。手はじめに少額の投資をしたい。初期採用者がどのように使っているのか、リサーチした報告書を見てみたい。
第六段階：今では自分自身が頻繁に使っている。生活の一部となってしまった。「シリーズA」投資ラウンドにも参加する。どんな相手と組めばいいか、検討している。
第七段階：これがないと生活が成り立たない。これなしにどうやって暮らしていたのだろう？出資した企業の新規株式公開（ＩＰＯ）が待ち遠しい。自ら競合商品を開発することも検討している。悔しい、なぜもっと早くそうしなかったのだろう。なぜこのトレンドを見逃していたのか。

イシュトヴァンがＲＦＩＤチップを埋め込んでもらうためにカリフォルニアに行った話を読んだときのみなさんは、おそらく第一段階と第二段階の間にいたのではないか。たいていの人は、超人間主義運動、バイオハッカー、そして彼らがテクノロジーを使って自ら自分たちの体をハッキングしているといった話は、おそらく聞いたこともないはずだ。バイオハッキングについて聞いたことがあっても、危険な企てだと思ったかもしれない。そして今でもそう思っているか、あるいは取るに足らない、時間とエネルギーの無駄遣いだと思っているかもしれない。

だとすれば、麻酔が登場したときに批判していた、年配の外科医らと同じ態度ということになる。彼らについて、一九世紀のスコットランドの外科医であったジェームズ・ミラーはこう書いている。「目を閉じ、耳をふさぎ、頑なに腕を組んでいた。（中略）彼らは手術の痛みは必要悪であり、耐えなければならないものだとはなから決めてかかっていたのだ[*51]」

あるいはイシュトヴァンの永遠の命の探求を知って、無限に命を長らえさせることの倫理性を考えはじめたかもしれない。これは重要な視点であり、端っこのマインドセットを理解するうえで欠かせないものだ。まったく新しい分野、あるいは既存分野の新たな組み合わせといえる分野で初期段階の研究をしている人々は、未来にどのような倫理的問題が生じるかを通常、見通していない。彼らの目的は考え、試し、つくることであり、自らの研究の長期的影響についてシナリオを立ててみることではない。

端っこの研究者が、わざと社会を破滅に導こうとしているとか、倫理的問題など一切気にしていないなどというつもりはない。ただ、人々の生き方を変えるような技術的発明はたいてい、あることが可能かどうかを考えるところから出発するのであり、同時にそれをすべきかどうかを考えたりはしない、ということだ。

また、すべての端っこの頭脳に関心を払うべきだというつもりもない。アシモフのような天才が一人いるとすれば、余暇にどうでもいい研究をしている「科学者もどき」が一〇〇人はいるだろう。必要なのは、アシモフやタリアコッツィ、ロング、シンプソン卿、そしてイシュトヴァンのようなタイプを探すこと、先入観を排して彼らの仕事ぶりを見ることだ。あなたがバイオハッキングを奇異に感じるからといって、未来の世代が同意するとは限らない。過去を振り返れば、人間の本能という基本法則に反しない限り、今日のタブーは明日にはタブーでなくなっている。

最後にもう一つ、端っこの頭脳は必ずしも完全な孤立状態で活動するとは限らないことを指摘したい。支援者、研究チーム、他分野からの協力者がいる場合もある。あるいは自分より前に同じような研究をしていた作家、学者、芸術家、科学者からアイデアをもらうこともある。

著述家のケヴィン・ケリーは著書『テクニウム：テクノロジーはどこへ向かうのか？』のなかで、複数の端っこの頭脳がほぼ同時に発見した、あるいは生み出した発明を多数挙げている。たとえば、ロータ一式暗号機（第二次世界大戦中に通信文の暗号化に使われた電気機械式マシン）には六人の発明者が、ワクチンには四人、写真には四人、そして皮下注射針には三人の発明者がいた。特定の分野で意欲的に研究を進めている端っこの頭脳が一人いれば、他にも大勢いる可能性があるということだ[*52]。

未来予測の第一ステップは、想定外のニューフェース、すなわちニコレリス、イシュトヴァン、ティベッツ、ウィルムット、そしてグドールのような未来を描いている人々を見つけることだった。ただし彼らの研究だけでは、トレンドが明確に示されていたとはいえない。このため次の三つのルールに基づいて、もっと広い範囲に網を張る必要がある。

❶理論上の話、あるいは質の低い情報まで含める。
❷現在の障害は、未来には克服されるかもしれないと想定する。
❸工夫次第で使えるものは、使われるようになると想定する。

さらにいくつか、シンプルな問いを考えてみる。この出来事から直接的影響を被るのは誰か。得をする、損をするのは誰か。このアイデアをもっと壮大なこと、すばらしいことの出発点と見る可能性があるのは誰か。その答えから、端っこのスケッチができ上がる。

そうなると、次の問いが出てくる。端っこを見つけたら、それをどう解釈すればいいのか、と。スケッチは検討すべき情報をすべてそろえる手段にすぎない。次にその情報のなかにパターンを見つけなければならない。そこからトレンドらしきものが浮かび上がってくるだろう。

5

STEP2

CIPHERを探す

隠れたパターンを発見する

ここまで見てきたとおり、端っことは、「X」の未来を予測する際、直接あるいは密接に関係する研究や作業に取り組んでいる、想定外のニューフェースの集まりだ。「端っこのスケッチ」を作成し、Xに影響を及ぼすノード（個人や組織）とそのつながり（関係性）を可視化した。

端っこのスケッチは、手がかりの束ととらえよう。未来の謎を解くためには、データ、知識、情報を集めて現在を調べ上げ、端っこのスケッチに詳細情報を追加していく必要がある。これが予測の第二ステップだ。

答えは常にそこにある。あなたが観察し、つながりを見出すのを待っている。「あなたは見ているが、観ていない。その違いは明確だ」とシャーロック・ホームズは語る。[*1]「探偵業においてはたくさんの事実のなかから、どれが取るに足らないもので、どれが重要なものか判断する能力が何より重要だ。それがなければエネルギーと注意力を集中させられず、散漫になってしまう[*2]」

端っこを観察するとき、どうすれば想定と知識を区別し、重要な事実を認識することができるだろうか。明らかに重要な事実、重要かもしれない事実、そして重要ではない事実をどうすれば見分けられるか。目の前の情報をどう理解すればいいのか。それはこれから起こるはずの事態について、どんな情報を伝えているのか。

未来の謎を解くために、シャーロック・ホームズや、一九世紀のアイルランドの物理学者ジョン・ティンダルが「想像力の科学的使用」と呼ぶものを実践しなければならない。実はわれわれが得意とするもので、人間なら誰もが熟達している能力だ。単純なパターン認識である。

ではここで、簡単な謎を解いてみよう。グーグルは自動運転車からスマートフォンまで、一見無関係なさまざまなプロジェクトを立ち上げている。なぜグーグルはこうしたバラバラなプロジェクトに取り組んでいるのか？ それを突き止めれば、ほとんどの産業セクターに影響を及ぼす重要なトレンドが明らかになるだろう。実はあなたもその真っただ中にいるのだ。

われわれにわかっている事実は以下のとおりである。

二〇一五年一一月一二日、カリフォルニア州北部で、ある警察官が奇妙なものを発見した。まるでガムボール・マシンのような形をした車両が、混雑した三車線の道路をゆっくりと走行しているのだ。他の車がときどきシグナルを出し、道路脇の酒販店やハンバーガー店に入ったりするのをしり目に、この車両は速度制限を一六キロ下回る時速四〇キロ弱で安定走行していた。車線を外れることもなく、交通法を犯してもいなかった。警察官はとうとう車を道路脇に停止させたが、そこでまったく想定外の光景を目にすることになった。

みなさんのご想像どおり、車両に運転手は乗っていなかった。ソール・イエーガー警官はそうとは知らずにグーグルの自動運転車を停止させたのだ。車両が自動的に道路脇に寄ったのではなく、乗客のグーグルの技術者が操作をした。イエーガー警官が交通違反キップを切ったかといえば、答えはノーである。マウンテンビュー警察署は、ブログで理由を説明している。「今回のケースでは、エルカミノ・レアル道路の法定速度は時速五六キロであり、当該車両は合法的に道路を走行していた」と。イエーガー警官は車両と同乗していた技術者をそのまま無罪放免としたが、自動運転車が低速運転をすることで交通渋滞が起こるようなことがあれば、他の車両に追い越しをさせるべきだと語っている[*3]。

グーグルの自動運転車プロジェクトは、すでにカリフォルニア、テキサス両州の道路を二四〇万キロ以上走行している[*4]。最高速度を時速約四〇キロにしているのは、安全上の理由に加えて、周辺の住民に自動運転車に慣れてもらうためだ。グーグルは「猛スピードで住宅街の道路を走り抜けるのではなく」、ユニークなデザインとその比較的遅いスピードによって「フレンドリーで親しみやすい印象を与えようと意図している[*5]」。

グーグルはこの出来事を受けて、警察官が車の乗客と会話している場面の写真をアップし、こんな小生意気なコメントをつけている。「運転速度が遅すぎる？　人間だったらそんな理由で停車させられないだろうが」と。さらにこう続けた。「一九三万キロを走行しても（平均的な人間の運転車の九〇年分）、一度も交通違反キップを切られたことがないのがわれわれの誇りだ！[*6]」

自動運転車、ロボティクス、宇宙……グーグルは何をしているのか

さて、謎は解けただろうか。グーグルの自動運転車が法定速度以下で走行していた、というだけの話だろうか。私はそうは思わない。むしろ謎はここから始まるのだ。自動運転車が私よりも違反キップを切られる頻度が少ない、というのは、たしかに興味深い（おまけに少しイラっとくる）事実だ。しかし取るに足らない出来事であり、われわれの目を本当に重要なことから逸らしてしまう。自動運転車は、考えるべきたくさんの手がかりの一つにすぎない。たとえば、次の質問のほうがもっと重要だ。「なぜネット企業が自動運転車を開発するのか」と。

未来予測の第二ステップでは、さらなる深掘りをしなければならない。

なぜ誕生以来、ウェブサービスの開発に特化してきた同社が、大勢の研究者を雇って自動運転車を開発しているのか。路上テストを実施している事実からも、グーグルは州や自治体の政府に自動運転車の公道走行を認めさせるためのロビー活動をしていること、そして将来想定される途方もない賠償問題に備えるためにリスク管理の専門家と議論していることが推測できる。

ネット企業のグーグルは自動車製造工場を持っておらず、意外な協力者と手を組んでいるはずだ。たとえば自動運転車にはレーダーの他、さまざまなセンサーを搭載する必要がある。車載コンピュータはレーザー測距器を使って道路を「見て」、周辺環境の詳細な3D地図をつくる。それをシステムに保存された高解像度地図と照合し、そこから生成されるさまざまなデータモデルによって、車両は歩行者や路上の障害物や他の車に衝突せずに走行することができる。

二〇一一年、グーグルはそれまで秘密にしてきた自動運転車プロジェクトを公表し、共同創業者のラリー・ペイジとセルゲイ・ブリンは、スマートカーによって移動はより安全かつ効率的になり、環境にもやさしいと語った。高速道路では意図的に前の車にぴったりくっついて走行できるので、現在利用されていない高速道路の総面積の九〇%に相当する部分を有効活用できる。そうすれば高速道路を走行するすべての車両の走行速度は高まるだろう。

このプロジェクトを指揮してきたスタンフォード大学教授のセバスチャン・スランと、グーグルの技術者のクリス・アームソンは、「キャディベータ」[*7]と称する概念を説明する動画を作成した。自動車は共有資源になりうる。未来にはアンドロイドフォンを一度タップするだけで、車が迎えに来て、行きたいところへ連れて行ってくれる、というのだ。

なぜネット企業が自動運転車を開発するのかを考えながら、グーグルの他の投資先を見てみよう。グーグルがウーバーに出資していると聞いても、特段意外ではない。ウーバーは隣接分野のベンチャー企業であり、いずれグーグルが大量の自動運転車を動員するときに役立つかもしれない。しかしグーグルの傘下には、他にも想定外のニューフェースがいる。たとえばクリスパー・キャス9に精通した遺伝子編集ベンチャー、エディタス・メディスンだ。また独立系の音楽の権利や販売を手がけるコバルト・ミュージックもある。

グーグルが手がける端っこの研究は、自動運転車プロジェクトだけではない。過去数年にわたり、グーグルは多数のロボティクス会社を買収してきた。シャフト、インダストリアル・パーセプションズ、レッドウッド・ロボティクス、ボット&ドリー、メカ・ロボティクス、ホロミニなどだ。二〇一三年には八番目の、ロボティクス分野では最も重要な買収をまとめた。世界で最も先進的な企業の一つ、ボストン・ダイナミクスを買収したのである。*8

ボストン・ダイナミクスのユーチューブ動画「ビッグドッグ」をご存じだろうか。四つ足で歩く、首のない不吉な印象のロボットだ。まるでスチームパンク風のSF作品から出てきた犬のように砂漠をのぼり、雪道を歩き、海岸をうろつく。同社は自律歩行が可能なヒューマノイド・ロボットの開発で有名だが、その研究プロジェクトにはハードウェアのみならず、コンピュータ知能やシミュレーション・システムも含まれている。長年、研究資金の大部分をアメリカ陸軍、海軍、海兵隊、DARPAなど軍事関係から得ており、シャフトも同社も、ロボティクス産業の未来のバロメーターといわれるDARPA主催の「ロボティクス・チャレンジ」で何度も優勝している。

自動運転車。幅広い分野への投資。ロボティクス。これらはまだ序の口だ。

グーグルの宇宙エレベーター・プロジェクトはどうか。地球から何万キロも上空の同期軌道に乗った衛星にケーブルが取りつけられているとしよう。巨大なロープウェイのように、ケーブルに固定された移送ポッドが、国際宇宙ステーションやさらにその先へ移動するためのドックまで上昇していく。宇宙といえば、グーグルは「ルーン」という別のプロジェクトにも取り組んでいる。いくつもの気球を、航空機が飛んだり気象現象が起きる対流圏より上の成層圏に飛ばすという計画だ（宇宙エレベーターが建設されるとしたら、それよりは下になる）。気球は二〇一三年から打ち上げが開始され、風の層の間を上下しながら、地表での無線通信を可能にする。インドネシア、ブラジル、ニュージーランド、オーストラリアの通信会社は、ルーン・プロジェクトの気球を使ってインターネットサービスが存在しなかった地域でスマートフォン用にＬＴＥ通信を提供するため、グーグルと協力関係を結んだ。[*9]

これまでにグーグルのエンジニア陣が実験し、スタートし、修正を加えたのちに廃止したプロジェクトはあと一五〇件ある。[*10] たとえば「ＧＯＯＧ-４１１」は、有料の電話番号案内サービス「４１１」を無料化するための試みだった。「グーグル・ヘルス」は健康情報をクラウドにアップロードして保管するサービス。「グーグルグラス」はみなさんもご存じだろう。スマートフォンからの情報を目の前に表示する、頭に巻きつけるタイプのヘッドセットだ。命令を口にするとリアルタイムで結果が表示される、ウェアラブル・コンピュータだった。グーグルグラスはあれよという間に世に送り出されものの、世間からすっと消えた。これらの試みはすべて、塵と消えたのだろうか。特にハイテク記者は、この手のプロジェクトを揶揄したがる。

しかしここに挙げたものを、端っこに存在する、これからつながりが明らかになるさまざまな点、つまり未来の手がかりととらえたらどうか。どんな事実が見えてくるだろう。

いったいグーグルは何をしているのか。ハイテク業界やネット関連の仕事に就いていない人が、なぜそんなことを気にする必要があるのか。

みなさんにはもうおわかりだろうか？

この謎を解くには、パターン認識について少し知っておく必要がある。冒頭のホームズのセリフにあるように、われわれは観察と推論の方法を身につける必要がある。次のステップは、端っこのシグナルを集めながらパターンを見つけるのに役立つだろう。

グーグルが何をしているのか。すなわち、もっと大きなトレンドは何かを理解するには、分析の仕組みを当てはめ、ぱっと見にはわからない隠れたパターンを発見しなければならない。

隠れたパターンを見抜く方法

連想やパターン認識は予測に不可欠だ。人間の基本的な思考様式だが、普段は意識しないことも多い。五感で生データを取り込み、認識したパターンの「カテゴリー」に基づいて行動する。

われわれの脳は、パターンを認識するようにできており、それにはもっともな理由もある。レナード・ムロディナウは著書『しらずしらず――あなたの9割を支配する「無意識」を科学する』（ダイヤモンド社）のなかで、人間の思考の九五％は無意識のものだと指摘する。[*11] われわれは膨大なデータにさらされており、五感は毎秒一一〇〇万ビットの情報を脳に送る。それを手作業で仕分けるのは不可能だ。「意識の部分が、入ってくる情報すべてを処理しなければならなくなったら、脳は過大な負荷がかかったコンピュータのようにフリーズするだろう」と。

幼い子供が初めて哺乳瓶の握り方を覚えるとき、そして言葉を発するために音をつなげるとき、頭のなかでニューロン（神経単位）が活発化するのが見ていてわかるようだ。音楽を習う人は、音階、アルペジオ、そしてさまざまな音の連なりを聞き取れるようになることで上達していく。優秀なクォーターバックは、プレーやそれに対する相手チームの反応を記憶する。われわれは時間をかけて本能的に、そして無意識的に、こうしたパターンを実行可能なステップに変えていく。完全な文章を話す、難しい曲を即興で弾く、完璧なパスを投げるといったことは、すべてそうだ。

何かが地平線に姿を現わそうとしているという気がするが、それが何かはわからないというとき、その直感には注意を払う価値がある。それはあなたの無意識が、複数のノードを結びつけていることを意味する。

いくらか練習を積めば、意識的に未来を指し示すパターンを認識できるようになる。パターン認識能力を磨くことで、端っこのさまざまな関係、個人、組織が「変化の一〇の要因」にどのように結びついているかを見て、そこから意味を読み取ることができるようになる。

ある有名なコンピュータ・メガネの話をしよう。私の描写から、その外見を想像してみてほしい。まず頭の周りに装着する。頻繁に充電する必要があり、装着者の視野をすっぽりと覆う。スマートフォンがなければ使えない。このメガネについては、後で再び触れる。

歴史書をひもとくと、メガネは一二六八〜八九年頃にイタリアで発明された。おそらく学者や僧侶が使っていたのだろう[*12]。一三世紀のフィレンツェにタイムトリップして、僧侶にコンピュータ・メガネと当時の読書用メガネの写真を並べて見せても、両者をつなぐ連想はできなかっただろう。対照的に、二〇〜二一世紀にはメガネが当たり前のものとなっており、両目を覆うようなメガネをかけている人を見る機会はたくさんある。特別な努力をせずとも用途はわかる。脳が過去の経験に基づいて、瞬時にデータをカテゴリー分けするためだ。それは瞬きするより短い時間で起こる。

何十万年もの長きにわたり、人間はこの認知的・神経的機能を磨き上げてきた。脳が近道をするためのシステム、といってもいいかもしれない。過去に学習したこと、あるいは遭遇したことがシグナルの役割を果たし、感覚データを行動、反応、思考へと変えるのを助ける。われわれを取り巻く現実はこうしたシグナルに大きな影響を受けている。シグナルはわれわれの世界のとらえ方に影響を及ぼす。ほとんどの読者の脳は、コンピュータ・メガネに関する私の描写を**図4**の上図の流れで理解したのではないか。

しかし、私が説明したウェアラブル・メガネは、実はグーグルグラスではない。グーグルグラスを見たことのない人は、おそらく説明文のなかの重要な手がかりを見逃してしまっただろう。ちょっとしたことだが、グーグルグラスとは違う重要な点があった。私は「装着者の視野をすっぽりと覆う」と書いている。グーグルグラスは右目の上に、約一・三センチの大きさのディスプレイがついているだけだ。それによって視野は増大するが、レンズが目を覆うことはない。

私が描写したのは、サムスンのヘッドセット「ギアVR」だった。ゴーグルの中にスマートフォンを挿入して使うVRシステムだ。実物を見たことのない人は、スキューバダイビング用マスクを思い浮かべてほしい。私の場合、グーグルグラスもギアVRも使い込んでいるので、私の脳は同じ説明文を**図4**の下図のように処理し、違うパターンを認識する。

人間の脳は、常にパターンを探している。だからインクの染み、お茶の葉、あるいは雲のようなでたらめなノイズの中にもパターンを見出すのだ。ジョルジュ・スーラの点描、クロード・モネの大胆な筆致を一八〇〇年代末のフランスの情景の明確なスナップショットと解釈するのも、

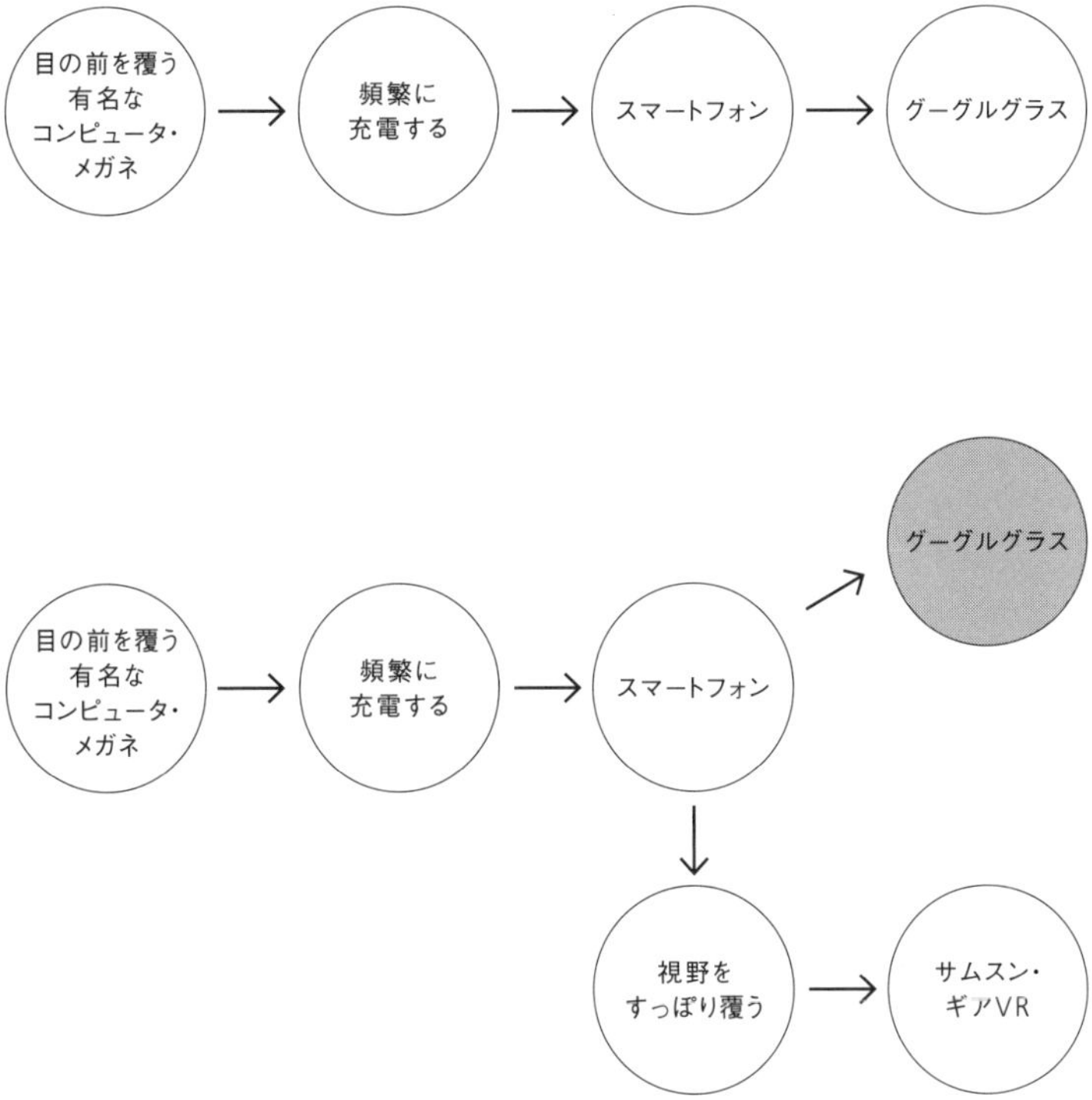

［図4］コンピュータ・メガネの想起

脳の働きである。われわれは最も重要なデータだけに意識を集中できるよう、点や色のにじみなど、不要な情報はすべて自動的に除去するように進化してきた。この結果、何百万個という小さな色とりどりの点ではなく、公園の日曜の午後の風景を認識する。青、紫、オレンジ、ピンク、赤のぼんやりとした線の集合ではなく、農村に点在する農家と干し草の山を認める。

腕利きの放射線科医は、X線写真をさっと見ただけで、数秒以内に異常があるか否かを判断できる。優れたジャズ・ミュージシャンが即興で演奏できるのは、演奏する前にコード進行をイメージでき、指は楽譜に書かれてもいない数小節を柔軟に演奏できるためだ。リンゴ工場の作業員は十分な経験を積めば、猛烈な速さで箱詰めラインを流れてくるリンゴの傷を見つけることができるようになる。いずれも自分の専門分野において、ノードの間を自動的に結びつけることができるためだ。パターンを見つけようと経験を積むほど、意識はパターンを見つけやすくなる。

カニッツァの三角形の錯視

ときにはそうした脳の働きが災いして、何かを見たときに存在もしないパターンを認めてしまうこともある。**図5**「カニッツァの三角形の錯視」を見てみよう。

心理学者のマックス・ヴェルトハイマー、ヴォルフガング・ケーラー、クルト・コフカはともに「ゲシュタルト心理学」を確立した。彼らが好んで使った例の一つが「カニッツァの三角形」を使った実験だ[*13]。図のなかには三角形があるように見えるが、なぜそう見えるのか。三角形の辺を示す線は引かれていない。三角形の面積に色もついていない。端にある三つの円が脳に、近道

[図5] カニッツァの三角形の錯視

をしてノイズのなかにシグナルを見出すよう指示するのだ。

　これはたった一つのこと、たとえば図5のパックマンのような円や、スーラの点、グーグルカーなどに目を奪われるのではなく、同時にさまざまな対象を観察する重要性を示す例として覚えておきたい。一歩下がり、ズームアウトして、端っこだけを観察するのではなく、他の変化の要因も合わせて眺めることで、見逃していたかもしれないパターンに気づくことができる。

　パターン認識は、現代のコンピューティングの基本的要素の一つでもある。文書処理プログラムの自動修正機能からウィルス対策ソフトまで、どれもパターンを見つけて対応する仕組みに基づいている。現在のグーグル検索は、人間とやり方こそ違うが、動画や写真のなかにパターンを見出すものだ。ある意味では、サムスンのVR用ヘッドセットと昔の読書用メガネを見比べるイタリアの僧侶のようなものといえる。ただ、一つ重要な違いがある。

検索窓に「かわいいネコ」と打ち込んだとしよう。グーグル検索は、要求されているのはかわいらしい飼い猫が遊んだり、あくびをしたり、居眠りしたりしている画像である、と推論する。そして何百万枚ものデジタル画像に目を通し、検索者がおそらく求めていないであろう他の猫の画像を除去する。たとえばかつて新聞の連載漫画に出てきたガーフィールドの画像や、トラの赤ちゃんの画像(トラはネコ科動物の一番大きい)を取り除く。一九八〇年代の人気バンド「ストレイ・キャッツ」のメンバーとして活躍した頃のブライアン・セッツァーの写真も表示しないだろう(派手なアイメーク、脱色した髪をポンパドール・スタイルに盛り上げたセッツァーは、八〇年代のカリフォルニア女子に「マジかわいい」と言われていた)。

子猫が表示される一方、ロカビリー・ミュージシャンの画像が表示されない理由は、グーグルが異なるパターンを区別することを学習したからだ。とはいえグーグルはまだ比較的若く、まだ学習を続けている。検索システムがわれわれの日常生活に現れるさまざまな色、形、大きさなどのパターンを認識するには、膨大なデータの間を何度も行き来しながら練習を積まなければならない。回を重ねるたびに、画像認識用ニューラル・ネットワークは徐々に画像のなかの高度な特徴を認識するようになり、最終的にどの画像を表示すべきか判断できるようになる。

一回目は、角を認識するだけかもしれない。二回目には特定の色を探すかもしれない。それから特徴や形などを見て、最終的に「シャムネコ」を表示する。グーグルの技術者らはネットワークの仕組みをより深く理解するため、システムに「逆方向」の作業をさせることもある。たとえば人間にはノイズ画像にしか見えないデジタル写真をシステムに見せ、パターン認識を使って像を結ばせるのだ。その結果、グーグルのシステムは、アリ、ヒトデ、クマノミ、パラシュート、計量カップを「見つける」ことに成功している。

グーグルが何をしているかを理解するには、つまり同社がグーグルカー、グーグルグラスなどを開発する理由を理解するには、端っこで集めた事実を「カニッツァの目」で見なければならない。ズームインと同時にズームアウトする。パックマンのような個別のかけらを探すと同時に、さまざまな出来事を総合した結果、見えてくる像を結ばなければならない。

そしてもちろん、さらに多くの手がかりを集める必要がある。

グーグルの動きから浮かび上がるパターン

一つ検討する価値のある手がかりは、グーグルが二〇〇四年四月一日にジャーナリストやハイテクブロガーに送ったプレスリリースだ。[*14] 内容はGメールという新たなサービスに関する告知だ。Gメールは誰でも無料で利用でき、しかも一ギガバイト（GB）のストレージを約束した。当時、マイクロソフトのホットメールが提供していたストレージの実に五〇〇倍である。

プレスリリースはこんな書き出しで始まっていた。「ネット上で二番目に多い活動は検索。一番はメールだ。『そんなことわかってる』とグーグル創業者らは語る」

ハイテクコミュニティはプレスリリースの日付に注目し、最初はこの発表を凝ったジョークと考えた。企業も大学もあまり関心を払わなかった。すでにマイクロソフトと法人契約を結んでおり、確固たる社内情報システムを構築し、長期契約も結んでいたからだ。

しかしGメールはジョークではなく、しかも大容量のストレージは数ある画期的な機能のほんの一つにすぎなかった。これだけのストレージがあれば、メールを一生消去する必要はない。そのうえ、受信箱の古いメールをキーワード検索することもできる（それは各メッセージの下にターゲット広告を掲載するのにも役立った）。名前やメールアドレスなどの個人データを自動的に抽出し、連絡先リストに追加する機能もある。サービスを滞りなく拡大していくために、Gメールのアカウントはすでに使っているユーザーからの招待がなければ取得できないようになっていた。だがほんの数日のうちに希望者が殺到し、Gメールはハイテク業界のプラチナチケットとなった。なかには、イーベイで一五〇ドルもかけて落札する者まで現れた。[*15]

二〇〇六年には、Gメールがユーザーのために保存していたすべてのデータをシームレスに統合するグーグル・カレンダーが投入された。その数カ月後には「ドックス」と「スプレッドシート」というウェブベースのアプリケーションが発表され、さらに「グーグル・アップス・プレミア」と称するサービスもスタートした。プレミアは企業向けサービスで、社名やロゴをそのまま使いながら、業務活動の大半をクラウドにポートできることを売りにしていた。[*16]

大企業やプライバシーを重視する人々からは、マイクロソフトの従来型のソフトウェアを疑問視する声が上がりはじめていた。それまでマイクロソフト製品はコードを非公開とし、セキュリティホールが見つかるたびに手当てすることで、高い価格を維持してきた面があった。そこにグーグルがどこからともなく現れ、高価で更新頻度の低い「マイクロソフト・オフィス」への全面戦争を仕掛けたのである。「業界の誰もが、グーグルは頭がおかしいんじゃないかと思っていた」と、当時グーグルのエンタープライズ・チームの一員であったラジェン・シェスは振り返る。[*17]

Gメール、グーグル・カレンダー、クラウドベースのさまざまなソフトウェア。どれもとても興味深いが、まだカニッツァの三角形は見えてこない。

すでに述べたとおり、同じ年にグーグルは「GOOG-411」という製品も投入している。ユーザーが特定の番号に電話をかけ、質問《クエリ》を言う仕組みだ。当時、地域電話会社や長距離電話会社が有料で提供していたオペレーター経由の通話や電話番号案内サービスを、無料で提供するものだった。フリーダイヤルに電話をかけたユーザーは、知りたい電話番号を無料で教えてもらえるだけでなく、どんな質問でも答えてもらえた。たとえば「寿司、フィラデルフィア、ペンシルベニア」と言うと、自動音声案内が選択肢を読み上げる。「詳細」と言うと、今度は住所と電話番号が読み上げられる。「テキストメッセージ」と言えば、その情報が自分の電話に送られてくる。相手に電話をつなぐところまでも無料だった。

私は同年一〇月、サンフランシスコのパレスホテルで開催された会議に出席する途中で、GOOG-411を使ってみた。空港からホテルに向かう途中で飲茶を食べたいと思いたち、電話してみたのだ。推奨されたのは金融街の有名店「ヤン・シン」だった。

このとき私が出席した会議のテーマはウェブの端っこに関するもので、講演者のなかには、マーク・ザッカーバーグがいた。フェイスブックはまだ比較的新しく、ちょうど企業向けページのサービスを開始しようとしていた頃だった。マリッサ・メイヤーもいた（このときは、グーグルの検索プロダクト＆ユーザー・エキスペリエンス担当バイスプレジデントだった）。

メイヤーの講演は、あまり笑えないジョークで始まった。「フキデモノブック」「オデキブック」「イボブック」など、グーグルがいずれフェイスブックの対抗馬として立ち上げるかもしれない、健康関連のソーシャルネットワークのアイデアを挙げたのだ。続いて、ユーザーが自らの医療情報や健康情報をネット上に保管するための新たなサービス「グーグル・ヘルス」の説明に入った。

講演の後、ある記者がメイヤーを呼び止めてグーグル・ヘルスプロジェクトについて質問したが、メイヤーはＧＯＯＧ-４１１について話したがった。「グーグルがＧＯＯＧ-４１１をつくった本当の理由は、動画検索をはじめあらゆるサービスに利用可能な、最高の音声テキスト化モデルを構築するためだ」と。これは、じっくり検討する価値のあるコメントだ。グーグルは幅広い製品やサービスへの応用が可能な、音声認識の開発に取り組んでいたのである。

メイヤーはさらに話を続けた。「グーグルが確固たる音声認識モデルを構築するには、大量の音素を集める必要がある。音素とは、特定の声で特定の抑揚で話される音節のことだ。最終的な訓練に使うには、大勢の人にさまざまな言葉を発してもらう必要がある。ＧＯＯＧ-４１１はそのためのツールだ。ユーザーの電話を受けるとき、あるいは動画から音声を抜き出すときに高い精度でできるよう、多種多様なスピーチ・サンプルを入手するのが目的だ[*18]」

このときメイヤーは、グーグルは動画に登場する顔やモノを自動的に認識するため、かなり初期段階の機械学習の研究をスタートさせたことも語っている。

ここにカニッツァの三角形を当てはめてみよう。パックマンのような円は、音素を理解するためのパターン認識プロセスだ。ただ、浮かび上がる三角形はGOOG-411ではない。ズームアウトすると、われわれユーザーと、グーグルのさまざまなサービスとの関係が見えてくる。グーグルはわれわれが電話やコンピュータに語りかけ、会話ができるようにしたいと思っている。だが、それはなぜなのか。その頃、端っこで何が起きていたかを考えてみよう。というのも、グーグル社外でも同時並行的に、同社の取り組みに相通じるさまざまな動きがあったからだ。

・モバイル機器メーカーは、より小型で高性能なGPSハードウェアやソフトウェアを開発していた。
・コード開発者は、テキスト検索のためのより高度なアルゴリズムの開発に乗り出していた。検索者の意図まで理解するアルゴリズムの開発に成功した者もいた。
・研究者は音声をさまざまな言語に翻訳できる新たなプログラムを試作していた。
・開発者はオンライン・カレンダーに独自の工夫を加えはじめていた。標準的なカレンダーアプリは、彼らの望むような機能をすべてそろえていなかったためだ。

一方、グーグルの技術陣は意味論的言語、機械学習、人工知能の分野で大きな進歩を遂げており、グーグルのシステムは文脈や意図を推測できるようになった。たとえば検索窓に「日付」と打ち込めば、それだけで画面のトップに西暦何年何月何日の何曜日であるかと現在地が表示される。またグーグルはモバイルOSの「アンドロイド」や、ボイスメールを電子メールに転換する無料の電話サービス「グーグル・ボイス」を投入する準備を進めていた。

二〇一〇年には携帯電話革命が本格化し、アメリカ人の三分の一が仕事やプライベートにスマートフォンを使うようになった。[*19] ブラックベリーは凋落し、iPhoneやアンドロイドがシェアを伸ばしていた。アップルはこの年の第4四半期だけで、前年同期比九一％増の一四一〇万台を販売した。CEOのスティーブ・ジョブズは「二〇〇億ドルを超える売上高、四〇億ドルを超える税引き後利益を報告できて感動している。どちらもアップル史上最高額だ」と語った。[*20] アップルにとっては大きな記録だったかもしれないが、背後でグーグルのモバイル用アンドロイドOSが静かに世界市場の覇者となりつつあった。しかもアップルに大差をつけて。

二〇〇四年から二〇一〇年にかけてグーグルが世に送り出した多くのプロジェクトのなかで、私が最も魅力を感じたのはGOOG-411だ。それが私にとって格別便利だったからではなく、パレスホテルの会議場でメイヤーが記者に語った内容ゆえだ。

グーグルは自社のシステムに音声認識を教え込んでいた。近い将来、われわれは音声で検索するようになるのだろうか。なぜだろう、と私は考えた。そのほうが検索語をタイピングするより、スマートフォンのキーパッドを使うより便利なのだろうか。

同時に頭の奥では、グーグルは声だけで個人を識別する方法も研究しているに違いない、と思っていた。一人ひとりに固有の抑揚、声音、声の高さなどだ。たとえば中西部出身の私と、ミシシッピ州のジャクソンやビロクシ出身者では「ミシシッピ」の発音はまるで違う。もしそうだとしても、それもまた、なぜなのか。

そしてて彗星のごとく登場したGOOG-411は、二〇一〇年末には彗星のごとく消えていった。[*21]

グーグルの「カニッツァの三角形」はどこにあるのか?

さて、われわれの謎は解けたのだろうか。

グーグルはクラウドベースの表計算ソフト、カレンダー、メール、連絡先リストなどを提供するインターネット検索会社である。モバイル領域への進出にも成功した。GOOG-411は新たな収益源となることが期待されたが、結局うまくいかなかったのかもしれない。グーグルのモバイル検索を使うユーザーが一気に増えたので、GOOG-411では利益が出なかったのかもしれない。それがこのプロジェクトを打ち切った理由かもしれない。グーグルがこの間してきたことといえば、生産性向上ツールによって、マイクロソフトからシェアを奪うことだけだったのだろうか。

ここで少し足を止めて、考えてみよう。パックマンはどこか。三角形はどこにあるのか。

では、私の目に映ったものを説明しよう。最初の会議から三年後、私は再びパレスホテルで開かれた同じ会議に足を運び、座り心地の悪い椅子に座っていた。グーグル会長のエリック・シュミットが登壇し、インターネットの未来について質問に答えるのを聞きながら、私はノートを取り出し、グーグルの社内プロジェクトと社外との関係、そして私が知っていたグーグルの外で起きていたさまざまな出来事について、端っこのスケッチを描いてみた。

・GOOG‐411は単なる情報提供サービスではなかった。ユーザーの音声クエリを収集し、そこから学習する、類例のない大規模なデータベースだった。

・Gメールとグーグル・カレンダーはわれわれの日常生活を知るための窓だった。どちらもユーザーが他のアプリやネットワークからデータをポートしたり、あるいはそれらへのアクセスを与えることで、より便利になる。

・グーグルはユーザーの顔やユーザーと関係の深い人々を認識する方法を学習するため、新たにソフトウェアを買収し、新たなツールを実験していた。

・グーグルが以前買収したブログプラットフォームの「ブロガー」は、優れた広告媒体であったが、それ以上にユーザーの気分を理解する手がかりとして重要だった。

・意味論的検索によって、ウェブはより対話的になっていった。

・先端的な実験によって、見てくれは悪いがきちんと機能する携帯電話用バーチャル・アシスタントアプリがいくつか誕生していた。ユーザーが直接関与しなくても、会議の予定を組んだり、ディナーの予約をとったり、リマインダーを送ったりといった機能があった。

重要な情報はどれか。そして些末なものはどれか。ここに挙げた手がかりのなかにパターンを見出すことで、私は今日起こりつつある事態の前兆を見ることができた。グーグルはマイクロソフトを市場から締め出そうとしていたわけではなかった。どこでも使える「外部脳」をつくろうとしていたのだ。ユーザーが気づく前に、そのすべてのニーズを予測してくれる、もう一つの脳だ。グーグルが『スタートレック』に登場するコンピュータ、あるいは映画『アイアンマン』シリーズに登場する人工知能「JARVIS《ジャービス》」のような、何らかのデジタル版ライフ・アシスタントの開発に取り組んでいるのは間違いなかった。

それが現実であることが明らかになったのは二〇一二年七月九日、グーグルが「グーグル・ナウ」というサービスを発表したときだ。[*22] グーグル・ナウはスマートフォン向けの大規模な情報統合サービスで、グーグルのさまざまなプログラムやツールから集めたデータを、外部のプラットフォームやサービスのそれと統合する。まもなくグーグルはユーザーのカレンダー、天候、渋滞情報を確認し、雪が降っていれば、いつも家を出る時刻より二〇分早く車のエンジンを遠隔操作でスタートさせろと提案するようになるだろう。

ズームインとズームアウトによって、私は音声ベースのデジタル・アシスタントという新たなトレンドに気づくことができた。アップル、ヤフー、マイクロソフトが同様の機能を持つアプリケーションを買収していることも知っていた。近い将来、われわれはデバイスと会話するようになり、デバイスはトリガー（周辺の音のパターン）に耳を傾け、われわれの要求を待たずにあらゆるニーズに対応するようになると私は予測した。まもなくOSは単にデバイスを動かすだけでなく、われわれが日々の生活でさまざまな作業をこなす際の手助けをするようになるだろう。

なぜ私はトレンドを見ることができたのか。それは六つのステップの二つ目に従い、隠れたパターンを表面化させたからだ。

六つのパターン識別子でトレンドを明らかにする

「オッケー、グーグル。暗号って何？」と声に出して言ってみよう。

机に置いたアンドロイドフォンから、穏やかな女性の声が聞こえてくる。質問を理解し、次のように答える。「秘密の、あるいは内容がわからないようにした通信」

「具体例を教えて」と促すと、いくつか例を挙げ、さらに詳細な説明を返してくる。その内容を要約しよう。

暗号とは通信内容を秘匿するため、通信文の情報をわからなくする方法である。コンピューティングにおける暗号とは、メール、文書、重要なファイルを暗号化あるいは解読するためのアルゴリズム（あらかじめ決められた一連の手順）を指す。暗号システムを機能させるには、信頼性のあるパターンを使う必要がある。

ジュリアス・シーザーは軍との通信用に暗号をつくったとされる。部下の将校は通信文の文字を、決まった数だけアルファベット表の右側に移した。たとえば「RETURN TO ROME（ローマに戻れ）」という文なら「UHWXUA WR URPH」という具合に[*23]。第二次世界大戦でドイツ軍は「エニグマ」と呼ばれる高度な暗号機を用い、メッセージの解読に複数のローターを使っていた。文学界の陰謀説を唱える学者は、一六〇〇年代にフランシス・ベーコンが生み出した暗号を見れば、シェイクスピアのものとされる悲劇やソネットはすべてベーコンの作品だったことがわかる、と主張する（この説が誤りであることは何度も証明されている）[*24]。

暗号は、端っこに出現する隠れたパターンを解読、発見する方法を理解する際のアナロジーとして参考になる。長年にわたりテクノロジーの進化を研究してきた結果、私は六つの「パターン識別子」でトレンドを明らかにするモデルを構築した。六つの識別子は「矛盾（Contradiction）」「変曲（Inflection）」「慣行（Practice）」「工夫（Hack）」「極端（Extreme）」「希少（Rarity）」で、頭文字をとって「CIPHER《サイファ》モデル」と呼んでいる（サイファには暗号という意味がある）。

矛盾（C）：通常は反対方向に動くはずの二つ（以上）の要素が、同時に成功・失敗すること。通常は別の方向に動く要素が、同時に同じ方向に動くこと。通常は結びつかないはずの、あるいは過去には結びつけることが禁止されていた二つのノード（組織や個人）が結びつけられること。

たとえば、注意散漫な運転に起因する負傷事故や死亡事故が増加しているにもかかわらず、同時に、ネットにつながるタッチスクリーン、電話と接続するスピーカーシステム、Wi-Fiなど運転者の注意散漫を招く車載テクノロジーも増え続けている。論理的に考えれば、まさにその逆を目指すべきなのに、ますます注意散漫になりやすい環境を自らつくり出している。

変曲（I）：新たな研究を一気に加速させるような、触媒となる出来事が起こること。たとえば、突然の資金調達ラウンドの実施。新たな企業、製品、あるいは研究チームの買収。法案の成立あるいは廃案。想定外の自然災害、市場の暴落、テロ事件など。

慣行（P）：新たなテクノロジーが、すでに確立された当然の慣行を脅かすこと。たとえば、長年使われてきたデザイン上のひな型（すべての電話にはダイヤルボタンがある）、モノの考え方（誰もがプライバシーを重視する）、物事のやり方（テレビ番組はテレビでしか観ない）などだ。

工夫（H）：消費者や企業が、何かに対して当初の想定とは異なる用途を生み出し、さらに便利にすること。あるいはテクノロジーやデジタルメディアの使い勝手に強い不満を持ったユーザーが、もっとスマートで直感的かつ簡単に使えるモノを生み出すこと。たとえば、ツイッターはもともとユーザー同士が簡単につながる手段として誕生したが、当初はユーザーがチャットや掲示板で行っていたような、トピックにタグ付けしたり、会話をフォローするための使いやすい仕組みがなかった。そこで初期ユーザーの一人であったクリス・メシーナが、問題の解決策としてハッシュタグを提案した[*25]。メシーナのハックは、あらゆるソーシャルメディアにおけるコンテンツの統合と共有のあり方を根本的に変えただけでなく、二〇〇九～二〇一〇年にかけてのイラン総選挙をめぐる抗議運動をはじめ、大規模な社会政治運動でも重要な役割を果たした。

極端（E）：新天地を切り拓こうと、人々が本気で限界に挑戦していること。彼らの多くは、誰も試みたことのない研究に取り組んでいるケースが多い。すでに存在する何かを構築、探求、観察、操作、あるいは復元するための新たな方法を考えていることもある。前章に登場したイシュトヴァンがその典型だ。マン・マシン・インターフェースの新たなフロンティアを開拓するため、自らの体を実験台として使う数千人のバイオハッカーの一人にすぎない。

希少（R）：たとえば社会運動、モノ、コミュニティ、ビジネスの手法など、独特かつ奇異で、一見意味のない例外的事象のように思われるものが、実は基本的な人間のニーズを解決したり、社会の基本要素を変えたりする。そのような破壊的変化や社会変化の原因になる何かである。あるいは、およそ場違いのようでいて成功している意外なものも、ここに含まれる。

ハッカー集団のアノニマスは、二〇〇三年に4chanから誕生した分散型コミュニティだ。この社会運動を重視した者は誰もいなかった。リーダーもなく、誰が関与しているかを確認することは不可能であったため、アノニマスの存在を認識していた人ですら、それをいたずら好きな者たちの無意味な集まりとして軽く見ていた。しかしアノニマスはまったく新しい社会運動に発展し、児童ポルノサイトを閉鎖に追い込んだり、多くの政府（アンゴラ、ロシア、アメリカ）に対してサイバー攻撃を仕掛けたり、中国の政治指導者に脅しをかけたり、二〇一六年のアメリカ大統領選ではドナルド・トランプ候補の個人データをハッキングしたり（ソーシャルセキュリティ番号や携帯電話番号）[*26]と、さまざまな成果をあげている。

グーグルが二〇〇四年から二〇一〇年までに手がけたさまざまなプロジェクトと、端っこで行われていた野心的研究をリバース・エンジニアリングしながら、CIPHERモデルのパターン識別子がどのように機能するか見ていこう。

グーグルの動きをCIPHERに当てはめて考える

まず驚くべき**矛盾**（C）があった。二〇〇七年には大学やフォーチュン五〇〇企業や非営利団体はこぞって、オープンソース・コードを使い、ダウンロードするためのソフトウェアなど一つも提供していない企業に肩入れするようになった。本来は検索エンジンの会社であるグーグルに、誰もが社内文書、メール、カレンダーのみならず、個々のユーザーの検索履歴や好みへのアクセスまで与えていたのである。グーグル製品はとにかく革命的でコスト競争力が高く、クラウドベースのオフィスシステムが新たなトレンドになることは容易に想像できた。事実、大勢のハイテク業界ウォッチャーがそう予測した。

オフィス向けの生産性向上ツールを提供するというのも、同社の基幹サービスが検索であることを考えれば、矛盾といえた。しかしグーグルがより包括的なシステムを目指すのであれば（ネット検索を他のツールでも使えるようにするのであれば）、ユーザーに大きな恩恵をもたらし、グーグルにとっても競争優位となるはずだ。もしかするとウェブ上でも仕事上でも「グーグルする」ことが可能になるかもしれない。たとえば同僚の名前を検索窓に入力すれば、相手とのすべての交信、共有するカレンダーの中身や文書がまとまって表示される、といった具合に。

機械学習とコンピューティングパワーは**変曲（I）**に到達していた。一九九五年から二〇〇五年の間に、エンジニアは自然言語処理、検索、情報の保管と修正に集中してきた。その先端にいたのがグーグルであり、ロジスティック回帰やサポートベクトルマシンといったシンプルなツールを使って、Gメールのスパム分類システムなどを構築していた。

二〇〇五年、コンピュータ・サイエンスのコミュニティが、一九六〇年代に提唱されたニューラル・ネットワークに本格的に取り組みはじめたことで、そうした状況は一変した。ニューラル・

ネットワーク分野の研究が一気に動き出し、コンピュータ・ビジョン（コンピュータに人間と同じような視覚情報処理機能を持たせること）が可能になった。またこうした状況変化によって、機械翻訳など新たな用途の研究が活性化した。

グーグルは分散型ニューラル・ネットワークに関する論文を発表するなど、再びこの流れの先端に立った。コンピュータが加速度的にスマートになっていることは明らかだった。手のひらサイズのコンピュータであるモバイル端末についても同様だった。それはコンピューティングのパーソナライゼーションをますます推し進め、次の変曲が到来する素地をつくった。次の変曲は遠い未来の不確実な可能性ではなく、今後数年で到来するのは確実で、あとは「いつか」というタイミングの問題だった。

標準的な**慣行**（P）も揺さぶられた。スタンリー・キューブリックの『二〇〇一年宇宙の旅』に出てくるような会話をするコンピュータは、過去何十年にわたりSF作品の人気テーマだった。しかし現実的には、きちんと機能する音声インターフェースを開発できた者はいなかった。会話が可能で、コンテクストが理解でき、具体名の代わりに代名詞を言っても正確な答えを返すようなシステムはもちろん存在しなかった。

二〇〇九年初頭、音声アシスタントアプリの「Ｓｉｒｉ」がテストに入った。当初はアップル本体ではなく、サードパーティによるｉＯＳアプリとして、優れた音声インターフェースを提供していた。Ｓｉｒｉを使ったユーザーは大満足だった。語りかけるだけでメッセージを送ったり、予約サイトの「オープンテーブル」でディナーの予約ができたり、グーグルマップで検索ができたりした。Ｓｉｒｉは自然言語処理の威力に懐疑的だった人すら納得させるような、気の利いたサプライズを用意していた。「ＨＡＬはどうなったの？」と聞けば、重々しい調子で「言いたくありません」と答える。「近所のスポーツジムを教えて」と言えば、「確かに握りが弱い感じがしますよ」と返す、といった具合に。[*27]

モバイル端末に語りかけるという手法によって、ちっぽけなキーボードでタイピングするという長年の課題が解決された。ただこの研究はそれだけでなく、対話的コンピューティングという新たな時代を垣間見させた。人工知能と組み合わせれば、われわれの端末はわれわれの趣味や好み、欲求や願望を知り尽くし、日々の生活を最適化する方法まで把握するようになる。

社会の中心から遠く離れた端っこには、無骨だがきちんと機能するバーチャル・アシスタントアプリがいくつか存在していた。それは**工夫**（Ｈ）の産物だった。勤務先のプロジェクトに欲求不満を募らせた開発者たちは独立して、もっと優れたバージョンを独自に開発しはじめた。

そんななか、イスラエルの学生がハイテク支援プログラム「Ｙコンビネーター」にエントリーした。Ｙコンビネーターは、民泊サイトのエアビーアンドビー、オンライン掲示板のレディット、ファイル共有サービスのドロップボックスをはじめ、何百というベンチャー企業を世に送り出したことで有名だ。創設者の一人が学生に、若い学生が日々直面する問題を解決するようなものをつくってほしい、と依頼した。そこで学生はデジタル・セクレタリーをつくった。「グレプリン」と命名されたプロジェクトは、デジタルライフを丸ごと検索するための検索エンジンだ。単純なクエリを入力すれば、インスタントメッセージのチャット、メール、フェイスブックやドロップボックスのアカウントをはじめ、あらゆるデータをさらってくれる。

同じ頃、別の場所では、初期のSiriの開発者が気の利いたメモ帳アプリを試作したり、マイクロソフト出身のデザイナーがメールに書かれた会議の詳細をカレンダーに移す簡単な方法を考案したりしていた。最終的に彼らは、バーチャル・モバイル・アシスタントを開発するために手を組んだ。ちなみにシリコンバレーにおける忠誠は、気まぐれなものだと知っておいたほうがいい。開発者は企業秘密を洩らさないことを約束する秘密保持契約を結ぶ。しかしグーグルからフェイスブック、アップルへと転職するときには、組織で学んだ知識や想像力を携えていく。

私には、グーグルは個人とコンピュータの関係に革命的変化をもたらすために、**極端（E）**なことに挑戦しているように見えた。スマートフォンは職場の延長である必要はない。われわれがいつ誰と交信しているかを知り、居場所や移動パターンを追跡し、いつ電話を使うかを観察するなど、さまざまな分野に奥深く入り込んでいくことで、グーグルはまもなく理論的には、われわれ以上にわれわれのことを理解するようになる（少なくともデジタルライフに限っては）。

最後に、グーグルが有料電話番号サービスと競合するような音声ベースのサービスを提供するというのはおかしい、と私は思った。そのようなプロジェクトはシリコンバレーでは珍しく、検索サービスの覇者であるグーグルのなかでも浮いていた。たしかに運転中にGOOG-411に電話をかけられるのは便利だったが、会社の資源を投じる長期投資先としては現実的ではなかった。グーグルが電話をつなぐサービスを提供するには、AT&Tやスプリントなど外部の電話会社に依存し対価を支払う必要があり、いずれ財務的に行き詰まるはずだった。GOOG-

411が検索結果に表示される企業に対価を請求するとか、あるいは電話の冒頭に広告メッセージを流さない限り、サービスとして収益性を持つのは難しいと思われた。

私にとって、これは重要な手がかりだった。GOOG-411が単なる情報サービスであるはずがない。それはリアルタイムにわれわれの声をデータマイニングするための試みだったのだ。

CIPHERモデルは私にとって、端っこにおける人、組織、プロジェクトの関係性を見るのに欠かせないツールとなった。ここに挙げたパターン識別子は、ノイズのなかの信頼できるシグナルだ。グーグルがマイクロソフトに戦いを挑んでいるとの想定は、Xの定義として極端に狭い。まず、グーグルはソフトウェア会社ではなく、検索エンジン会社だった。検索エンジン会社が思い描くクラウドベースのオフィスシステムの未来は、当然ながらオフィス・ソフトウェア市場の覇者とはまったく違っていたはずだ。同じはずがあるだろうか？

他にも追加できる分類はあるはずで、すべてのトレンドがCIPHERモデルの六つの識別子で明らかになるとは限らない（グーグルの例でも、識別子は五つしか見つからなかった）。しかし私の研究において、これが信頼性のある方法であることは何度も確認できた。

これでグーグルは何を目指していたか、またそれ以上に重要なこととして、何がトレンドであるかがはっきりしてきた。グーグルはスマートフォンを通じてアクセスする外部脳をつくっていた。そして企業買収やヘッドハンティングの内容を見れば、アップルやマイクロソフトも同じようなものを目指していることが明らかだった。私にとって、それはユビキタス（いたるところにある）なバーチャル・アシスタントという新たなトレンドの候補を示していた。

この「ユビキタス・バーチャル・アシスタント」というトレンドは、近い将来、われわれの使うマシンがわれわれについて学習し、ニーズを予測し、要求や指示を与えなくてもひっそりと作業を完了するようになることを意味している。まずはスマートフォンから始まり、身のまわりのインターフェースやOSへと広がり、社会に浸透していくだろう。もしかしたら、日々出会う人々、デバイス、モノと相互運用できるような単一のアシスタントを誰もが使うようになるかもしれない（といってもハイテク業界の起業家が標準化を嫌うことを考えれば、その可能性はかなり低い）。

CIPHERによって「ユビキタス・バーチャル・アシスタント」という端っこのトレンドが明らかになった。これこそわれわれが追跡を開始し、さらに深掘りすべきトレンドだ。ただ、まだ「なぜか」を問う必要がある。グーグルの宇宙エレベーター、自動運転車、成層圏気球と音声検索にどんなかかわりがあるのか、いまだにわからないからだ。その答えがわかれば、トレンドについての理解がさらに深まるだろう。

ラリー・ペイジの野望と歯ブラシテスト

一九九六年、スタンフォード大学大学院の学生だったラリー・ペイジがあるビジョンを思いつき、夜中に飛び起きたという話は今や伝説となっている。それは、ウェブ上のすべてのコンテンツのインデックスを作成する方法だった。そのときメモに書きつけたものが、当初「バックラブ」と命名された新たな検索エンジンを支えるページランク・アルゴリズムの基礎となった。

一年後、ペイジと仲間の学生セルゲイ・ブリンは検索エンジンの名称を「グーグル」に変更した。一〇の百乗を意味する「ゴーグル」をもじったもので、この想像できないような数字はペイジの野心の大きさをうかがわせた。ウェブ上の膨大な情報を整理するのが二人の目標だった。しかしペイジにはさらに壮大な計画があった。[*28]

二〇一〇年末にはグーグルの従業員数は二万四四〇〇人に達し、[*29]保有する有価証券と現金同等物の総額は三五〇億ドルに達した。[*30]ペイジはCEOとしてグーグルの日々の運営を担おうとしており、それまでCEOを務めていたエリック・シュミットは取締役会長に就任、ブリンは従来どおり新製品と戦略を担当することになっていた。

グーグルは野心的なことに取り組んでいない、とペイジは常々不満を語っていた。自ら「n乗の問題」と名づけた、人間の暮らしを根本的に変えるような問題に取り組みたかったのだ。グーグルは実存的問いに直面している、とペイジは考えた。「検索の次は何か?」と。グーグルはすでに検索市場を制圧し、またアンドロイドのユーザーが急拡大するなど世界のモバイルOS市場もまもなく制覇しようとしていた。次は何か?

グーグルの狙いは、ネットに接続する人を単に増やすのではなく、全員、すなわち世界をそっくりインターネットにつなぐことだった。世界の最も重要な問題を解決するには、世界で最も優秀な人材と、専門的な研究活動と、新たなツールが必要であり、そのすべてにカネがかかる。グーグルは新たなサービスを生み出し、新たな顧客を見つけ、最終的にはあらゆる人にグーグルの使用を増やしてもらう必要があった。

この目的を達成するため、テキサス州オースチン、ミズーリ州カンザスシティ、ユタ州プロボで、家庭に従来のブロードバンドの一〇〇倍の速度でインターネット・サービスを提供するサービス、グーグル・ファイバーを開始した。目的はISPになることではなかった。むしろ狙いは各地で幅を利かせていたコムキャスト、AT&T、タイム・ワーナー・ケーブル、センチュリー・リンク、ベライゾン、チャーターといった有力プロバイダーに価格を下げさせ、帯域幅を広げさせることだった。

途上国でも同じような戦略を進めている。グーグルはウガンダのカンパラなどで、都市全体のバックボーンとなる光ファイバー網の構築をもくろんでいる。用地面あるいは対象国の政府に問題がある場合は「プロジェクト・ルーン」という手もある。大規模なインフラを敷くのは途上国にとってはコストが高すぎるため、巨大な気球を使うのだ。

グーグルのおかげもあり、二〇二〇年までには世界人口の九〇%がモバイル・ブロードバンドを使用可能になる。これはわれわれの暮らし、学習、他者との関係、ビジネスや政治を大きく変えるだろう。これぞ現代の蒸気機関だ。

手頃な価格のコンピュータがなければ、コミュニティにインターネット網を敷設しても効果はない。デスクトップやノートパソコンは価格が高すぎ、消費電力も大きい。それがアンドロイドのスマートフォンなら、途上国の人でも手が届く。安価なデバイスの生産量を増やし、数十億人の人々の手に渡せば、世界のデジタルを取り巻く環境は一変するだろう。

ただ利用するサービスが、メールを送ったり、電話をかけたりするだけでは、そうはならない。

二〇一五年、グーグルはモバイル用翻訳アプリをアップデートし、「会話モード」を追加した[*31]。その操作に必要なのは、もうおわかりだろう、ユーザーの声だけだ。新たなアプリが登場したとき、私はすぐにスペイン語を母国語とする友人との会話に使ってみた。アプリを開き、使用する言語（英語とスペイン語）を選択し、マイクのアイコンをタップし、あとは話すだけだ。テクノロジー、お気に入りのレストラン、マドリードの様子など、会話の内容は多岐にわたり、一五分以上続いた。どちらも母国語を使っていたが、まったく問題はなかった。次に会話モードの限界を試すことにした。私は英語ではなく日本語で話し、友人はアルゼンチン訛りのスペイン語で話しはじめたのだ。アルゼンチンのスラングが出てきたときにはつまずいたものの、翻訳アプリはその目的を十分に果たした。

同時翻訳は気の利いたサービスだが、本当に必要だろうか。もし重要だとすれば、理由は何か。グーグルにとって、今や検索は受け身的でユビキタスなサービスだ。検索語に適したウェブページを示すだけでなく、むしろデジタル版の何でも知っているアドバイザーとなり、われわれは「グーグル・ナウ」を通じてその恩恵を享受できる。ペイジはグーグル・ナウとその進化形である「オン・タップ」の立役者だ。

すでにアンドロイドはユーザーの許可に基づき、エアビーアンドビー、スポティファイ、スマート・サーモスタットなどを手がけるネスト、旅行サイト比較サービスのカヤック、ソーシャル渋滞ナビのウェイズなど七〇以上のパートナーサイトでユーザーの行動やクエリを観察し、モバイル端末におすすめの情報をデジタルカードとして表示する。その場でスライドして消すことも、開いて追加情報を見ることもできる。新しい家を探しているときには、運転中に売り出し中の家の前を通りかかると、不動産データベース「Zillow《ズィロウ》」のカードを表示する。スマートフォンを通じてグーグルは、ユーザーが要求する前にユーザーのニーズを推測する。

この便利さゆえに、グーグル・ナウはすでにペイジの提唱する「歯ブラシテスト」に合格した[*32]。歯ブラシのように誰もが一日一、二回は使用し、しかも生活を改善するようなものなら、多くの人に受け入れられる、という考えだ。グーグル・ナウはさまざまな意味で革命的だが、それだけでは地球上の生活が変わることはない。もっと大きな視点から見たとき、どのような意味を持つのか。

今日われわれが当たり前のように享受している、さまざまな目に見えないインフラを考えてみよう。朝起きてスイッチを押せば照明がつく。洗面所のレバーを動かせば数秒でお湯が出る。トイレを使った後にレバーを押せば、排泄物を押し流すだけの水が出てきて、地下の巨大な下水道ネットワークへと流れていく。ここに挙げたインフラは歯ブラシテストに合格するものばかりで、われわれはその存在にすら気づかない。

アンドロイドのモバイル・プラットフォームを使う人が増えるほど、グーグル・ナウはさらにユビキタスになる。いずれは見えないインフラの一つになるだろう。あえて意識することはないが、日々の生活に欠かせず、インターネットのさらなる使用を促すものだ。

ＣＩＰＨＥＲからは、グーグルがわれわれにできるだけデジタル端末を使ってネットに接続してほしいと考えるのには当然の理由があることがわかる。

一つはインターネットサイト、ツール、サービスを使う人が増えるほど、ネットワークはより強固になるためだ。そしてもちろん、ここにはお金も絡んでくる。グーグルの収益源の九〇％は広告で、七〇％が検索連動広告から生じている。[*33] そしてグーグルが稼げば稼ぐほど、さまざまな野心的な試みが実現する可能性が高くなる。グーグルは株式会社であり、利益をあげなければならない。しかし重要なのはそこではない。グーグルは世界を変えるために、フォーチュン五〇〇企業の何倍もの収益を稼がなければならないのだ。

そこで再びロボットの話に戻る。ラリー・ペイジはロボットが高齢者に常時寄り添うパートナーとなり、介護を手伝うような社会を思い描いている。よく訓練された大量のロボットがあれば、将来は老人ホームは不要になるかもしれない。多くの人が食料品の買い物、家の掃除、洗濯などの家事をアウトソースできるようになる。ロボットが手順どおりに働いている間に、われわれは家族とくつろぐなど、もっと楽しいことをしていられるようになる。

ロボットはIoT（モノのインターネット）に接続するだろう。そしてサーモスタット、車庫の扉、照明、冷蔵庫などネットに接続した他の生活補助マシンとコミュニケーションを取り合いながら、意思決定をし、日常生活のなかで目立たない仕事を着々とこなしていくはずだ。このような未来を実現するには、ここに挙げたモノやモバイル端末、ウェアラブル・コンピュータ、それらが接続するバックエンド・システムがすべてネット上で同じ言語を話さなければならない。

宇宙エレベーターはどうか。これはグーグル創業者（および多くのシリコンバレーの住人）が追い続けている夢で、いずれ宇宙エレベーターの登場によって大気圏での働き方や生き方が大きく変わるという見方だ。宇宙エレベーターによって研究者が情報を集めたり、宇宙にモノを運んだりすること、あるいは人間を宇宙へ運ぶことができるようになるかもしれない。

これがグーグルの自動運転車、そしてあの日（二〇一五年一一月、イエーガー警官が自動車を停止させた日）と結びつく。ペイジが自動運転車にこだわるのは、理論的には日々の交通事故による死亡や負傷を減らす可能性があるためだ。そして人間の運転より効率的なので、環境汚染の緩和にもつながる。

ただ考えてみればすぐにわかるが、車の運転に集中する必要がなくなるほど、ユーチューブの動画を観たり、Gメールで返信を書いたり、グーグルが表示する広告を見たりする時間は増える。つまり、われわれがグーグルのサービスを使う時間が増えるのだ。

ジョブズはかつてペイジに、検索サービスや携帯電話だけでなく、自動車、宇宙エレベーター、ロボット、寿命延長に取り組む「カリコ」などさまざまな分野に手を出すのは間違っている、と語ったとされる。ペイジはそんな考えこそ間違っていると思った。しかしグーグルの株主もジョブズと同じ疑念を呈したため、二〇一五年八月に「Gはグーグルの G」と題したブログ記事で新たな経営体制を発表した。[*34]

アルファベットと称する新たな持ち株会社を設立、グーグルはその子会社となり、ファイバー、カリコ（加齢に伴う病気を研究）、ネスト（スマート家電会社）、グーグルX（宇宙エレベーターや自動運転車などペイジが好む「ムーンショット」と呼ばれる壮大なプロジェクトに取り組む）などと並んで、アルファベットの傘下に入るという構造だ。まさにアルファ（通常以上のリターンを生む）なベット（賭け）であり、ペイジとブリンは収益源となる事業を、より壮大でリスクの高いプロジェクトと切り離すことに成功した。

これから登場するテクノロジー・トレンドを探すには、想定外のニューフェースが進めている、新たな研究を見ているだけでは不十分だ。トレンドを指し示すさまざまなパターンを見つける努力をし、そのトレンドがなぜ登場しているかを明らかにする必要がある。この分析を通じて、トレンドがたどるであろう軌道、いつかそこに絡んでくるかもしれない他の人々や組織、そして端っこに潜んでいる、追跡を開始すべき新たな想定外のニューフェースが浮かび上がってくる。

広い範囲に網を投じた後は、ブレーンストーミングで出てきたさまざまな結果をCIPHERモデルで絞り込み、ノイズの中からシグナルを見つける。シグナルはトレンド候補を指し示す。しかしシグナルを聞き誤ってはいないだろうか。見つけたトレンドは正しいだろうか。シャーロック・ホームズですら、ときに間違いを犯す。[*35] CIPHERモデルを当てはめる過程では、間違いを犯す可能性がある。どうすればグーグルのしていることを本当に理解しているという確信が持てるだろう。

それが予測プロセスの第三ステップだ。本当に正しいパターンを見つけたのか、そして自分が見たものをそのまま信じてよいのかを評価するのである。

6

STEP3
正しい質問をする
本物のトレンドかどうか見きわめる

未来を予測するには、トレンドを見つけ、それが端っこから主流へと移動する様子を追跡しなければならない。端っこに広く網を投げて想定外のニューフェースを見つけ、CIPHERモデルを使ってトレンド候補を特定する。

ここでいったん立ち止まって検証する必要がある。起業家、投資家、そして組織のリーダーはこのステップを怠りがちだ。特にテクノロジーについてはそうした傾向がある。新たなテクノロジーが人気を集めると、それが一気に業界を超えて広がっていくと思い込む。どこでも同じように収益をあげ、ユーザーに欠かせないものになる、と。

二〇一〇年に始まり、二〇一六年を通じて「X業界のウーバー」という表現がさまざまな業界で繰り返し使われたのは、まさにこの予測の第三ステップを端折っているからだ。ここでいう「X」とは、ウーバーと同じようなテクノロジーによって破壊されようとしている既存の産業セクター（たとえば小包の配送業など）を意味する。

「X業界のウーバー」というスタイルの見出しをつけたニュース記事は、四〇〇〇本を超える。[*1] ベンチャー企業がエンジェル投資家や従業員にアピールするためのサイト「エンジェルリスト」では、五二六社がプロフィールにこの表現を使っていた。[*2] 私は新たなテクノロジー・ベンチャーを対象とするさまざまなコンテストの審査員を務めるなかで、「X業界のウーバー」という表現をあまりにもたくさん見すぎたために、もはや自動的にスルーするようになった。まるでそこだけ死角になったように、プレゼンの他の部分に目が行くようになったのだ。

当時、私がアドバイスを提供していた組織のほとんどが、自らの業界の「ウーバー」について知りたがった。ある大学は「教育産業におけるウーバー」をつくりたいと考え、ある政府機関は深刻な公共交通の問題を「駐車場業界のウーバー」をつくることで解決したいと思っていた。このブームが行くところまで行ったと私が感じたのは、ある大手メディア組織が持続可能な収益源を確保するため、「ニュース産業のウーバー戦略」を打ち出したときだ。

「われわれは報道産業のウーバーになる」と、この組織の幹部は言った。

私は戸惑い、それはいったいどういう意味なのか、と尋ねた。

「これから三年後には、ミレニアル世代向けにオンデマンド型のニュース・プラットフォームをつくる。スマートフォンのボタンをタップすれば、いつでもどこでもニュースが届くというわけだ。これぞまさにニュースの未来だ！」と幹部は熱っぽく語った。

「それはアプリですか？」。何とか理解しようと私は質問を重ねた。

「そうかもしれない。重要なのは必要なときに、ユーザーがいる場所にニュースが届くことだ」

「つまり、アプリですね？」

「ああ。でもアプリというより、ウーバーみたいなもんだ」

わかりやすいトレンドが思考を停止させる

「X業界のウーバー」ブームは、トレンドを見つけたときにいったん立ち止まり、自ら正しい問いを投げかけて考えが正しいかを検証する作業を怠るとどうなるかを示す、典型的なケースだ。まずはウーバーとは具体的にどのような存在なのか、そしてなぜ起業家がこんなキャッチフレーズに飛びついたのかを理解する必要がある。

ウーバーは華々しい成功を収めている。配車サービスを開始して六年で、世界の主要都市に広がった。有効な運転免許と車とスマートフォンがあり、犯罪歴の検査に合格すれば、誰でもウーバーの運転手になれる。乗客はモバイルアプリを通じて配車を要求する。アプリはウーバーのバックエンド、すなわち配車と支払いのプラットフォームに接続する。運転手と乗客はプラットフォームでつながっており、タクシーのようなさまざまなやりとりが不要となる。

ウーバーが支持されるのは、使用方法がわかりやすく、取引がスムーズで、さらにカスタマーサービスが優れているためだ。その驚異的成長率から、世界中で雨後の筍のように「X業界のウーバー」を名乗るベンチャーが何百と登場した。要するにこのフレーズは、便利であること、生活のなかのストレスのたまる退屈な作業を、テクノロジーを使って楽にするか完全に自動化することをシンプルに表現しているわけだ。

ウーバーの当初の名称はウーバーキャブといい、二〇〇九年にトラビス・カラニックとギャレット・キャンプが、デジタル版ヒッチハイクのようなサービスとして創業した。スマートフォンのボタンをタップすると、黒い車に乗った運転手が地図上でユーザーの位置を確かめ、行きたいところに連れて行ってくれる仕組みだった。[*3]

UCLAを中退したカラニックは、やがて「シェアリング・エコノミー」と呼ばれることになる辺境で長年活動していた。最初の挑戦は、マルチメディア検索エンジンの「スコア」と、ナップスターの競合である「スコア・エクスチェンジ」だった。全米レコード協会と音楽出版協会は、他のピア・トゥ・ピアのファイル共有サービス会社と同様にスコアを相手に訴訟を起こし、スコアは破産手続きに入った。

そんな経験にもかかわらず、カラニックは翌年には、レッド・スウッシュという別のピア・トゥ・ピアファイル共有会社を立ち上げた。帯域幅の価格が下がり、信頼性も高まっていたことを受け、カラニックらは（動画や音楽を含む）大容量のメディアファイルをネット上でやりとりするための効率的な方法を編み出した。数年後、スウッシュは一九〇〇万ドルでアカマイに買収され、カラニックは次のアイデアに取り組みはじめた。今度は交通手段を共有するためのスマートで効率的なシステムをつくろうというもくろみだった。[*4]

今日ウーバーは、数十万人のドライバーを擁するグローバル企業である。リフトなど競合企業は存在するものの、規模、資本力、世界的な顧客基盤はウーバーの足もとにも及ばない。しかしウーバーが初めて売上げの五ドルを手にする以前の二〇一〇年三月、カラニックはツイッターにこんなツイートを残している。「この事業にどれだけの機会があるのかを説明するのは、本当に難しい」[*5]。

エンジェル投資家やベンチャー・キャピタリストが、カラニックのために列をなして小切手を切ろうとしていたわけではない。カラニックは有名なシリコンバレーのベンチャー投資会社セコイア・キャピタルにアプローチしたものの断られた。セコイアのような会社から投資を受けることは、単なる金銭的価値だけでなくお墨付きの意味合いがあり、他の投資家を投資ラウンドに呼び込んだり、ハイテク業界の複数のブログに取り上げられたりする効果がある。

セコイアのパートナーであるアルフレッド・リンは「ウーバーを調べ、非常に気に入った」うえに、カラニックは「野心的で独創的な人物」であるという印象を持った[*6]。しかしセコイアは、ウーバーが構築していた大規模なテクノロジー・プラットフォームに注目するのではなく、むしろサービスの市場性とウーバーアプリそのものに目を向けた。新たなタクシーサービスだって？どうやって生き残るんだ、と。

もちろんウーバーは生き残るどころか、二〇一五年一二月には新たな歴史をつくった。七回目の資金調達ラウンドで二一億ドルの調達を計画していると、メディアが伝えたのだ。実現すれば、ウーバーの企業価値は六二五億ドルとなり、未公開のベンチャー企業としては世界最大になる[*7]。比較でみると、フェイスブックが上場したときの企業価値は五〇〇億ドル[*8]で、創業者のマーク・ザッカーバーグはまもなく世界第一六位の富豪となった。ちなみに一五位は高級品ブランド帝国、LVMH（ドン・ペリニョン、ブルガリ、ルイ・ヴィトン、フェンディなど）を経営するアルノー一族だ。[*9]その凄まじさをよく考えてみよう。

非公開企業には売上高、利益率などの財務データを公表する義務はない。非公開企業が資金調達をしようとするたびに、独立した第三者がその企業価値を評価しなければならない。そのプロセスを「バリュエーション」という。ウーバーはこの一二月のバリュエーションの時点で誕生から五年も経っていなかったが、ユニリーバ、ボーダフォン・グループ、ソフトバンク、ペプシコ、グーグル、コムキャストなどと同等の価値があると評価されたわけだ。もちろんウーバーに六二五億ドルの有形資産があるわけではない。しかし投資家はすでにウーバーに一二〇億ドル以上の現金を与えており、それは同社の銀行口座にしっかりと収められていた。[*10]

ウーバーはユニコーン（企業価値一〇億ドル以上）ではない。デカコーン（同一〇〇億ドル以上）でもない。むしろギリシャ神話に登場する海の精セイレーンのように、投資家や起業家を魅了し、ライバル企業を惑わし、ジャーナリストをからかう。わずか六年で、ウーバーは六七カ国の三〇〇以上の都市に広がり、そこにはアゼルバイジャンのバクー、中国のアモイ、テキサス州エルパソまでが含まれている。日々世界中で、一〇〇万回以上の配車をしている。[*11]二〇一五年のクリスマスイブに、マービンという顧客がロンドンの金融街の北東に位置するハックニー区から東のはずれであるホクストンまで乗車したのが、累計一〇億回目の配車となった。マービンは記念として一年分のウーバーの無料乗車券を贈られ、運転手はウーバーが事業展開する都市の一つに無料で旅行できることになった。[*12]

ウーバーをめぐるワクワクするような話題が次々と飛び出すなか、多くの起業家が自分もそれに一枚噛みたい、自分も「X業界のウーバー」を立ち上げたいと考えた。これほど驚異的成功を目の当たりにしたら、誰だってウーバーのような世界帝国を築きたいと思うだろう。いくつかそうしたベンチャー企業の例を挙げてみよう。

Lugg（ラグ） 引っ越しのウーバー
Wag（ワグ） 犬の散歩のウーバー
Coders Clan（コーダーズ・クラン） コンピュータ・コードのウーバー
Heal（ヒール） 医師のウーバー
Minibar（ミニバー） お酒のウーバー
Animal Robo（アニマル・ロボ） ドローンのウーバー
Eaze（イーズ） 医療用マリファナのウーバー
Law Trades（ロー・トレーズ） 弁護士のウーバー
Bloom That（ブルーム・ザット） 花のウーバー
Plowz（プロウズ） 雪かきのウーバー
Shortcut（ショートカット） 散髪のウーバー
Glamsquad（グラムスクアッド） メーキャップのウーバー
Transfix（トランスフィックス） トラックのウーバー
Washio（ワシオ） 洗濯とドライクリーニングのウーバー

JetMe（ジェットミー）　プライベートジェットのウーバー
IceCream.io（アイスクリーム・アイオー）　アイスクリームのウーバー
Nimbl（ニンブル）　現金輸送のウーバー
Tomo（トモ）　長距離通勤者のウーバー
Zeel（ジール）　マッサージのウーバー

金融ニュースサイト「クォーツ」でユーモア作家のジェイソン・O・ギルバートは、ハイテクメディアがベンチャー企業を「○○のウーバー」と描写する様子をこんな詩にまとめている。[*13]

飛行機のウーバーがある　プライベートジェットのウーバーも
薬のウーバーも　そしてペットのウーバーも
犬のウーバーがある　ネコのウーバーも
ストーン・マッサージをご所望？　そのウーバーもあるよ
ネイルのウーバー　ニュースのウーバー
ネイルが乾くのを待つ間には　お酒のウーバー

子供のウーバー　メイドのウーバー
髪のウーバー　だからブレイズ（細かい三つ編み）もウーバーにおまかせ
自転車のウーバー　ギフトのウーバー
美容のウーバー　だからしわ取りもウーバーにおまかせ
ペンキ塗りのウーバー　レッカー移動のウーバー
洋服を洗うウーバーもあれば　芝刈りのウーバーもある
庭いじりが苦手なら　花のウーバー
これだけウーバーがあれば　延々無駄話を続けても大丈夫
食品のウーバーは　料理を怠けたいすべての人に
寂しい人には　夜のお相手のウーバーも
マリファナのウーバー　グリーンナグのウーバー
現金のウーバーは　ドラッグのお代を払うため

マリファナのウーバーから　セックスのウーバーまで
何でもござれ　そこにウーバーがあるはずだ

ベンチャー取材をする記者は　いつも締め切りを抱えている
たぶん必要なのは　見出しをつけるウーバーだ

ウーバーが会社として成功しているのは間違いない。ただそれは、「X業界のウーバー」が本物のトレンドであることを示唆しているといえるのだろうか。確かにトレンディだが、追跡する価値はあるのか。誰もが忙しく、時間は限られている。だから利便性を求める。面倒で退屈な仕事をなくす技術的ソリューション、たとえば「洗濯のウーバー」などは大勢の関心をひきそうだ。

それとも「X業界のウーバー」は単なる目くらましだろうか。未来のユビキタスなオンデマンド・サービスを実現する、まったく新しいタイプのテクノロジー・プラットフォームを着々と構築する本家のウーバーとは異なる、単なる業界の注目株にすぎないのか。ウーバーにまつわるストーリーのうち、本当に注目に値するのはどの部分なのか。

こうした疑問に答えるため、予測プロセスの第三のステップに進もう。いったん足を止め、それまでの観察から事実だと思われていることを検証する重要性がわかるはずだ。われわれ自身の経験や考え方の偏りは、集めた事実を分析する方法に影響を及ぼす。さらにわれわれは社会の一般的な空気にも影響を受ける。「X業界のウーバー」はもしかするとシェアリング・エコノミーの新たなブームの到来を示しているのかもしれない。あるいはその逆で、これほど多くのベンチャーが登場しているという事実は、シェアリング・エコノミーはすでにバブルで、まもなく崩壊することを意味しているのかもしれない。

少し時計の針を巻き戻し、カラニックの視点から世界を見てみよう。どんなトレンド・パターンが登場しているのか。CIPHERモデルを当てはめると何が見えてくるだろう。

ウーバー成功の背景をCIPHERで分析する

今日の世界をいったん忘れて、今が二〇一〇年一月だと想定しよう。カラニックが自分のビジョンが投資家に理解されないという不満をツイートする数カ月前だ。「カニッツァの三角形」を見るときのようにズームインとズームアウトをして事実を検討してみれば、われわれもカラニックと同じようにテクノロジー業界の新たな状況を解釈できるかもしれない。

二〇一〇年、アメリカはまだサブプライムローン危機に端を発した大不況からの回復途上にあった。労働統計局は、消費支出の成長鈍化が続くと予測していた。失業率は一〇％に達し、専門家は厳しい状況が続くと見ていた。経済政策研究所のハイディ・シャーホルツは当時「少なくとも今後五年間は失業率は高止まりする可能性が高い」と語り[*14]、元労働長官のロバート・ライシュは、アメリカ国民に「今後数年間は失業率の高い状態が続くと想定したほうがいい」と覚悟を促した。「たとえ雇用が回復しても、その質はあまり高いものではないだろう」と[*15]。

一九八一年の景気後退以降、失業率が九％を超えたことはなかった。当時は失われた雇用の四分の三は、自動車をはじめとする製造業のものだった。だが今回の大不況で最も深刻な打撃を受けたのは、ホワイトカラーと公共セクターの労働者だった。教師、公務員、販売部門の管理職、ジャーナリスト、郵便関係の労働者だ。アメリカは変曲点に到達した。それも突然に。採用する能力と意欲のある比較的少数の企業の募集と比べて、求職者の数ははるかに多かった。

ただ、今回失業した人々は一〇年にわたるドットコムブームを経験していた。ハイテクバブルは崩壊したかもしれないが、この間に再び火がついたアメリカの起業家精神は損なわれなかった。また、正規雇用はなくても、生活していくうえで手助けを必要としている人はたくさんいた。ちょっとした仕事や作業のためのオンライン市場として登場したのがタスク・ラビットだ。

また、質の低い第二（あるいは第三、第四、第五）の投資用不動産を購入しようとする者はいなかったが、貸し出せる空室はあった。まもなくエアビーアンドビーが登場し、空いている家、アパート、部屋のある人なら誰でも「B＆B（朝食つき宿）」の提供者となれる仕組みをつくった。失業者には新たな電動工具や高級ハンドバッグを購入するような可処分所得はなかったが、有償で自分の持ち物を貸してもいいという隣人はいた。そこでコミュニティのなかで互いに物品を貸し借りできるプラットフォームとしてスナップオングッズやネイバーグッズが登場した。

ズームイン、ズームアウトをすることで、CIPHERのパターン識別子に徐々に照準が合ってくる。われわれは**変曲(I)**点に達した。新たな研究を一気に加速させるような何かが起こった。雇用市場が崩壊したため、大勢の開発者がまったく新しいシェアリング・エコノミー・プラットフォームを考案し、実験しはじめた。

二〇一〇年には、不況を示す経済指標からは想像もできないほど多くの人がスマートフォンを買っていた。大勢の失業者を生むような景気後退期にあっても、アップルのiPhone販売は史上最高、利益も過去最高となった。販売台数は一四一〇万台と、前年同期と比べて九一％増加していた。[*16]

これは驚くべき**矛盾**（C）であり、ウーバーにとっては追い風となりうるものだった。ウーバーのプラットフォームはモバイル・テクノロジーに依拠していたためだ。配車を希望する人がアプリで現在地を示すと、その情報が近隣の運転手のスマートフォンに通知される。乗客のクレジットカード情報は運転手の口座情報と同様にすでに登録されており、完全なるキャッシュレス取引だ。目的地に着くと、料金が保存されたカードに請求され、一定割合が運転手の口座に入る。

WiFiネットワークも広がり、コーヒーショップ、オフィスビル、ショッピングモールなどで無料で使えるようになった。スマートフォンユーザーは対価を払わずに帯域幅を使えた。これはアップル、グーグルをはじめ、モバイルアプリでユーザーを獲得しようとしていた企業すべてに追い風となった。モバイルサービスに簡単にアクセスできるほど、サービスの魅力は増し、ユーザーは増え、人気は高まる。ウーバーの驚くほどシンプルなモバイルアプリはプラットフォームの両側、すなわち乗客と運転手の双方に「ネットワーク効果」をもたらした。

伝統的なタクシー市場には、三つのプレーヤーがいた。タクシー運転手、配車会社（取引の仲介に加えて、車両整備や出勤管理などの事務やインフラ管理も担う）、そして「メダル所有者」の免許取得会社である。メダルとは、タクシーを所有し運営するための営業免許のことで、アメリカのほとんどの都市で取得が義務づけられている。公的免許を持たずに営業すると、自治体から高額な罰金を科されることもある。

一九三〇年代に営業免許が生まれた当時、ニューヨークシティではタクシーが大流行していた。[*17]ただ犯罪も多く、規制を求める声が高まった。営業免許は無料ではなく、二〇一〇年には一件の免許を取得するのに、一時金として平均七七万五〇〇〇から八五万ドルを支払う必要があった。[*18]ボストンやサンフランシスコなど他の都市ではもう少し安かったが大差ない。運転手として働くには、シフトに入るたびに免許取得会社に一〇〇ドル以上を支払うことになる。この投資を回収するには半日かかるかもしれない。会社側も免許取得の際の借金返済のみならず、配車会社にも費用を支払う必要がある。

営業免許制度が導入された当時、ニューヨークの五つの区には六九〇万人が住んでいた。[*19]その頃の観光客数を記録していた行政機関はないが、一九三九年から四〇年にかけて開催された万国博覧会では、二年で四四〇〇万人という空前の訪問者があった。[*20]

カラニックが投資家にウーバーを売り込んでいた頃、ニューヨークシティの人口は八二〇万人に増加していた。[*21]万博のようなイベントがなくても、観光客は毎年平均五〇〇〇万人に上る。[*22]加えて付近の三つの空港は一億一七〇〇万人の乗客を集めていた。[*23]ここには観光客だけでなく、飛行機に乗るためにタクシーを利用する地域の住民も含まれている。

一九三七年に発行されていたタクシー営業免許は、一万一七八七件。[*24]対して、現在発行されている免許は、わずか一万三二七〇件である。[*25]

二〇一七年のほうが住民ははるかに多く、加えて空港までの送迎を必要とする人が何百万人といるのに、営業免許の数は千数百件増えただけなのだ。[*26]だから大都市ではタクシーがつかまえにくい。イエローキャブの波間に赤いパッシングランプが光るマンハッタンでは「シフト交代」の時間、つまり運転手が減る午後三時から六時の間にタクシーをつかまえようとすると、つい毒づきたくなる。ワシントンDCで雨の日に、ユニオン・ステーションの外でタクシーをつかまえようとするときも同じだ。雪のシカゴでオヘア空港に行くタクシーが必要なときも。

これも「矛盾」である。公共交通手段については、需要が大幅に増えれば供給も増えると考えるのが当然だが、そうした状況にはなっていない。

ウーバーは標準的な**慣行**（P）を迂回する手段であり、既存勢力の脅威となる。奇妙な独占状態にある各地の市場に、突然競争をもたらすのだから。カラニックの狙いは、単に新たな配車サービスを立ち上げることではない。高度かつ広範囲で使えるピア・トゥ・ピア・ネットワークを構築することだった。消費者に移動手段を提供するため、書類を回すだけの仲介者のみならず、営業免許、配車会社、運営会社、さらには厄介な政府機関まで一挙にお払い箱にしたのだ。

二〇一〇年の時点で、テクノロジーによって消費者の期待や行動が変化していたにもかかわらず、タクシーオーナー、運転手、配車会社の三者関係はまるで進化していなかった。支払いを簡単かつスムーズに済ませるモバイルアプリが何百と登場していたのに、昔ながらの現金取引が中心だった。ほとんどの都市で運転手はクレジットカードを受け入れるよう義務づけられていたが、決済端末が操作しづらく、配車会社と接続できないことも多かった。しかも運転手は現金でチップをもらいたがり、乗客にカードを使わせない傾向にあった。

ウーバーは代金支払いに気の利いた**工夫**（H）を加えた。その決済用ゲートウェイ、すなわち乗客のスマートフォンとウーバーとの間のセキュアな交信を可能にするインフラは、モバイル言語で書かれたクライアントサイドの暗号化という手法を使っている。乗客は毎回カード番号を入力する必要がなく、わざわざ速度の遅いウェブページを開く必要もない。さまざまなテクノロジーによって、取引全体が見えないところであっという間に完結する。カード情報は一度入力すればよいし、目的地に着いたら、そのまま車を降りればいい。領収書はメールで送られてくる。

これほどシームレスなモバイル決済インターフェースをつくった者はいなかった。単純に現金取引を改良したのではなく、長年世界中のタクシー利用者が不満に思っていたことに対する創造的な解決策だった。ウーバーの決済インターフェースがあまりにも使いやすかったため、消費者の認識が変わりはじめた。なぜあらゆる取引がこれぐらい簡単にならないのだろう、と。

さらにウーバーは既存の決済**慣行**（P）を完全に覆した。しかもテクノロジー・プラットフォームとして非常に優れていたため、ウーバーが「サージ・プライシング（特需型値上げ）」と呼ばれる制度を導入しても（需要のピークタイムに通常価格の一・二倍から一〇倍へと徐々に運賃を上げていく仕組み）、売上成長は止まらなかった。

サージ・プライシングがどのような意味を持つか、しばし考えてみよう。普通のタクシーが一日の間に料金システムを変更したら、たとえば空港まで乗車する料金に三〇ドルから三〇〇ドルの幅があったら、たいていの人は別の交通手段を使うはずだ。たとえ運転手がメーターを倒す前に仕組みを説明したとしても。またタクシーのクレジットカード端末に不具合があれば、精算する時点で手持ちの現金では足りず、支払えなくなるという事態もありうる。

しかしウーバーのサージ・プライシングは、アプリ上ではっきりとわかる。初乗り運賃三〇ドル、一マイル（一・六キロメートル）あたり一〇ドル以上となっても、初めてウーバーを利用する人を含めて「聞いてなかった」とはならない。

それでもラスベガス（公認のタクシーは少ない）で開かれた二〇一六年コンシューマー・エレクトロニクス・ショー（CES）に参加した人々は、ソーシャルメディアでウーバーを激しく非難した。推定一七万人がラスベガスを訪れたこともあり[*27]、ウーバーは通常料金の五〜六倍のサージ・プライシングを発動、ユーザーにはアプリを開いた時点で警告を発した。この週を通じて、ツイッター、フェイスブック、インスタグラムでは、ウーバーはCESの参加者に不当に高い料金を請求しているといった声が何百と上がった。

しかしこうした投稿の多くには、利用時間が明記された領収書のスクリーンショットが含まれていた。会期の終わり頃のものもあった。「#ウーバーは今日、#CESの参加者全員からぼったくった」と怒りの投稿を寄せた人物もその一人で、通常なら九・二六ドルのところに四七ドルを支払ったことを示す領収書をつけていた[*28]。つまりこの人物は、その時点で最適な選択肢ではなかったにもかかわらず、やはりウーバーを使うことを選んだのだ。われわれは不満があるときでもウーバーを使う。それはオンデマンド・サービス、常につかまる運転手、スムーズな精算といったウーバーのテクノロジーがそれほど**希少**(R)で魅力的だからだ。

極端(E)でいえば、ウーバーはここまで波風が立てずに来たわけではない。カラニックがかつて創業したファイル共有ベンチャーは、訴訟や新たな規制によって破産に追い込まれた。そこでウーバーでは大量の弁護士やロビイストを雇い、徹底的に戦う構えを見せている。

タクシー会社:アメリカ各地で営業免許を持つタクシー会社は地元の政治家と組み、モバイル・プラットフォームや運転手の独立した請負事業者という立場など、ウーバーの事業の根幹にかかわるような新たな規制を成立させようとしている。二〇一六年一月にサンフランシスコのイエローキャブが連邦破産法一一条を申請した原因は、不法行為責任や訴訟であったが、営業地域内のウーバーの存在も寄与していたことは間違いない[*29]。

州政府:カリフォルニア州[*30]やネブラスカ州[*31]を含む一一の州の保険会社は「カバレッジ・ギャップ」をめぐってウーバーに訴訟を起こしている。一般的な自動車保険は商業目的の運転には適用されない、というのが保険会社側の主張だ。

運転手と労働組合:ウーバーの運転手の一部が、ウーバーが運転手を独立した請負事業者に分類したのは誤りであり、パートタイムあるいはフルタイム従業員と認めるべきだとして、集団訴訟を起こした[*32]。訴訟に参加した運転手は、自分たちはガソリンや車両のメンテナンスにかかわる費用の還付を受ける権利があると主張している。

乗客:ウーバーに対しては多くの個人から苦情があがっており、一一〇〇以上のタクシー、ハイヤーなどの公共輸送会社の事業主が登録するタクシーキャブ・リムジン・パラトランジット協会（TLPA）が集約している。リストのなかには、ウーバー運転手による身体的および性的暴力の他、多数のハラスメント行為が含まれている。[*33] 運転手は適性審査や身元調査に合格しているとされるが、リストからは複数の運転手に犯罪歴があったことが明らかになった。[*34]

このようにウーバーをめぐる多数の訴訟が報じられているものの、同社は成功している。これもまた公共輸送のような、規制の厳しい業界における**矛盾**（C）である。シリコンバレーでは多くのベンチャーがまず事業を立ち上げ、障害は後で克服しようとする傾向があり、訴訟は事業をしていくうえでのコストの一つにすぎない。

CIPHERモデルを使ってズームイン、ズームアウトすることで、パターンが浮上してくるのがわかる。ウーバーは顧客の感じていた不便さ、そして（そんなつもりはなかったかもしれないが）タクシー会社の時代遅れのテクノロジーや規制当局の縛りの多いビジネスモデルに対する解決策を提示し、豊かな複合的な機会を生み出した。「（カラニックとの議論では）ウーバーがこんな存在になりえること、輸送業界を劇的に変える存在になることは想像できなかった」とセコイア・キャピタルのパートナー、リンは語っている。[*35]

事実をズームイン、ズームアウトしてみると、ウーバーが目指していたのがデザインの優れたモバイルアプリの開発ではなかったことは明白になる。ウーバーには「Xファクター」、すなわち特別かつ重要ないくつかの特徴があった。Xファクターが存在しなければ、「ヘイロー（Hailo）」

などタクシー業界が自らつくったウーバーの模倣アプリもユーザーを獲得できたはずだ。しかし今日までタクシー業界はウーバーの成功に追随できていない。それどころか足元にも及ばない。

ウーバーは単なるアプリではない。だからこそこれほど多くの外的圧力にさらされながら、何年も成功を続けてこられたのだ。カラニックのテクノロジー・プラットフォームが社会に根づけば、輸送に関するわれわれの認識が根本から変わるかもしれない。タクシーやハイヤー業界のみならず、人、荷物、食品、ペットなどあらゆるモノの移動方法がそっくり変わる可能性がある。

ブームから身を離し、それが本物かどうかを確かめる

地平線に姿を現わしつつある事柄、これから起こるべき事態を予測しようとするとき、たいていの人はトレンドと思われるものを見つけると（あるいは耳にすると）、探すのをやめてしまう。トレンドが「X業界のウーバー」のような魅力的な修飾語を伴っていると、なおさらそうだ。

ノーベル賞を受賞した心理学者のダニエル・カーネマンとその共同研究者のエイモス・トベルスキーはこれを「利用可能性ヒューリスティック」と呼んだ。*36 脳は認知的近道をするので、想起しやすい事象ほど実現する可能性は高いと考える。四〇〇本も記事が書かれている？　五〇〇社もベンチャー企業が誕生している？　詩まで詠まれた？　それはトレンドに違いない！　と。

利用可能性ヒューリスティックは、魅力的なフレーズ（「X業界のウーバー」）によって起こることもある。アナロジーとしてわかりやすく、さまざまな状況に当てはまるからだ。われわれは

入手可能なデータより、頭のなかにあることに基づいて判断を下す。

消費者向けテクノロジーのイノベーションが続く今日、グーグル、フェイスブック、インスタグラム、スラック、ツイッター、ウーバーといった企業名は一般動詞になった。家族旅行のために最高のリゾートを「グーグル」する。「フェイスブック」して友達におススメを聞く。飛行機から週末はオフラインで過ごすと「ツイート」したところで、職場の同僚とファイルを「スラック」しなければいけないことを思い出す。美しいビーチでピニャコラーダをすすれば、もう我慢できない。やおらスマートフォンを取り出し、澄み切った青い海、太陽などを「インスタグラム」する。

ブランドの名前自体がキャッチフレーズとなり、複雑な概念の略称になってしまうのは特に厄介だ。それはわれわれが手抜きをする原因となる。「X業界のウーバー」という表現をあまりにも繰り返し見聞きするので、やがて脳がそれは事実だという結論に飛びついてしまう。利用可能性ヒューリスティックは、われわれが一時的な流行であるトレンディなものを注目する価値のあるテクノロジー・トレンドだと思い込んでしまう原因である。

二〇一五年末、「X業界のウーバー」フィーバーは最高潮に近づきつつあった。カラニックが目をむくような企業価値の評価額を得て、前例のない投資ラウンドに乗り出そうとしていた頃だ。ここで「X業界のウーバー」の話をひとまず脇において、かつて話題となったもう一つのキャッチフレーズがその後どうなったかを見てみよう。ほんの数年前、同じように投資家を夢中にさせたものだ（単なるネタバレではなく少しひねりがある。おつきあいいただきたい）。

そのフレーズとは「X業界のフラッシュセール」だ。たくさんの記事が書かれ、熱狂が沸き起こり、驚くべき企業評価がついた。ただウーバーに匹敵する企業が他に存在しないのに対し、フラッシュセールのケースでは複数の企業が一気に成長した。

ギルト、ホイテルック、ルーララ、ワン・キングス・レーン（OKL）、ズーリリーなどのベンチャー企業は、二四～四八時間といった短い時間に限って、大胆な値引き商品を提供した。最初はインターネットで立ち上がり、のちにモバイル・プラットフォームに移行した。利用するにはeメール経由で登録してメンバーになる必要がある。景気悪化によって高級品への需要がしぼむなか、このサイトはデザイナーにとって僥倖だった。売れ残ったハンドバッグや靴に新たな買い手が見つかり、失われた売上げを取り戻すことができた。ウーバー同様、フラッシュセール事業者はプラットフォームの両側、つまり高級品を買いたいけれども購買力が低下してしまった消費者と、商品を売りたいデザイナーの双方のニーズを満たしていた。

ギルト・グループは二〇〇七年にサービスを開始、二〇〇九年には一〇〇万人以上のメンバーを擁するなど顧客基盤は急拡大した。二〇一一年、ベンチャー・キャピタリストは「X業界のフラッシュセール」というトレンドに熱心に肩入れするようになり、大規模な契約を結びはじめた。ギルトの企業価値は一〇億ドルと評価された[*37]。ユニコーンの仲間入りを果たしたわけだ。

OKLの資金調達後の評価は九億一二〇〇万ドルと、ギルトをわずかに下回ったが、それでもかなりの規模だ[*38]。このニュースに同社は沸いた。私はロウワー・マンハッタンのホランド・トンネルの入り口の向かいにあるOKLの本社に、幹部を訪ねたときのことを覚えている。

ＯＫＬは何の変哲もない巨大なビルの複数のフロアを借り切っていた。色とりどりのクッション、額縁、ランプ、敷物などが壁や棚に所狭しと並ぶ、圧倒的スケールだが美しい光景だった。ちょうど事業分野を家庭用品や家具から、宝石やアクセサリーにも広げようとしており、キャンドルや寝具類などＯＫＬブランドの商品も売り出そうとしていた。ＯＫＬそのものをテクノロジー企業に進化させ、他の企業も利用できる中立的なプラットフォームに育てるという議論もあった。

ＯＫＬを訪問してまもなく、幼い子供を持つ母親向けのフラッシュセール・サイト、ズーリリーが株式を公開した。公開初日の取引が終わるまでに「Ｘ業界のフラッシュセール」というトレンドへの熱狂から株価は七一％上昇し、創業者のマーク・ヴェイドンはわずか数時間でビリオネア（資産一〇億ドル以上の大富豪）となった。[*39]

起業家も利用可能性ヒューリスティックのワナに落ち、ブームに乗り遅れまいと何十という「Ｘ業界のフラッシュセール」サイトを立ち上げた。ベンチャー・キャピタルは契約条件を準備し、署名欄のみ空欄となった契約書を手に、フラッシュセール・サイト詣でを始めた。アウトドアファン（「ザ・クライム」）、旅行者（「ジェットセッター」）、ホームデザイン（「ジョス＆メイン」）、高級ワイン（「ロット18」）、男性用ファッション（「ジャックスレッズ」）、乳幼児（「ザ・ミニソーシャル」）、五つ星ホテル（「スニックアウェイ」）、サーフィン（「ドリフトワゴン」）、さらには漁業者（「タイトリンツ」）など、分野もさまざまである。

予測プロセスの第一、第二のステップが終わった段階では、トレンドの候補が見つかっただけである。ブームが過熱し、投資家がスピード狂のごとく「Ｘ業界のフラッシュセール」トレンドを猛烈な勢いで引っ張っていくなか、私は距離を置き、あえて反対の立場をとった。まだトレンドに与する意思は固まっていなかった。その前提条件に弱みはないのか、確認しておきたかった。

トレンド候補を分解し、前提条件や知見に疑問を投げかけるのが、予測プロセスの第三ステップだ。それは次の重要な問いから始まる。「『X業界のフラッシュセール』というトレンドが、社会の持続的変化の表れであることを証明するには、何が真でなければならないか」

トレンドとは、社会の持続的変化を表すものである。私には、フラッシュセール・サイトは産業界の一時的な仕掛けにすぎず、未来にわたって長期的に持続するだけの技術力はないように思えた。私はこの現象をより小さな構成要素に分解し、フラッシュセールの目新しさから心理的距離を置き、すでにわかっていること（知識）と想定を区別することにした。

フタを開けてみると、問いに答えるのは思っていたより簡単だった。消費者は気まぐれで、フラッシュセールのプラットフォームを模倣するのはきわめて容易だった。成功しているサイトの運営会社はマーケティングに積極的で、一日に何本かメールを発信する他、スマートフォンへのプッシュ通知、ソーシャルメディア上でのスポンサー広告も実施していた。当初は協力的だった伝統的な小売業は、自ら大幅な値引きやデザイナーと組んで廉価版の商品を用意することで、顧客を集められることに気づいた。突如としてフラッシュセール・サイト運営会社は、何十年も前から消費者と関係を築いてきた強力なライバルに直面することとなった。

やがて成長力は鈍化し、続々と雇用削減が起き、市場も沈静化した。ユニコーンの筆頭だったギルトも角を失い、サックス・フィフス・アベニューのオーナー会社ハドソンズ・ベイ・カンパニーに二億五〇〇〇万ドルで身売りした。[*40] ズーリリーの株価は四六％下落し、リバティ・インタラクティブ・コーポレーションのＱＶＣに身売りした。売却価格は一株一八・七五ドルと、最高値の七二・七五ドルとは比べるべくもなかった。[*41] 二〇一五年末のニュース記事には、ＯＫＬが一億五〇〇〇万ドル以上で買収してくれる相手を探すのに苦労している、という匿名のコメントが掲載された。[*42] いずれもカメラのフラッシュさながらに一瞬光って消えた。

ある結論が既存の常識の枠組みに収まるとき、われわれは疑問を持たなくなる。これは「確信バイアス」と呼ばれ、誰もがその影響を免れない。ギルト、ＯＫＬ、ズーリリーは魅力的だ、誰もがＳＮＳで話題にしている。戦利品を自慢し、会員になりたいと書き込んでいる。そのうえ投資家は盛り上がり、会員数は急成長、マーケティングに対する反応も好意的とくれば、「Ｘ業界のフラッシュセール」サイトが景気後退期ならではの一時的流行ではなく、もっと本質的変化を体現している、と思いたくなる。

多くの人がフラッシュセールをまったく新しいタイプのビジネスのやり方であり、あらゆる小売りセクターに広がることを消費者が望んでいると考えた。このような熱狂に異を唱えるには、強力な心理的ピアプレッシャーに対して意識的に戦わなければならない。あらゆる人を相手に一般的認識の穴を見つけ、そこを突くという、反対のための反対を続けるのは難しいこともある。みんなが楽しそうにブームに乗って勢いよく前進しているときに、勢いよくブレーキを踏む立場になりたい者などいるだろうか。

確信バイアスを乗り越えるには、たとえ自分の目に映るものを信じているときでも、意識的に反対することが必要だ。生まれつきあまのじゃくな人には、簡単なプロセスかもしれない。高校や大学でディベートチームに入っていた人なら、そのスキルを身につけているだろう。[*43] 自分の主張がどんなものであろうと、チームとして大きな概念を小さな構成要素に分解し、その一つ一つについて誤っていると証明できないか調べていく。このような反対意見は「ディスアドバンテージ（弱み）」、略して「ディスアド」と呼ばれる。

相手チームの主張をさまざまな構成要素に分解し、それを少しずつ検証し、想定、証拠、影響評価が誤っている、真実ではない、あるいは誇張されていることを証明していくのだ。私がディスアドに詳しいのは、高校から大学まで八年にわたってディベート競技に参加した経験があるからだ。科学者、調査報道に携わるジャーナリスト、弁護士、探偵、政治家、技術者には、呼称こそ違うがそれぞれに「ディスアド」のやり方がある。

今一度、「X業界のウーバー」ブームを「ディスアド」してみる

ある考えに賛成しているときでも反対の立場をとり、仮説の穴を見つけようとする習性を身につければ、優れた未来予測ができるようになるだろう。ただ、家族や友人があなたとの議論を避けるようになるかもしれない（今日の政治論議を聞いていると、それも悪くないと思えるが）。

ここで「X業界のウーバー」に話を戻し、予測プロセスの第三ステップを完了しよう。われわれの目的はウーバーという会社を評価することではなく、「X業界のウーバー」がトレンドか

否かを見きわめることだ。自らの確信バイアスを再検証し、反対の立場からディベートをするようにトレンドを分析しなければならない。われわれが反証しようとしている立場はこうだ。

「『X業界のウーバー』はトレンドだ。産業、公共セクター、社会、あるいはわれわれが他者とかかわる方法をめぐる新たな持続的変化の表れである」

この主張が真実であるためには、何が必要か。この主張から、ウーバーそのものの未来については何がわかるだろうか。

ディスアドを考えるには、この質問をたくさんの構成要素に分解しなければならない。特に決まったやり方はない。最善の方法は、最も重要かつ明らかな点をまずはっきりさせ、それからより詳細な点に照準を合わせていくことだ。検証作業が完了した時点で、説得力のあるディスアドをつくれていなければ、われわれは反証に失敗したことになる。つまり「X業界のウーバー」はトレンドなのだ。反対に、たくさんの穴を見つけることができれば、「X業界のウーバー」は単なる目くらましであり、一時的にトレンディなだけだとわかる。

「X業界のウーバー」が社会の持続的変化の新たな現われであるためには、どんな条件が必要か。これは非常に重要な問いだ。ここで確認しなければならない事実は、以下のとおりである。

・「X業界のウーバー」は習慣化するだろうか。「歯ブラシテスト」に合格するだろうか。ウーバーについては顧客が最適な選択肢ではないと思っているときですら、使うことがわかっている。ただこうした事実は、「X業界のウーバー」といわれる他のブランドについても必ずしも当てはまるわけではない。「アルコール業界のウーバー」といわれるミニバーが、毎週土曜日の夜、あるいはフットボールの試合がある夜にサージ・プライシングを導入したら、どれだけ多くの人が利用し続けるだろうか。

・「X業界のウーバー」モデルは、他産業の消費者の行動も変えているだろうか。消費者は宗教、教育、医療など意外な分野でも、オンデマンドで決済不要のサービスを期待しているだろうか。

・「X業界のウーバー」企業は、株式市場、製造、住宅市場、雇用などにかかわる何らかの経済指標に影響を及ぼしているだろうか。オンデマンドのビジネスモデルやそれを支えるのに必要なテクノロジーには、他の産業への波及効果があるだろうか。あるいは、まだ目に見える効果が出ていないにしても、近い将来、出る可能性は高いだろうか。

「X業界のウーバー」によって解決される、基本的な人間のニーズとは何だろう。それは新たなテクノロジーによって可能になっているのだろうか。これもまた非常に重要な問いである。それに答えるには、人々とモバイル端末とのかかわりを見る必要がある。「X業界のウーバー」と称するアプリは、どれもスマートフォンを必要とするからだ。さらに個人、およびネットに接続したコミュニティ全体としての日常生活のさまざまな側面を考えてみる必要がある。

・「X業界のウーバー」プラットフォームは、消費者のイライラを大幅に減らすだろうか。テクノロジーはスムーズかつ簡単に使用でき、ユーザーがサービスや製品に接続する際のイライラを緩和するだろうか。

・極端なサージ・プライシングが行われたとき、「X業界のウーバー」を使い続けるモバイルユーザーの割合は何％だろうか。金銭的にうまみがないときでも、サービスを使い続けるだろうか。全体としてユーザーはサービスを継続的に使用し、顧客基盤は拡大しているだろうか。

・「X業界のウーバー」のオンデマンド・モデルは、何らかの人間にかかわる問題を解決するだろうか。成功しているのは、われわれが忙しすぎる、あるいは怠惰すぎるからだろうか。そうだとすれば、将来われわれがもっと忙しくてもいい、もっと活動的になろうと思いなおすことはないだろうか。

・「X業界のウーバー」企業は、何らかの公衆衛生に関する問題の是正に役立ってきただろうか。支援を必要とするがモバイルアプリをうまく使えない高齢者のニーズを解決するだろうか。

「X業界のウーバー」のトレンドは時宜にかなったものだが、だからといって持続性はあるだろうか。「フラッシュセール」のトレンドが定着しなかったのは、不況のなかで一時的な逃げ場となったからであり、また当初の協力者が簡単に競合企業になってしまったからだ。

・「X業界のウーバー」は、他産業とのパートナーシップの機会を生むだろうか。手を組むことで両者はより強くなれるだろうか。

・パートナーシップの相手は、競合するより、長期的にパートナー関係を継続したほうが金銭的恩恵は大きいだろうか。

・「X業界のウーバー」は、通年営業が可能な事業だろうか。それとも人材と商品の両面で季節性があるのか。

・「X業界のウーバー」トレンドは、不況でなければ成立しないのか。雇用機会が潤沢になり、消費も復活したときにはどうなるのか。

「X業界のウーバー」トレンドは、どのような道筋をたどって、社会の端っこに散らばる複数の点から、主流へと移行していくのだろうか。すでに述べたとおり、これを見きわめることが、テクノロジー・トレンドの進化を理解するうえでカギとなる。本物のトレンドと、一時的に人気を集めている新製品、サービス、アプリを区別するのに役立つ。

・「X業界のウーバー」は、テクノロジー、コード、あるいは製品のまったく新しい使い方を普及させただろうか。

・「X業界のウーバー」は、テクノロジーをアップデートし、第二、第三、第四版を生み出す原動力となっているだろうか。新たな画期的発明を生み出しながら進化を続けているのか、それとも二番煎じの競合企業の登場によって市場が拡大しているだけだろうか。

・「X業界のウーバー」のテクノロジーには、消費者用アプリにとどまらない広がりがあるのか。そのプラットフォーム・モデルをリバース・エンジニアリング（分解調査）してみたら、多様なユーザー層に役立っていることがわかるだろうか。

今この瞬間のわれわれの目標は、あえて「X業界のウーバーはトレンドである」という主張に反対の立場をとることにある。利用可能性ヒューリスティックのリスクを認め、ブームから距離を置き、確信バイアスを脇に置くのである。普段われわれが注目する人々、たとえばシリコンバレーの大物投資家、産業ジャーナリスト、ハイテクブロガーはこぞって「X業界のウーバー」が重要なトレンドだと考えている。「『X業界のウーバー』はトレンドだ。産業、公共セクター、社会、あるいはわれわれが他者とかかわる方法をめぐる新たな持続的変化の表れである」という彼らの主張を、われわれは反証できただろうか。

考えうる反論はたくさんあることがわかり、ディスアドを試す前よりもっと多くの疑問がわいてきた。「X業界のウーバー」というトレンドは、新聞記事がさらなる記事を呼び、投資ラウンドが次の投資ラウンドにつながるといった自己増殖的なエビデンスに依拠している。われわれは今日自分たちが熱狂していることと、その将来の成功との間に直接的な相関があると思いがちだ。

自らの確信バイアスによって、現実が見えなくなる。

「X業界のウーバー」がトレンドとして持続するには、それを支持する主張に問題がありすぎる。メーキャップ、洗濯、プライベートジェット、アイスクリーム、マッサージ、花など各業界の「ウーバー」を自称する五二六社は、間違いなくギルト、ズーリリー、ＯＫＬと同じ運命をたどるだろう。それどころか今回はユニコーンとなる企業すらなく、ほとんどが倒産するはずだ。「散髪業界のウーバー」を自称するベンチャー、ショートカット社が存続するとは思わない。結局われわれは、次のセイレーンの歌、すなわち「X業界の何とかテクノロジー」という魅力的なキャッチフレーズに幻惑されるのである。

ただ私は、本家ウーバーは特別だと考えている。ウーバーには「Xファクター」がある。われわれはそれを本能的に感じているが、具体的に何であるかは特定できていない。本家ウーバーはおよそ無視できない巨大勢力となった。おそらくわれわれは、突飛でおもしろいさまざまな「X業界のウーバー」に目を奪われていて、気づかなかったのだろう。

ウーバーそのものが、トレンドである可能性はあるのだろうか。

ウーバーがジャガイモ農場を営む日

事実をもう一度おさらいしよう。ウーバーについて今日わかっていることは何か。カラニックが優れていたのは、問題点（日常生活でわれわれが直面するいらだちや不便）に気づき、巨大なピア・トゥ・ピアネットワークによってそれを解決する方法を編み出したことだ。台数不足、タクシー事業の経営コスト、クレジットカード払いを拒否する運転手、質の低い顧客サービスなど、タクシー産業に蔓延していた問題を一つ二つ解決しただけではない。タクシーにまつわるすべてを一変させた。古色蒼然とした営業免許制度を迂回し、仲介業者である配車会社をなくし、スムーズなモバイル決済システムをつくり、ユーザーが運転手を評価できるようにした。

二〇一六年にはすでに、運転手のスマートフォンのGPS位置情報と加速度計を活用していた。たとえばユーザーから運転手がスピードを出しすぎる、遅すぎる、あるいはブレーキの踏み方が乱暴だという苦情があれば、アプリのシステムを通じてデータが送られてきて、ウーバーのスタッフが確認し、乗客の安全を向上するための措置をとる。ウーバーは二一世紀の全方位型テクノロジーであり、複数の顧客セグメントに役立つ輸送プラットフォームである。

ウーバーがタクシー産業に及ぼしてきた、そしてこれから他産業に及ぼすであろう破壊的影響は、いくら強調しても足りないほどだ。二〇一六年一月、オバマ政権は自動運転車システムの研究に、向こう一〇年間で四〇億ドルを投資することを提案した。[*44]

プラットフォームとしてのウーバーが、社会の持続的変化の表れとなるための条件は何か。まず個別の事実を検証することから始め、そこから何がわかるか見てみよう。

・ウーバーは、世界中の都市で「ライドシェア」形式の配車サービスを運営している。
・ウーバーは、タクシー産業にとって最も重要な資産（営業免許）の価値を崩壊させ、既存勢力に打撃を与えた。
・ウーバーは、オンデマンドの輸送サービスであり、空港に行ったり、子供を学校に迎えにいったり、高齢の母親をかかりつけ医に連れていく際に利用できる。
・ウーバーは、ユーザーが自ら維持管理、賃借、あるいは売却する必要のない車両である。毎月自動車ローンを支払う代わりに、ウーバーを使うこともできる。

・ウーバーは、サプライチェーン管理のソリューションである。乗客、小包などの物品を世界中の目的地まで届けることができる。

ここにもう一つ、すでにわかっている情報を加えておこう。ウーバーは二〇一三年に重要な投資ラウンドを完了し、三億六一二〇万ドルを集めた。そのときの最大の投資家は、普通のベンチャー・キャピタルではない。二億五七七九万ドルを出資したグーグル・ベンチャーズであり、この金額は同社の三億ドルという年間投資予算の八六％を占める。[*45] かなりの金額だ。

なぜウーバーはそれほどの現金を必要としていたのかといえば、地図作成会社デカルタを買収したかったからだ。デカルタはもともとＧＭの進路変更時ナビゲーションサービス「オンスター」の土台を提供したベンチャー企業である。また、カーネギーメロン大学との戦略的パートナーシップを結ぼうとしていた。同大学の国立ロボット工学センター（ＮＲＥＣ）は、世界トップクラスの技術者や科学者を擁することで知られる。いや、「擁していた」と言うほうが正確かもしれない。両者のパートナーシップが発表されたわずか四カ月後には、ＮＲＥＣのトップ科学者と研究者がごっそりカーネギーメロン大学を辞め、ウーバーに移ったことが明らかになったからだ。

そこには六人の主任研究者、三四人の技術者、さらにはＮＲＥＣの所長自身が含まれていた。これは悪辣な裏工作の結果だ。ウーバーは従来の二倍以上の報酬をちらつかせ、しかもカリフォルニア州に引っ越す必要はないという条件で、最も優秀な人材から順番に引き抜いていったのだ。引き抜かれたロボティクス研究者の目的はたった一つ。自動運転テクノロジーの開発である。[*46]

ウーバーは、カーネギーメロン大学のキャンパスからそれほど遠くない、アレゲーニー川のほとりに、もともとレストランチェーンの供給センターだった約五〇〇〇平方メートルの建物を購入した。それだけではない。カーネギーメロン大学のコンピュータ科学部の建物の目の前に設置された看板も含めて、街中の広告スペースを買い取り、こんな広告を載せたのである。「求む、ピッツバーグで一番優秀なソフトウェア技術者[*47]」。

大学院生への勧誘はことさら激しかった。ティアンユ・グーもその一人だ。グーは博士課程の大学院生として、自動運転車のコンピュータが運転中に次の行動を計画するのを支援するアルゴリズムを研究していた[*48]。グーの研究、そして他のカーネギーメロン大学の関係者が進めていた最先端の研究に対するウーバーの関心は、多くを物語る。ここまでで何がわかっただろうか。

・ウーバーは、乗客を目的地まで運ぶ、自動運転車やバスの集合体である。
・ウーバーは、世界中の目的地に乗客、小包などの荷物を運ぶ、完全に自動化されたグローバルなサプライチェーン管理ソリューションである。
・ウーバーは、かつては人がやっていた仕事を自動化する、相互接続したサービス車両や設備から成るシステムである。
・ウーバーは、われわれの日々の生活を支える、目に見えない輸送インフラである。

前章では、なぜグーグルが自動運転技術を開発しているのかを考えた。グーグル自ら大量の自動車を所有・管理するため、あるいはGMやトヨタのライバル企業になるためではない。親会社であるアルファベットがムーンショットと呼ばれるいくつもの壮大なプロジェクトを成し遂げるには、普通の企業の何倍もの資金が必要だからだ。自動運転車があれば、われわれはハンドルを握らずに座席に座り、リラックスして膨大な量の情報やデータを消費できる。接続業者に回線高速化を促すためにグーグル・ファイバーを設立するなど、隣接分野でも行ってきたように、グーグルは何か（この場合は車を所有すること）に対するわれわれの認識を変えるため、投資し、提携関係を結び、競争を生み出しているのだ。

・ウーバーは、ゆっくりと、そして目立たずに、われわれの日常生活に欠かせない歯ブラシのような存在になりつつある。

ここで時計の針を先に進めて、二〇四〇年に起こるかもしれないシナリオを考えてみよう。その時点でウーバーは、誕生から三〇年を経ている。自動運転車が主流となり、かつてウーバーで働いていた何万人という契約運転手は不要になる。完全な自動運転車「ウーバー・カー」が、われわれを職場に運び、子供たちをサッカー練習場まで送迎してくれる。必要なときに食料品、日用雑貨、薬を注文すれば、無人の「ウーバー・ドローン」や「ウーバー・ミニトラック」が届けに来る。どうしても紙の手紙や文書を送りたいという人には、ウーバーとアメリカ合衆国郵政公社の合弁事業「U-USPS」が世界中どこでもロボットクーリエ（宅配便）を差し向けてくれる。

配達先では小型カメラが相手をスキャンし、正しい受取人であることを確認する。

ウーバーやグーグルが構築したインフラは、今やアメリカのみならず世界中の都市を支えている。すでにグーグルが日々の生活を支える目に見えないインフラになったのと同じように、ウーバーはあらゆる市場を支える目に見えない輸送インフラとなった。

二〇一〇～二五年の間に生まれる「アルファ世代」は、人類史上最もきちんとした教育を受け、最も技術的に進化した世代となる。アルファ世代が労働市場に入る頃には、単純労働が機械化され、労働集約的な仕事はなくなっているだろう。二〇四〇年にはウーバーと農業ビジネスのパートナーのデュポン・ダウやモンサントが、農作業を人類史上かつてないほど効率化しているはずだ。どの会社も成功を収めているが、手を組むことで現代の農業は根本的に変わるだろう。

二〇四〇年の種まきの時期には「ウーバー・トラクター」が何百エーカーという農地を耕し、種を植える。地表センサーが土壌と植物の水分量を追跡する。ドローンが作物の上を飛び回り、害虫やウィルス被害、育ちすぎに目を光らせる。

ジャガイモ農場では、長い収穫期は「ウーバー収穫機」とともに始まる。広い範囲からざっくりとジャガイモを掘り出し、それをやさしく土と作物に仕分ける高度な機械だ。「ウーバー・ショベル」がジャガイモを洗浄施設に運ぶと、自動で選別、洗浄、冷蔵が行われ、「ウーバー・トラック」が近くのポテトチップ工場へと運んでいく。工場では複数の機械を使って、ジャガイモの洗浄、皮むき、スライス、フライ、塩ふりが行われ、その後一定量ずつ袋詰め、密封、箱詰めされる。製造ラインの終わりにはウーバー・トラックが待ち構えており、そこから地元や全国のスーパー、あるいはそれ以外のプログラムされた送り先へと届けられる。

目に映る人影といえば、きわめて高度な専門能力を持った機械植物学者が一人、機械と穀物を手際よく世話しているだけだ。遠隔サポートスタッフにはおそらく、機械やコンピュータを管理するウーバーのITスペシャリストも含まれているのだろう。

以上、本書執筆時点で入手できる事実や不確定要素を考慮してウーバーに起こりそうな未来を描いたが、みなさんは賛成しかねるかもしれない。技術的に可能なだけである、と。しかし私が言わんとしているのは、長年親しんできたアメリカの大規模農業は、かつて「ウーバーを創業したのは、僕や共同創業者や何百人という友達がサンフランシスコを車で豪遊できるようにするためだ」と語った人物が興した会社によって、根本的に変わろうとしているということだ。今となっては若き日のカラニックが、投資してくれるベンチャー・キャピタルを見つけるために、足を棒にしてシリコンバレーを走り回っていた姿を想像するのは難しい。

遠い未来には、DSV、C・H・ロビンソン、シーバ・ロジスティクス、DHL、UPSといった現在の大手輸送・物流会社の世界的な事業は縮小するというのが私の見立てである。配車サービス・プラットフォームとして出発したウーバーによって、輸送業界で従来人間が担ってきた仕事の相当部分が消滅する。二〇四〇年に過去を振り返ったときに、われわれは自分たちがオートメーションに徐々に順応してきたこと、そして知らず知らずのうちに、それでいて着々と、将来自分たちの仕事を奪う存在を準備してきたことに気づくだろう。

人間の基本的なニーズや願望をとらえているか

予測プロセスの第三ステップを完了すると、「X業界のウーバー」はたしかにトレンディだが、ウーバーそのものが車輪であり、そのスポークとして自動化、シェアリング・エコノミー、目に見えないインフラなどのテクノロジー・トレンドが突き出していることがわかる。単なるアプリではないし、夜遅くにラスベガスのCESからホテルに戻るための便利な手段でもない。

ウーバーは「サービスとしての輸送」というトレンドの表れであり、いずれはこのサービスを製品としてパートナー企業に販売するようになるだろう。グーグル、マイクロソフト、IBM、オラクル、SAP、アドビなどが「サービスとしてのソフトウェア」を世界中の企業や組織に販売するように。また、グーグルやマイクロソフトがオフィス文書ソフトを販売し、インテュイットが会計サービスを提供したように、ウーバーも消費者向け製品を提供するようになる。

ウーバーがトレンドの表れだといえるのは、同社が人間の基本的なニーズや願望を意味のある形でくみとり、人間性と新たなテクノロジーや画期的発明とのベクトルを合わせているからだ。これを認知的近道となるような簡単なイメージにまとめ上げるのは不可能だが、それでいいのかもしれない。目に映ったものを無批判に受け入れるのではなく、ズームイン、ズームアウトしながら事実を検証することの必要性を思い起こさせてくれるからだ。

未来をマッピングするのはプロセスであり、トレンドを正しくつきとめたと思った時点でやめてはいけない。現代の変化の要因を検討し、社会の端っこに広く網をかけて研究成果を集め、

ＣＩＰＨＥＲモデルのパターン識別子を見つけ、点と点をつないだら、第三ステップで自ら検証しなければならない。まばゆいおとりに目を奪われているだけの可能性もあるからだ。「Ｘ業界のウーバー」を評価する過程でその穴を見つけた結果、今では自信を持ってそれがトレンドではないと言い切れるはずだ。ウーバーの成功の再現をもくろむ起業家たちが、今回のブームが一巡するまで生き延びられるか定かではないが、ウーバーの複雑なイノベーションモデルを単なるアプリと配車サービスの組み合わせだと考えていれば、間違いなく失敗するだろう。

しかし、さらなる変化につながる事象や不確定要素が起こりうることは、私も認める。カラニックはすべてを投げ出してサーカス団に身を投じるかもしれないし、経営陣が一斉に退陣するかもしれない。今のところその可能性は低いだろうが、どちらも起こりえないとは言い切れない。私が描いた二〇四〇年のシナリオは実現しそうではあるが、テクノロジーの変化によって、テクノロジーの変化率がさらに加速するかもしれない。

二〇四〇年のウーバーの姿は、親が子供を放課後迎えに行くことができない、ジャガイモを収穫するのに十分な人手がないといった、社会的課題に対応して起こる技術進歩の総和かもしれない。しかしトレンドとしてタイミングは適切だろうか。ウーバーは今、目標へ向かう軌道のどのあたりにいるのか。予想以上のスピードで事態が進展しないか、どうすれば確証が持てるのか。

7

STEP4

ETAを計算する

今がベストなタイミングかどうか

前章で紹介したウーバーについての私の「起こるかもしれない」シナリオは、ウーバーが目に見えない広大なインフラのレイヤー（層）を構築し、サービスとしての輸送を提供する、というものだ。完全に自動化された車両（自動車、フォークリフト、コンバインなど）が乗客を目的地に運び、倉庫の運営を効率化し、農作業のほとんどを担う。

その設定を二〇四〇年としたのは、恣意的ではなく、また最初から特定のシナリオを入念に検証した結果でもない。自動車市場や配車サービス市場の現状、テクノロジーの加速する性質、輸送関係の規制案の議論の行方など多数の要因を検討し、未来に何が起こるかだけでなく、それがどのような時間軸で起こるかを考慮した結果である。

また私が、ウーバーが間違いなくジャガイモ農場の運営を担うようになる、とは書いていないことにも注目してほしい。予測がはずれたときに備えて、予防線を張っているわけではない（はずれて嬉しいわけはないが）。トレンドの軌道や特定の地点に到達するまでのスピードに、影響を及ぼすような事象が起こりうることを認識しているのだ。

二〇四〇年は遠い未来の話に思えるかもしれない。通勤に使っている車が今壊れて、買い替えの必要があるのなら、ウーバー・カーの登場を待っている余裕はない。一方、あなたが創業初期《アーリーステージ》のベンチャーを専門とする投資家、政府の規制担当者、あるいは自動車メーカーの関係者であれば、このトレンドが今どの段階にあるか判断し、適切な行動をとる必要がある。行動といっても、当面はトレンドの進展を注視するだけかもしれないが。

これが予測プロセスの第四のステップである。トレンドは未来の手がかりであり、それを正確に見きわめる方法はすでに見てきたとおりだ。しかしトレンドを見きわめればおしまいではない。トレンドが成長過程のどの段階にあるかを理解しなければならない。十分早い段階でトレンドを認識できれば、かなりの競争優位につながる。

グーグルがライバルにどれほど先んじているか、考えてみよう。検索では実質的に独占状態にあるのはもちろんわかっているが、宇宙エレベーター、成層圏気球、自動運転車、個人情報の各分野ではどうか。グーグルはトレンドを認識し、行動を起こすのが早い。かつてのライバルだったヤフーは、グーグルに一〇年先行しており、当初は資金力でも上回っていたが、行動を起こすのが遅すぎた。たとえ二〇一五年に無尽蔵の資金を与えられていても、グーグルとまともに戦うには手遅れだったというのが大勢の見方だろう。

ただトレンドに早く飛びつきすぎるのも、同じように身を滅ぼす結果につながる可能性がある。一九〇〇年、パリ万博での動く歩道ブームを思い起こせばわかる。当時の投資家が、持てる資金をすべてこの新技術に投じていたら、どうなっていただろう。

トレンドの軌道をたどるだけでなく、その進化のスピードを評価する必要がある。これもまた厄介だ。というのもさまざまな事象が、トレンドの勢いに影響を及ぼすからだ。たとえば、メリーランド州ボルチモアからワシントンDCまでの距離は約八〇キロ。制限速度の平均は時速八九キロなので、車でおよそ一時間かかる計算になる。しかし自動車通勤をする人なら誰でも知っているとおり、渋滞が一切なければ、飛ばし屋なら四〇分で行ける。一方、渋滞や事故に巻き込まれれば、三時間（以上）かかることもある。

ボルチモアからDCまで運転して帰るとき、自宅住所を車かスマートフォンのGPSに入れれば、ETA（到着予定時刻）が表示される。だが途中でスピード違反の取り締まりにあったり、トラックの荷台からマットレスが落ちて来たらどうか。他の運転手が速度を下げたり急ブレーキを踏んだりすれば、連鎖反応がおき、予想される所要時間は増える。一方、渋滞が緩和し、道路がすいてきて、しかもカーステレオからお気に入りの曲が流れはじめたら、すばらしい天候の下、制限速度も一瞬忘れてしまうかもしれない。すると、予想される所要時間は短くなる。

家に向かう過程で、さまざまな事象に応じて加速したり、減速したり、ときには停止したりする。だからこそGPSはETAを何度も変更するのだ。トレンドのタイミングを計算するうえでも、同じ一般原則が当てはまる。トレンドの軌道を追跡するのは、単に新たなテクノロジーが市場で臨界点に達する時期を予想するといった単純な話ではない。けっしてリニア（直線的）なプロセスではないからだ。

トレンドのETA——到着予定時刻を計算する

行動を起こす前にあるものが真のトレンドであるか否かを見きわめることと、そのトレンドが今軌道上のどこにあるかを計算するのは、同じように重要だ。またトレンドを見きわめることと、その進化がどこまで進んでいるかを理解することも、同じように重要だ。ただ、タイミングを見きわめるのは難しい。車のGPSと同様に、選んだルートが複雑であればあるほど（信号、曲がり角、道路上の穴ぼこが多いなど）、ETAは変わる可能性が高い。トレンドについても同じことが言える。前に進む勢いは、多様な変数に応じて変化する。

私はトレンドのETAを計算するため、GPSで使われている数式を拝借している。実際にトレンドの背後で起きていることを表現するのに有効だ。

ETA＝（距離÷速度）＋／－（ルート上の事象）

ざっくりとした比較だが、「速度」と「距離」はテクノロジーの進歩、あるいはトレンド内部での主要な推進力の進歩の状況を指す。たとえば単純な仮説から第一段階の実験まで、また実用化から本格生産までといった、二つの基準点の間の科学あるいはテクノロジーの移行にかかる時間は、成長のどの段階にあるかに応じて変化するだろう。「距離÷速度」はテクノロジー・トレンドの動きを直接評価する方法である。

ただすでに見てきたとおり、テクノロジーが産業や社会のあり方に影響を及ぼすのに十分な段階に到達する速度は、独立変数によって左右される可能性がある。このためルート上の関係のありそうな事象に目を光らせなければならない。なかでも新たな法案の可決などは、ソフトウェアのちょっとした不具合より重みがある。このため特定の事象が他と比べて、トレンドの勢いに大きく影響を及ぼすことは事前にわかる。

こうしたことを踏まえて、先述の方程式を次のように書き直そう。

トレンドのタイミング＝（テクノロジーの内的進歩Ｉ）＋／－（外的事象Ｅ）

私はウーバーに起こるかもしれない遠い未来のシナリオとタイミングを考えるとき、この式を使った。ウーバーの社内ではどのような進歩が起きているのか。そしてどのような事象が同社の成長や進展に影響を及ぼすのか。それを考えるうえで考慮した項目は以下のとおりだ。

外的事象（E）：テクノロジーが順調に進歩した場合でも、トレンドの未来に影響を及ぼしうる隣接する出来事や状況。通常、テクノロジー企業のコントロールはまったく及ばない

たとえばウーバーのテクノロジー・プラットフォームは、アメリカの特許制度に阻害されるかもしれない。他の企業が特許侵害でウーバーを訴えるかもしれない。あるいはウーバーは安全、労働者の権利をはじめとするさまざまな問題について訴訟に直面する可能性もある。

政府は（陸空海、あるいはその組み合わせを走行する）あらゆる自動運転車両について、免許制度や規制を担う新たな連邦機関を設立するかもしれない。その機関がウーバーの経営に影響を及ぼす政策や規則を設けることもありうる。大量の自動運転車の走行を全面的に許可するには、政府は高速道路インフラを徹底的に調査する必要があり、新たな屋内車線の必要性も生じる（すでに述べたとおり、自動運転車は乗客を直接、屋根つきの建物内まで運ぶ可能性が高い）。

高速道路インフラを刷新し、多くの企業が自動運転車の製造能力を大幅に拡大するためには、センサー、マイクロプロセッサ、ソナーなどの自動運転車用の部品が容易に入手可能になり、また価格も低下する必要がある。こうした部品はアメリカ、中国、韓国、日本で設計・製造されるので、こうした国々の経済情勢も必然的にトレンドに影響を及ぼす要因となる。

他にもトレンドに影響を及ぼす社会的・文化的要因はある。たとえば、運転中のメール禁止など運転にかかわる安全性向上に向けた取り組みの成否は、自動運転車に対する国民の意識に影響を与えるだろう。アルファ世代がウーバーのサービスに頼るようになれば、いずれは運転免許に価値を見出さなくなり、自動運転車の実現に向けた社会的圧力を増すことになる。

こうした外的事象の一部、たとえば新たな連邦機関の設立や資金拠出、あるいは免許制度や規制の動向といった事柄が、数年にわたってトレンドの進歩を止めてしまう可能性もある。しかし少なくともアメリカでは、自動運転車が広範に利用されるようになるには、どちらも避けられない事象である。一方、たとえば部品の入手しやすさ、自動運転車による事故に対する国民の意識といったものは、トレンドの勢いに影響は与えるものの、前者ほどの重みはない。

テクノロジーの内的進歩（I）：トレンド固有の、あるいはトレンドに直接影響を受けるテクノロジーの進歩。こうした進歩は通常、組織の中で起こるか、あるいは組織と外部の研究者の協力関係の結果として起こる

ことウーバーについては、テクノロジーの内的進歩（I）をリストアップしていくと、かなりの数になる。そこで参考になるものをいくつか選んで挙げていこう。

・車線内を走行する、減速する、駐車支援などの「準自動運転技術」の開発。
・ウーバーの運転手のスマートフォンを「ドライブレコーダー」に転用し、速度、ブレーキ、ルートなどに関する情報を収集するためのモバイル・モニタリング技術の開発。
・指定された状況では車両のコンピュータが運転者に操縦を戻す、柔軟な「ハンドオフ（引き継ぎ）」技術の開発。
・自動運転車のコンピュータ・システムへのハッキングを常時防ぐ、サイバーセキュリティ対策の開発。
・運転、飛行、航行可能なすべての地域を網羅する、きわめて詳細な3D地図の開発。

挙げていけばきりがない。完全自動の種まき・収穫装置の実現にはきわめて複雑なテクノロジーが必要であり、ウーバーが配車サービスを提供している現状からジャガイモ農場の時代へと移行するには、何千という技術開発の進歩を積み重ねていくことになる。ここにリストアップした「I」はいずれも主要な技術的到達点であり、そこにはもっと小さな到達点が多数含まれている。

内的事象と外的事象は交錯し、互いに影響を及ぼす。貿易制裁あるいは別の制裁によって、半導体価格が上昇し、それが実験車両の実用化のペースを遅らせる可能性もある。あるいはオートメーションに関する重要な進展（たとえば自動運転車のコンピュータ・システムが近い将来生死にかかわる意思決定を下すようになる、など）は、政府による新たな規制につながり、それが実験を遅らせることになるかもしれない。いずれも現実味のある懸念である。

自動運転車には、事故を回避するための意思決定用プログラムが必要だ。右にハンドルを切ったら一人にぶつかり、左に切ったら十数人にぶつかり、急ブレーキで停止したら乗客にダメージを与える可能性がある場合どうすべきか、車両はどうやって決めるのか。車両のプログラムが、誰が負傷あるいは死亡し、誰が無事で済むかを決定しなければならない。

新たなテクノロジーの場合、内的進歩（ソフトウェア、システム、プラットフォームに関するたくさんの到達点）は通常、われわれの目に映らない。たいていの人は劇的な変化を目の当たりにするまで、変化が起きていることを認めようとしないからだ。[*1] 企業、組織、国家のトップは、テクノロジーに直接触れてみるまで懐疑的立場をとることがあまりに多い。クローン羊ドリーが誕生したとき、あるいはクリスパー・キャス9が蚊のDNAからマラリアの原因となる遺伝子を削除することに成功したとき、生命倫理学者や政府高官が衝撃を受けたのはこのためだ。ソニーの幹部陣がおびただしい数の警告を一〇年近くも無視したあげく、二〇一四年に常識を超えるハッキングに遭った理由もそれだ。

同じ二〇一四年、ブラジルのワールドカップで下半身麻痺の男性がロボットスーツを装着し、開幕式でボールを蹴ったときにスタジアムがどよめいたのも、それでいて人間の脳と脳を直接つないでコミュニケーションすることの副作用については話題にならなかったのも、同じ理由からだ。われわれは実際に自分の目で見るまでは、何も信じない。

外的事象（訴訟や規則などわかりやすいもの）は、その業界で働いていない人にも理解しやすい。報道機関が記事を書き、評論家がトーク番組でメリットやデメリットを議論するためだ。間違いなく起こるはずの外的事象を一つ挙げよう。私はいずれ、自動運転車の問題を担当する新たな連邦機関が誕生すると確信している。ここでは便宜上、連邦自動運転車両庁（ＦＡＶＡ）と呼んでおこう。高速道路から航空まで、輸送に関する一二の規制機関と協力しなければならない。ＦＡＶＡの設立が発表されれば、大きなニュースになるはずだ。

新たな政府機関の設立は、わかりやすい外的事象である。社会はそれをどうとらえるべきか、どんな質問を投げかけるべきか理解しているが、その理解はカニッツァの図でいうパックマンの円、つまりはっきりと目に映る、なじみのある要素に依拠している。ズームアウトしなければ見えてこない、三角形のほうではない。ＦＡＶＡを運営するのは誰か。長官の候補に挙がった人物に適性はあるのか。その運営のためにどれだけの増税が必要なのか。ＦＡＶＡはどのようなルールを実施するだろう。民間のサービス運営会社はＦＡＶＡに対してどんな見解を持っているのか。新たな機関によって、消費者の移動にかかる費用は上昇するのだろうか。

内的到達点も目には見えるが、それには意識的に追跡する必要がある。新たな連邦機関の設立などと比べると、内的到達点は地味だったり、技術的知識を要するものだったりする。ウーバーの製品開発に注意を払っていた者でなければ、二〇一六年二月初旬に実施されたアプリのアップデートはおそらく見逃しただろう。それは同社が運転手のパフォーマンスを追跡したり、運転手を比較したり、乗客の苦情を閲覧したりするのを容易にする措置だった。

これは、モバイル・モニタリングに向けた技術的基盤を整え、自動運転車の研究開発に役立つ情報を集めるための重要な進展だった。ちょうどこのアップデートが実施された頃、ウーバーは新たなロゴとブランディング戦略を発表したが、そちらの話題はワイアード誌に三〇〇〇ワードの長文記事として取り上げられた。[*2]

姿を現わしつつあるトレンドを見たり想像したりできない者は、それを遠い未来のこととして、今の自分とは関係ないと考える。だからこそ、ちまたにこれほど多くの予言があふれているのだ。さまざまな分野の専門家が、特定の技術的イノベーションがいつ起こるかを当て推量している。はるか先（今から二五年後、五〇年後など）の出来事と位置づけることで、実質的に追跡するのをやめてしまう。難しい手術の際に、心臓学者、血管の専門家、ロボット工学者を心臓外科医や胸部外科医と結ぶ「ブレーンネット」構想のような、端っこから現われつつあるトレンドについては特にそうした傾向が強い。

トレンドが今、軌道のどこにあるかを見きわめるには、自らの確信バイアスを乗り越え、未来のシナリオの実現可能性について確証が得られるのを待たずに、それを正しいと思い込もうとする欲求に抗わなければならない。
われわれはトレンドのETA、すなわちその「I」と「E」を計算しなければならない。

トレンドの位置情報を可視化する

ワシントンDCからボルチモアまで一直線に車を走らせることができないように、トレンドもまっしぐらに前進することはできない。次ページの図6の上図に示すように、トレンドの進化に影響を及ぼす内的到達点や外的事象はあまりに多い。

予測を立てる人は通常、トレンドのタイミングを説明する際、S字カーブを使う。到達点の間のテクノロジーの動きとしては、まず社会の中心から遠く離れた端っこからゆっくりと徐々に姿を現わし、実用化され、最終的に主流へと入っていく。過去を振り返れば、現在わかっていることに基づいて、スマートフォンの進歩と普及の過程を追跡することができる。さまざまなバリエーションはあるが、予測を立てる人の多くは図6の下図に示されたものと同じ基本形を使う。

私が日本に住んでいた頃、スマートフォンは端っこから姿を現わしつつある、実験的な試作品《ラピッド・プロトタイピング》にすぎなかった。スマートフォンにどんな機能を持たせられるかという、限界を広げていく試行錯誤に多くの時間が費やされ、それは関係者が迅速な試作品づくりと新たな研究に集中していることを意味した。インターネットは拡大した。デジタル地図は簡単に持ち運びできるようになり、ディスプレイは突如としてカラーになり、カメラも小型化した。新規参入企業は無料のメールサー

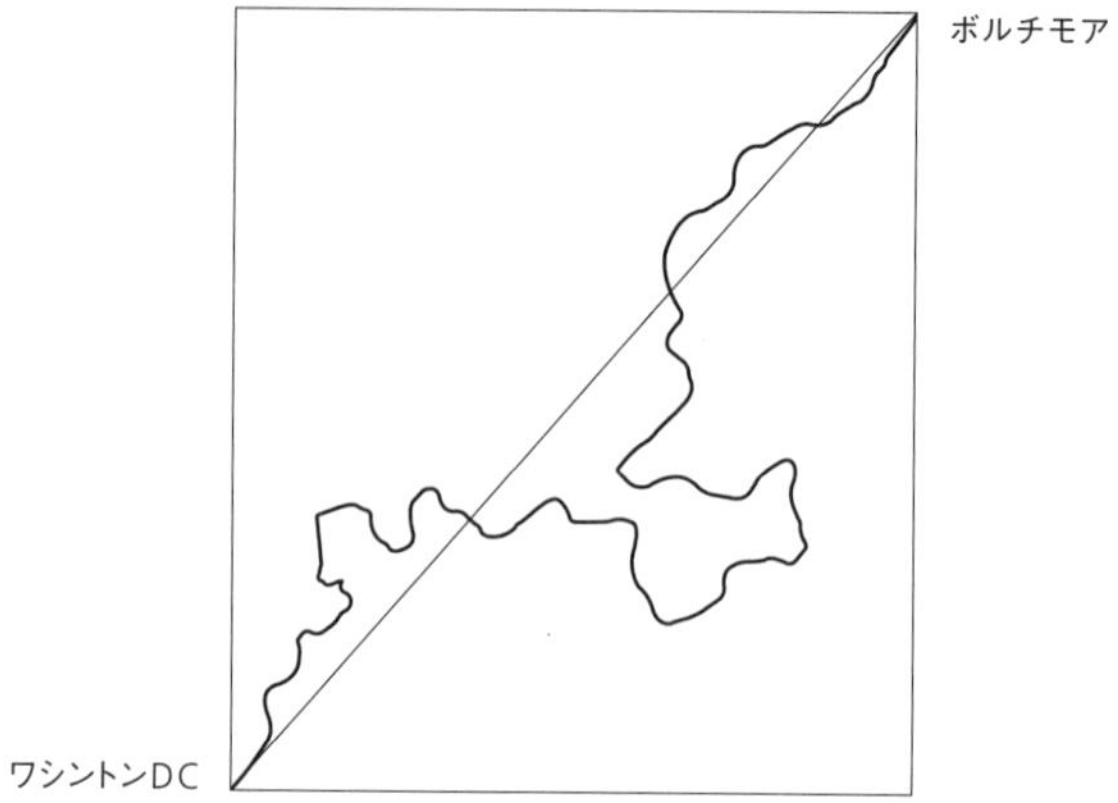

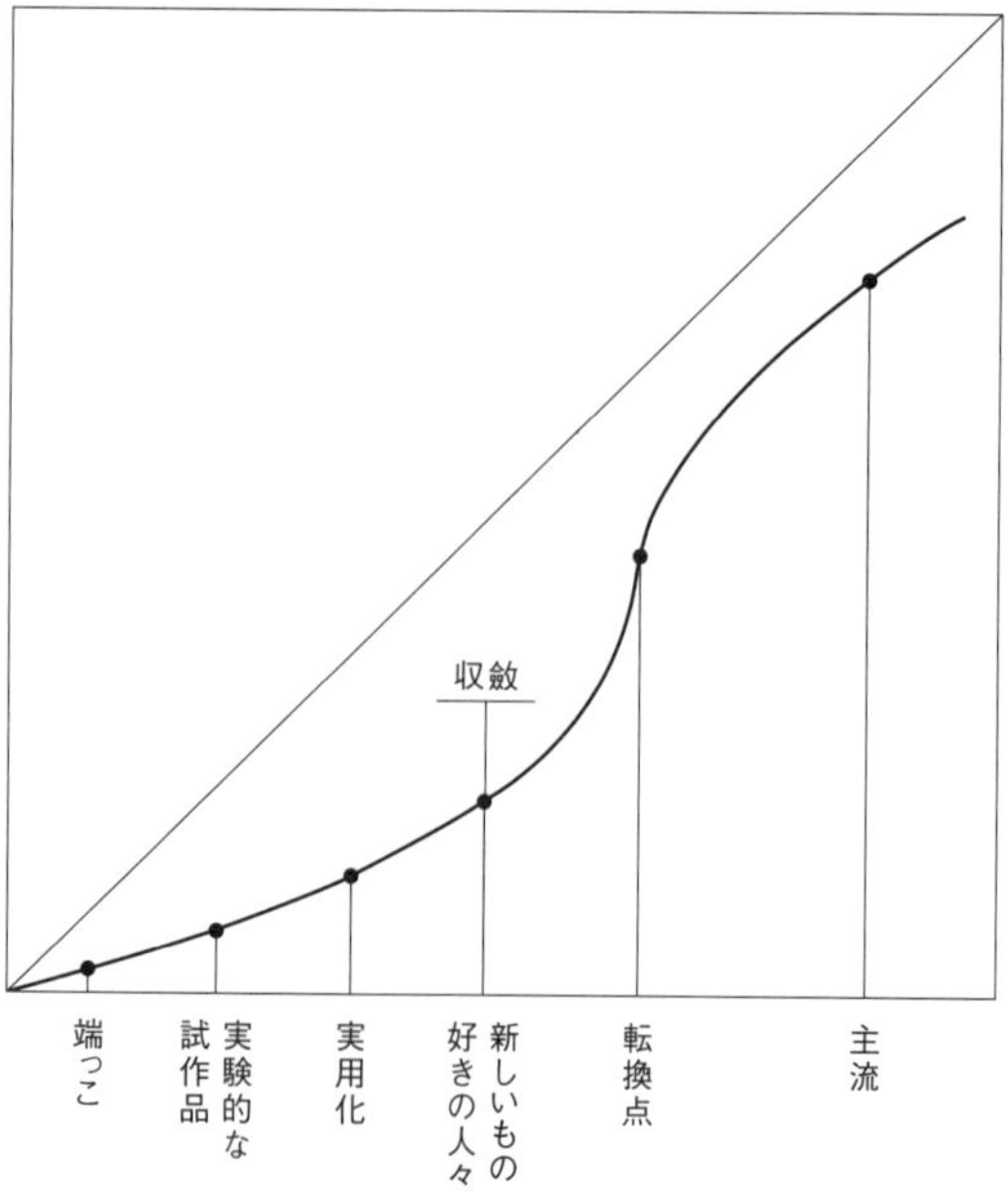

[図6] トレンドの進化

ビスを約束していた。当時はこうした新たなアイデアやテクノロジーが端っこから登場し、CIPHERモデルのなかでパターンとして浮かび上がり、「通話にとどまらない機能を持つポータブルな電話」という一つのトレンドに収斂しつつあった。

新しもの好き《ファースト・ムーバーズ》の人々が夢中になり、新たな端末の初期バージョンを購入すると、メーカーやサードパーティ企業は機能をさらに充実させた。カーブは急上昇を始め、勢いを増して転換点《ティッピング・ポイント》に到達、そしてスマートフォンというトレンドは主流となって安定期に入った。

S字カーブは過去を視覚化するのには有効だが、リアルタイムにはそれほど役に立たない。スマートフォンのような新たなテクノロジーの普及を理解するのには有益だが、ルート上の事象を視覚化するのには使えない。そうした事象はそれぞれが独立変数であり、技術進歩と違って必ずしも積み重なっていくわけではないからだ。

むしろ、「路上の障害物」や「追い越し車線」といった概念を使って考える必要がある。事象が重要なものであるほど、つまり障害物が大きいほど、迂回して前に進むのに時間がかかる。スマートフォンの試作品は一九七〇年代半ばから存在していた。しかも日本だけではない。それなのに実験室を飛び出し、世界の消費者市場に流通するまでに、なぜ二〇年もかかったのか。

テクノロジーは機能したものの、モバイル・インターネットが商業的に失敗したからだ。消費者の認知と採用を遅らせたのは、外的事象だった。ヨーロッパとアメリカでモバイル接続の新たな時代を切り拓くはずだったWAP（ワイヤレス・アプリケーション・プロトコル）が不発に終わったのだ。お粗末なインフラと、ネットワークを構築するだけの資金がなかったことが原因だ。

[図7] トレンドの進化

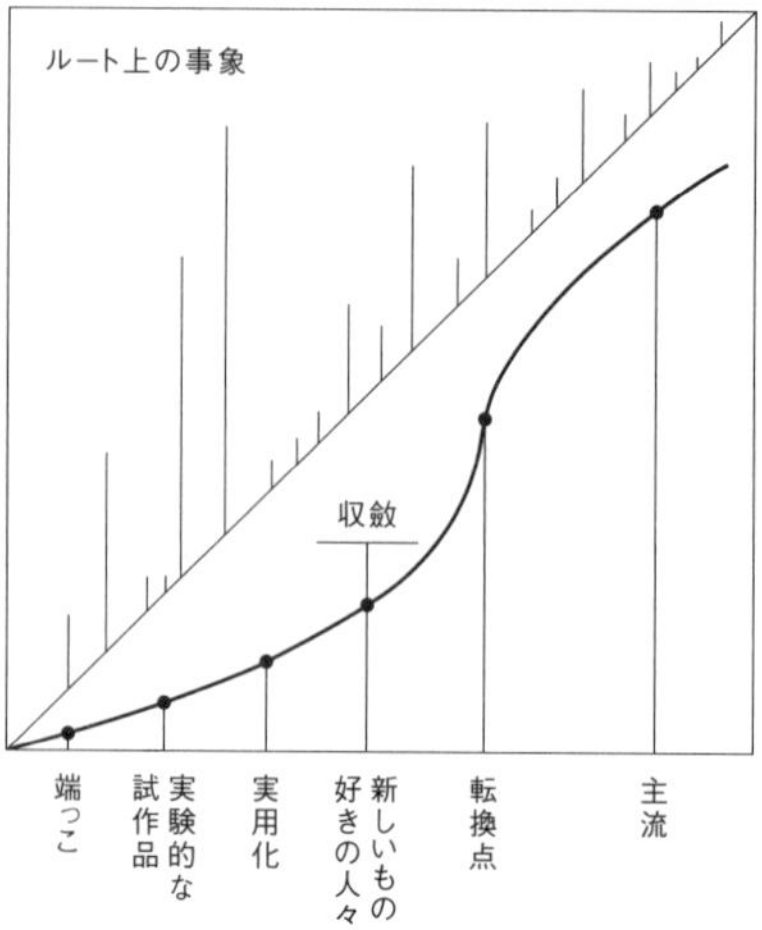

対照的に日本での普及が早かったのは、NTTドコモが「iモード」と呼ばれる独自のネットワークと標準を開発したからだ。ドコモには日本語で「どこででも」の意味があり、同社はまさにそれを実現した。日本中どこででも使用でき、高速だった。サービス開始から一八カ月で、日本人の五人に一人がiモードユーザーとなった。*3

図7にさまざまな事象をS字カーブの上にプロットした。短い線は外部要因によるトレンドの加速、長い線は減速を示す。

多くの企業がETAの計算式に含まれる一つ目、あるいは二つ目の変数をモニタリングするが、両方を一緒に見ることは少ない。数年前、ピカピカのベンチャーとカリスマ創業者が登場したときがまさにそうだった。両者があまりに魅力的だったので、有力組織はこぞってトレンドの位置確認を放り出し、ブームに乗ってしまった。

位置情報系SNSのブームとテクノロジーの行方

二〇一一年三月一二日、サウス・バイ・サウスウエスト（SXSW）が開催されたテキサス州のオースティン・コンベンション・センターには、数千人の参加者が詰めかけた。警備員にせわしなく入場証を見せては足早に場内に入っていく。常連はみな、席の確保を急ぐべきだと知っていた。プリンストン大学を中退した二二歳のセス・プリーバッチがまもなくメインステージに登壇し、TEDをはじめ数々のイベントで見せた魔法のようなプレゼンを披露するはずだった。

会場が暗くなり、SXSWの名物ディレクター、ヒュー・フォレストが登場、うやうやしく基調講演者を紹介した。

「セスは非常に若い。そして最高にクリエイティブだ。自分の仕事に途方もない情熱とエネルギーを注いでいる」。聴衆は熱い拍手を送った。「二〇歳になる前にベンチャー・キャピタルから一〇〇万ドルを調達した人物、SCVNGR《スカベンジャー》の創業者兼CEO、セス・プリーバッチを拍手でお迎えください！」

すると、トレードマークのオレンジ色のポロシャツとだぶだぶジーンズ、頭に蛍光オレンジのサングラスを乗せたセスが颯爽《さっそう》と登場した。聴衆が拍手を続けるなか、セスはフォレストに駆け寄って挨拶すると、聴衆に向き直り、スピーチを始めた。

「セス・プリーバッチ、SCVNGRのチーフ・ニンジャです！　今日は世界を覆うゲームレイヤーと、そのすばらしさについて話しに来ました」

「ゲームレイヤー」とはいったい何なのか。そのどこがすばらしいのか。それはテクノロジー・トレンドなのか、あるいは別の目標へと続くルート上の事象にすぎないのか。当時答えは誰にもわからなかったが、そんなことはどうでもよさそうだった。SCVNGRは鳴り物入りで、競争の激化する位置情報系SNS市場に参入していた。ユーザーが現実世界の位置情報を共有すると、報酬《リワード》を付与する仕組みだ。レストラン、教室、あるいはカンファレンス会場に「チェックイン」すると、気の利いたメッセージとともにバーチャルな特典バッジを獲得できる。

SCVNGRや競合のフォースクエア、ゴワラは当初、初期採用者にとって重要な問題のソリューションだった。テクノロジー・カンファレンスで会いたい仲間を簡単に見つけられるようにしたのだ。この手の会議で一番おもしろい集まりは、たいていプライベートルームやバーでひっそりと開かれる。会場で地図を開いて自分の位置情報を示し、「到着したよ」とアナウンスすれば仲間に会える。つまり初期の位置情報系ネットワークは、仲間内のGPSのようなものだった。

ネットワークにチェックインすることは、「自慢する権利」を得ることでもあった。バーチャルな特典バッジは、特定の活動をした場合にのみ付与される（SXSWの参加者限定パネルにチェックインした、異性の友人三人と午前三時のバーにチェックインした、など）。特典バッジはネットワークの全ユーザーだけでなく、フェイスブックやツイッターでひけらかすことができた。位置情報系SNSは基本的な人間の感情をたくみに利用したのだ。ネット上で「#FOMO」と呼ばれるこの感情とは、「お楽しみを逃すことへの不安（Fear Of Missing Out）」である。

初期採用者の後を追うように、一般ユーザーもこうしたサービスを使いはじめた。位置情報系

SNSは急速にS字カーブを上昇するテクノロジー・トレンドであり、まもなく転換点に到達し、社会の主流で広く使われるようになるかと思われた。

ジャーナリストもハイテクブロガーも、これぞ新たなトレンドだ、フェイスブックやツイッターのような純粋なSNSを駆逐するだろう、とはやしたてた。テッククランチは、SCVNGRの企業評価はサービス開始からほんの数カ月で一億ドルに達した可能性がある、という大胆な予測を載せた。[*4] CNNはプリーバッチを「現代のハイテクCEO」と称し、その生い立ちを紹介する長々とした特番を制作した。[*5] メディアの記事では、初期採用者が自分の訪れた場所、会った相手、一緒に何をしたかを熱心に共有する様子が紹介された（実をいうと、初期採用者の多くはブロガーやジャーナリスト自身だった）。

何千という企業、非営利組織、大学、広告代理店、さらには政府機関までが位置情報系SNSというブームに乗り、この魅力的な新たなトレンドにあやかるために時間と資金を投じた。その多くは位置情報系マーケティング戦略の立案に相当な時間と資金をかけた。いち早くSCVNGRと提携した組織もあった。

位置情報系SNSがトレンディであったのは間違いない。しかしそのETAはいつか。注目すべき外的事象や内部到達点は何か。

すでに見てきたとおり、収斂の段階に達した時点でも、テクノロジーがまだ完全に形成されていないこともある。スマートウォッチのペブルがキックスターターで史上最高額を調達する何年も前に、サムスンもソニーもウェアラブルな時計と電話のハイブリッド端末を売り出していた。

［図8］
トレンドの進化

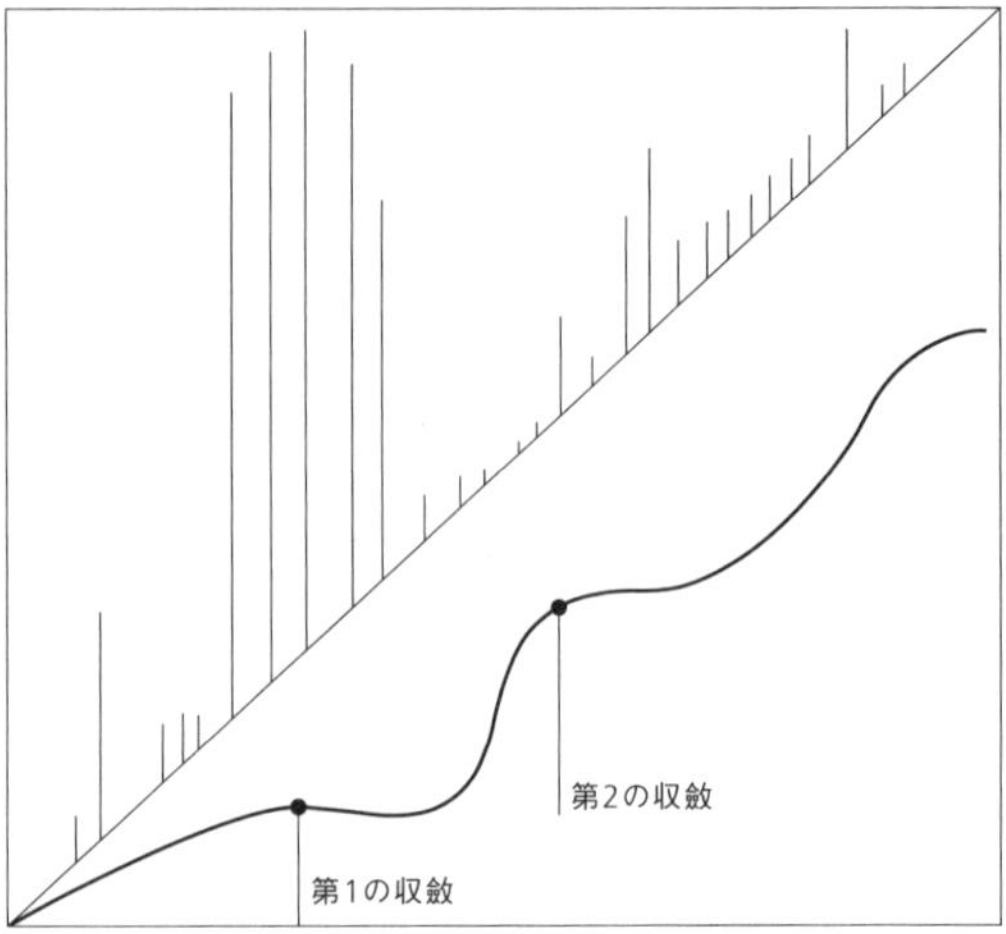

任天堂はＷｉｉを発売する二〇年前に、モーション・コントロールに基づくゲームコントローラ「パワーグローブ[*6]」を世に送り出していた。どちらも最初に世に出た時点では、テクノロジーはまだ開発と改良の途上にあった。トレンドはまっしぐらに転換点に進むのではなく、ときにはＳ字カーブを逆戻りして二度目の収斂を経験することもある。**図8**が示すとおり、それこそまさに二〇一一年のＳＸＳＷの講演のときに起きていたことだった。

当時、位置情報系ＳＮＳという トレンドの持続可能性に影響を及ぼすはずの事象は多数あった。プリーバッチが主張したとおり、ＳＣＶＮＧＲ、フォースクエア、ゴワラは日常生活のなかにゲームレイヤーを構築しており、しばし本当にすばらしい経験をもたらした。たとえば家族が競って食品スーパーに足を運ぶようになった。店に何度もチェックインするほど、ポイントやバッジがもらえる可能性があったからだ。あるネットワークでは特定の場所に一番多くチェックインした人に、そこの主としてバーチャルな黄金の冠のアバターを付与した。

しかしこんなゲームをわれわれは未来永劫、続けるだろうか。企業は顧客の個人データを使った、位置情報に基づくマーケティングという未来像を描いた。選挙運動をする政治家、テレビ番組、カンファレンス主催者は、共通の経験を通じて聴衆に一体感を感じさせることで、聴衆の関心が高まり、ブランドへの親近感が増すことに気づいた。消費者はアプリが収集する個人データについて危惧しはじめた。その後ブームへの反動があり、プライバシーに対する懸念が強まったのを記憶している読者もいるだろう。朝のテレビ番組では、犯罪組織がアプリを使って自宅を留守にしているユーザーを探しているといった情報が繰り返し取り上げられた。

特典以外に、こうしたSNSを支えるインセンティブはなかった。学生向けに独自の課題ゲームを構築するため、誰よりも高い契約金を払っていた大学などの組織は、さっさと契約を打ち切った。プリーバッチが端っこで描いたアイデアから、誰もが毎日使うほど価値のある世界的な位置情報系サービスアプリへと、一直線に続く軌道は存在しなかった。立ち止まって考えてみよう。SCVNGRはあなたにとって「歯ブラシテスト」に合格するだろうか。

SCVNGR、ゴワラ、フォースクエアにはその後のテクノロジーの参考になる要素はあったものの、位置情報系サービスのトレンドがまだ発展途上であったことははっきりしていたはずだ。にもかかわらず、あっという間にフォースクエアは七億六〇〇〇万ドルの企業評価を得て(ユニコーンの必要条件の四分の三だ!)、一億六二〇〇万ドル以上を調達した。[*7] SCVNGRはもう少し低く、企業評価は一億七二〇〇万ドルとなり、合計四一〇〇万ドルを調達した。[*8] 出資者の顔ぶれには、モルガン・スタンレー、グレイロック・パートナーズ、グーグル・ベンチャーズ、アンドリーセン・ホロウィッツ、オライリー・アルファテック・ベンチャーズ、ユニオンスクエア・ベンチャーズなど、そうそうたる顔ぶれが含まれていた。

SCVNGR、フォースクエア、ゴワラは「何か」にいち早く取り組んでいた。この場合、位置情報に基づくサービスである。用途が限られていることで単独アプリとしての魅力は削がれるかもしれないが、デベロッパーや研究者の間では熱狂的に受け入れられていた。このためユーザーが一時的に関心を失っていたにもかかわらず、他のデベロッパーもこのテクノロジーの勢いに乗っかりはじめた。

市場に流通するスマートフォンの台数が増え続けるなか、デベロッパーは同じ位置情報に基づくテクノロジーを使って、他の実験や試作品づくりに取り組みはじめた。まもなく個人情報レイヤーというトレンドと、位置情報系ネットワークというトレンドを組み合わせ、友達や家族の居場所（車で自宅に向かっているのか、ファーマーズ・マーケットをぶらぶらしているのか、など）をリアルタイムに自動追跡できるアプリを提供する、新たなベンチャーが登場した。

こうしてカンファレンスやイベント会場に限らず、さまざまな場所で位置情報を共有することに、バーチャルな特典バッジ以外の実用的なメリットが生まれた。ユーザーは自分の居場所を万人と共有するのではなく、同僚や友達など指定した相手とだけ到着時刻や、巨大な会議場のどこにいるかを共有できるようになった。

予測プロセスの第四ステップからは、トレンドから目を離すこと、あるいはトレンドが一定の速度で直線的進化を遂げると思い込むことが、プロの予測者やトレンド調査に依存する企業によくある失敗であることがわかる。位置情報系SNSに飛びついた企業、大学、政府機関は、タイミングを誤るとどうなるかを、身をもって学んだといえる。

翌二〇一二年にはゴワラが消滅した。[*9] フォースクエアは位置情報に基づく推奨サービスに転換した。二〇一六年初頭、フォースクエアはひっそりと「ダウンラウンド」を実施した。これはベンチャー企業が前回よりも低い企業評価に基づいて資金調達することを意味する。創業者は辞任して新たなCEOを迎え、会社としてデータ事業に特化する方針を発表した。[*10]

では、SCVNGRはどうなったのか。事業の閉鎖を正式に発表することはなかったが、アプリのアップデートを停止し、「チーフ・ニンジャ」のプリーバッチがSXSWに登壇して一年半後には、ウェブサイトはネット上から姿を消した。

皮肉なことに、「忍者」の語源は中国にあり、一六世紀の日本では「忍びの者」という意味で使われていた。[*11] きらびやかな装束を身にまとい、表舞台で活躍した武士とは異なり、忍者は目立たず控えめな影の存在だった。スパイとして、知恵を絞って秘密裡に情報を収集し、所属集団を外的侵略から守っていた。

もともと、彼らの最大の任務はタイミングを見きわめることだった。行動を起こすのが早すぎれば、敵に真意を悟られ、多くの味方を失ってしまう可能性がある。一方、動くのが遅すぎれば、村が潰されてしまうかもしれない。忍者は表舞台から遠く離れた天井裏で、目を凝らし、耳を傾け、攻撃の好機をうかがっていた。

8

STEP5

シナリオと戦略を考える

「もしAならば、Bせよ」

ここまで現在の状況を明らかにし、未来を理解し、どのようにその像を描くかを見てきた。社会の端っこで新たなテクノロジーが夢想され、生み出され、改良が繰り返されている。端っこに出現するパターンを認識し、トレンドを見つけたら、自らの仮説が正確であるかを確かめるために発見した事実を検証する。トレンドは常に動いているので、その軌道に影響を及ぼす企業の内的および外的要因を理解し、トレンドのETAを算出する。予測プロセスがここまで進めば、何が起きているかを理解するのに十分な情報は集まったはずだ。しかしトレンドにどう対処すべきか、それをどのように生かし、どのように未来に備えるべきかはまだわからない。

アマゾン創業者のジェフ・ベゾスは、リーダーは未来像を描くときに「ビジョンについては頑なに、だが細部については柔軟であるべきだ」と語っている。[*1] あなたはすでに新たなトレンドを正確に予測し、進むべき道を決めたかもしれない。今度はその道の細部を探り、潜んでいるかもしれない障害物を探さなければならない。多くの人がここで予測プロセスを打ち切り、さっさと戦略的意思決定に進みたがる。ここで我慢して次のステップを踏めば、つかんだトレンドもタイミングも適切だったが、何かミスを犯していたことに気づくかもしれない。細部について頑なな姿勢をとって未来への計画を誤ること、これを「未来の誤謬《ごびゅう》」と呼ぼう。

一〇年ほど前、スマートフォンが端っこから姿を現わしつつあった頃、私が協力していた大手報道機関が、未来の誤謬という落とし穴にはまった。同社の経営陣は、スマートフォンがいずれニュース媒体として重要な役割を果たすようになるという見通しに同意し、私のチームがモバイル市場のビジョンを作成した。しかし戦略を実行に移す段階になって、経営陣は細部のある重要な点について想定を誤り、必要性が明らかになっても軌道修正をしなかった。この柔軟性の欠如によって、ダウンロード目標は達成できず、残念な結果を招いた。その経緯を説明しよう。

私のチームは同社の経営陣に対し、まもなく消費者はニュースを読む際に主としてスマートフォンを使うようになる、とアドバイスした。二〇〇七年にはアマゾンのキンドルと初代iPhoneが発売されようとしていた。経営陣は両者の動きを注視しており、われわれは協力して端っこに広く網を張った。モバイル・ディスプレイはどのような進化を遂げるのか、スマートフォンは大型化するのか小型化するのか、消費者はコンテンツをどのように購読するのか、そして消費者行動は変化し、たとえばテレビとスマートフォンを同時に視聴するといった行動をとるようになるのかなど、さまざまな疑問を自らに問いかけた。

当時の競争相手はこぞって、メディアの進むべき未来はアプリやスマートフォンではなく、大型のウェブサイトであると考えていた。ただメディアの聴衆がスマートフォンやタブレットに移行するのは次第に明白になっていた。同時に広告主も紙からモバイル広告へとシフトしていた。私の顧客が世界有数の、そして最も収益力のある報道機関の一つになりえたのは、間違いなく伝統的ビジネスモデルのおかげだった。新たなスマートフォンというトレンドは、たとえその実現は数年先ではあっても、息の根を完全に止める恐れがあった。

消費者はスマートフォンで読むときには比較的短く、ほぼ文字だけの記事を好むというのは、当時かなり衝撃的な発見だった。ウェブではフォトギャラリーや大がかりなインタラクティブな機能が人気を集めており、紙版のためにデザインされたコンテンツをデジタル版に仕立て直すのも比較的容易だった。ウェブでは消費者はフルサイズのディスプレイを使って、スクロールしたり、さまざまな要素をクリックしたり、記事をじっくりと読むことができた。だがスマートフォンではどうか。当時はまだブラックベリーがスマートフォン市場を支配していたが、ニュース記事はあまりうまく表示できなかった。

トレンドに対応する行動計画として最良なのは、かつてないモバイルアプリを開発することであるのは明らかだった。報道機関の経営陣は、スマートフォンがまもなく読者にとって一番主要なデバイスとなるというわれわれの予測を受け入れ、この未来のビジョンを全面的に支持することにした。あとは予測をもとに、報道機関の担当チームが戦略やその細部を詰めるだけだった。

デジタル担当チームはｉＰｈｏｎｅ用アプリを開発することを決め、外部の開発会社に発注した。初期テストの段階で、若手スタッフが不安を口にした。アプリがサービスを開始する時点で、報道機関のユーザーはどのモバイル・プラットフォームを利用しているだろうか、と。それまでモバイル読者は全員ブラックベリーを使っていた。職場から支給されたか、二年契約で自分で購入したものだ。ニュースの未来はモバイルである、という点については誰もが同意していたが、短期的にはどのプラットフォームになるのか。

担当チームはここで一歩突っ込んで、モバイルニュースという経営陣のビジョンを実行しつつ、細部を見直すこともできたはずだ。ブラックベリー用アプリを開発して多くのユーザーに使ってもらい、その一方でiPhoneアプリは初代用の実験版という位置づけにして、ユーザーの増加に伴ってしっかりとしたものに仕上げていく道もあった。しかしチームはiPhoneというバスケットにすべての卵を入れてしまった。

完成したアプリは、ニュースブランドの新たな顔としてすばらしい出来栄えだった。記事あり、写真あり、しかもユーザーは気に入ったコンテンツを友人と簡単に共有できた。購読もログインも必要なく、ユーザー・インターフェースは誰でも簡単に使えた。

だが数カ月後には、iPhoneアプリはダウンロード目標も使用目標も大幅に下回る状況になっていた。若手スタッフが開発プロセスの初期段階で表明していた疑問は、正しかったことが判明した。担当チームは顧客のために画期的なデジタルサービスを開発したが、当時は顧客の大半がブラックベリーであり、登場したばかりのiPhoneは新たな時代を予感させる存在だったものの、ほとんどのユーザーが通信業者との二年契約で縛られていて切り替えられなかった。

未来の誤謬という落とし穴はどんな組織にもあり、特にイノベーションによって自らの限界を押し広げていこうという組織が陥りやすい。重要なトレンドに対して行動を起こそうという判断が下されたときには、行動する前に細部をしっかり検討する必要がある。

事業戦略を開発するだけでも厄介だが、それが新たなテクノロジー・トレンドにかかわるものであるときは複雑な概念やまったく新しい語彙が出てくるため、さまざまな要素にきちんと目配りすること、そもそも要素をきちんと把握すること自体が難しいケースもある。

どうすればテクノロジー・トレンドにかかわるすべての要素を把握し、そこから正しい行動に移れるだろうか。そのための優れた方法がある。それが予測プロセスの第五ステップであり、優れたストーリーを語るという行為にかかわるものだ。

どんなストーリーにおいてもデータはきわめて重要な材料だが、意思決定をする前にそれを大きな文脈のなかでとらえる必要がある。データそのものは優れた戦略につながることもあれば、破滅的な結果につながることもある。詳細さの欠けたデータでは、話に筋道を求めるわれわれの欲求は満たされず、結果として事前に物事の影響を分析するのが難しくなる。

単なるデータではなく、細部が肝心

物語は人間の本能と結びついている。進化心理学者によると、われわれの祖先は事実より説明的な物語を好んだという。何千年も昔、「あの岩の向こうに、四つ足の動物がいるよ」と言われた人は、好奇心をかきたてられ見に行こうとしたかもしれない。だが「オレの妹はあの岩の向こうで、尖った牙を持つ巨大なウォンバットに襲われて、生きたまま八つ裂きにされたんだ」と聞いたら、さっさと隠れて身を守る手立てを探すだろう。

一九四四年、心理学者のフリッツ・ハイダーとマリアンヌ・ジンメルは、スミスカレッジの三四人の学生を対象にある実験を行った。二つの黒い三角形と黒い円が、長方形から出たり入ったりする短い映像を見せたのだ。それから学生に、見たばかりの映像を描写してほしいというと、一人をのぞいて全員が「いじわるな三角形が、不安そうな小さな円と、『罪のない』おチビの三角形を追いかけ回していた」と説明した。[*2] この動画自体はとてもおもしろい。[*3] 特定の方向にしか動かない大きい三角形は、どうしても怒り狂った脅迫的な存在に見えてくる。私自身この動画を何十回と見たが、それを説明しようとすると反射的に、かわいそうな小さな三角形がいじめっこから逃げていると説明してしまう。

物語は人間の存在の一部だ。それは数世紀を隔てて語られた、恐ろしい未来についての二つの物語からも見て取れる。一五五〇年、ミシェル・ド・ノートルダム（ラテン風の「ノストラダムス」という名のほうが知られているが）は、初めての予言集を発表した。[*4] 人間が生み出してきた壮大な叙事詩をなぞるような、興味深く曖昧な物語（そのほとんどが悲惨な内容だった）で人気を博した。反乱や侵略、強力な独裁者の台頭、恐ろしい兵器の開発について記している。

港の近く　二つの市のなかで　未曾有のわざわいが二つ降りかかる
飢え　内なる悪疫　剣で追いはらわれる人びとは
天にまします大神に救いをもとめ泣き叫ぶだろう（山根和郎訳[*5]）

この部分は、第二次世界大戦中にアメリカが広島と長崎に投下した原爆を指していると主張する信者がいる一方、一七世紀に二五〇〇万人の中国人の命を奪った清王朝と明王朝との戦いを指す、という説もある。大規模な洪水、反乱、経済的混乱、繰り返される飢饉があり、一時は強大な権限を誇った中国の皇帝は自害した。

ノストラダムスは予言者ではない。才能ある語り部だ。ノストラダムスにウーバーの未来を尋ねようとは思わないが、その未来の語り方には学ぶべき点もある。

ノストラダムスの現代版が、アメリカのランド研究所の物理学者、ハーマン・カーンである。カーンは一九五〇年代に、誰も考えたくないような疑問について、軍が検討するのを手伝った。たとえば「ソ連が水素爆弾を使ってニューヨークシティを攻撃したらどうなるか。どうすれば市民をわずかな時間で安全に避難させられるか」といったことだ。データや事実だけでは、必要な背景情報や優れたリーダーシップは提示できない。

アメリカ空軍の情報、たとえば軍事技術のトレンドや他のさまざまなデータを使って、カーンらはストーリーを描いた。「もしAならば、Bせよ」という架空の物語で、未来で作成された報告書の体裁をとっていた。ただカーンには悩みがあった。報告書をSFじみたものとして軽く見てほしくはなかったが、事実として真剣に受け止められすぎるのも好ましくなかった。そこに描かれた事柄のうち、確実に起こるというものは一つもなかったからだ。うまく表現するには新しい言葉が必要だった。

カーンはこの悩みを友人のレオ・ロステンに相談した。作家で諧謔《かいぎゃく》家のロステンはちょうどハリウッドで仕事をしていたことから、映画業界の言葉を拝借してはどうか、と提案した。「シナリオ」である。当時は「台本」のような意味で使われていた。

カーンはのちにこう語っている。「われわれはあえて軽い印象のある言葉を選んだ。さまざまな状況を想定したシナリオを描きながら、チームには『単なるシナリオにすぎないことを忘れるな』と言い続けた。ハリウッドのシナリオライターが書くものと変わらないんだぞ、と」。カーンのシナリオの定義はこうだ。「予測される事態を引き起こす可能性のある、仮定の事象展開をある程度詳細に描く試み[*6]」

シナリオの目的は、戦略策定を担う人々に単なるデータにとどまらず、状況説明のための詳細情報、イメージ、筋書きを提供することだった。シナリオは非常に効果的なツールとなることが明らかになった。

カーンはその後、自らの研究について多数の講演を行い、その内容を大著『熱核戦争論（原題 *On Thermonuclear War*、未邦訳）』にまとめた。ここでもシナリオ技法を用いている。[*7]これは前代未聞の作品であり、議論百出となった。カーンは考えられないことを考え、その結果を発表した。われわれは熱核戦争が当然の帰結であることを受け入れ、放射性降下物はスモッグと同じような当たり前の現象として生きていく必要がある、と。

カーンはアメリカを破壊するマニュアルを発表したのに等しいと批判した人もいた。主張をもう少し控えめなものに修正すべきだという声もあった。ただ誰もが同意した点が一つある。カーンの生々しいシナリオを無視することはできない、ということだ。政府関係者はアイゼンハワー大統領の「ニュールック戦略」（核戦略をアメリカの安全保障上の最重要戦略とした）に示された地政学的影響にとどまらない、広範な領域へのインパクトを検討せざるをえなくなった。

シナリオは今日も使われている。その理由は、ランド研究所のカーンがこの技法を発明したとき、ノストラダムスが予言を書いたとき、あるいはわれわれの祖先が土器に物語を刻んだときと何ら変わらない。シナリオは事実の意味を理解するのに役立つからだ。「もしAならば、Bせよ」という思考法は、トレンドが、そしてわれわれの関心事である新たなテクノロジーが、どのように組織、産業、社会全体に影響を及ぼすかを解釈する手段となる。

トレンドが軌道上のどこにあるかを見きわめたら、当然次のステップは「もしAならば、Bせよ」という表現に当てはめてみることだ。予測プロセスの第五ステップは、カーンの生み出したシナリオという概念を使い、事実を物語の文脈のなかに位置づけ、未来に想定される筋書きをつくることだ。将来確実に起こるはずの事象を予測するのが目的ではない。起こりうるさまざまな結果をイメージし、現在とるべき戦略について賢明な判断を下す一助とすることだ。

優れた筋書きには「型」がある

「型どおりの」というのはあまり響きのよい言葉ではない。映画評論家が、作品が独創性に欠けるという意味で使うときなどはなおさらだ。映画専門紙バラエティは、ジャッキー・ロビンソンを描いた『42～世界を変えた男～』を「どこまでも型どおりの伝記映画」と酷評した。[*8]『シャーロット・オブザーバー』はヒュー・ジャックマンが出演した『イーグル・ジャンプ』を「型どおりの筋書き」と評し、[*9]『シアトルタイムズ』は「型どおりで冗長」と書いた。[*10]『ニューヨーカー』はキャサリン・ハイグル主演の『幸せになるための27のドレス』を「型どおりのラブコメ」で観るに堪えない、と書いた。[*11]

しかし二〇一五年に興行成績上位に入った作品は、誰もが慣れ親しんだ型を踏襲しているものばかりだ。新人ジェダイが冒険の旅に出て、悪人に遭遇し、敵を倒し、その過程で重要なことを学ぶ。宇宙飛行士が火星という奇妙な舞台で大きな危険を克服し、その経験によって成長して地球に帰還する。貧しく誰にも顧みられない少女が義理の姉の世話をさせられるも、魔法の力で逆転。再び不遇に陥るものの、最後は（王子様を含めて）すべてを手に入れる。[*12]

あなたが何かを主張するとき、その根拠となる複雑な理屈があるかもしれない。しかし耳を傾けてもらいたければ、聞き手が楽に理解できる筋書きでなければならない。自らを取り巻く膨大な情報を認識し、解釈し、理解しようと思っても、人間には生物学的制約がある。型は細々とした事実をまとめて、物語として構造化するのに役立つ。そうすることで膨大なデータをそれほど苦労せずに理解できるようになる。

社会人類学者のジェームズ・ジョージ・フレイザー、シェークスピア研究者のA・C・ブラッドレー、精神科医のカール・ユングやジークムント・フロイト、神話学者のジョセフ・キャンベル、作家のクリストファー・ブッカー、心理学者のブルーノ・ベッテルハイムなど、物語の筋はつまるところ七つしかないと考える人は多い。七つとは「喜劇」「悲劇」「立身出世」「探求」「航海」「帰還」、そして人間と人間、怪物、自然、あるいは社会との「対立」の物語である。未来のシナリオを含め、人類史を通じて語られてきた物語はすべてどれかに収まるというわけだ。

こうした分類に加えて、人間の集中力の持続時間にも固有のリズムがあることも、「もしAならば、Bせよ」という型が必要とされる理由である。コーネル大学の心理学者ジェームズ・カッティングの率いる研究チームは、一九三五年から二〇〇五年までの興行成績トップの映画を、われわれがどれぐらい集中して観られるか調査した。その結果、特定のシーンやカットの長さには、観客の集中力の持続期間と一致するような数学的パターンがあることが明らかになった。

フーリエ変換と呼ばれる関数を使って、集中力を波形に転換したところ、人間の集中力のリズムを表す興味深いパターンがわかった。周波数が小さくなると波は大きくなる。このパターンが見られるとき視聴者は集中しており、商業成功を収めた映画の筋立てはこのパターンとぴたりと一致していた。現に『スター・ウォーズ』シリーズは、このパターンからまったく逸脱しない。[*13]

トレンドからシグナルや意味を導き出し、未来に向けて賢明な行動を起こすには、型が必要だ。ここでの目標は、正しい戦略を立案するのに役立つ、十分な詳細情報を伴うシナリオを描くことだ。シナリオは「もしAならば、Bせよ」というパターンに沿ったものでなければならない。

もし［A＝事実、視点、構想］ならば、［B＝結果］せよ

まずは「銀行業務の自動化」という、よく知られたトレンドの例を見ていこう。光学式文字認

識（OCR）の自動読取システム、顔や虹彩スキャナのようなバイオメトリック・セキュリティ・システムなど、さまざまなテクノロジーによって、まもなく銀行の従業員数が最大三割減るとされる。現在、従業員が行っている取引業務の大半が、機械化したほうが効率化され信頼性も高まる。それはいったい何を意味するのか。

データや研究からは、金融テクノロジーによって伝統的銀行業が転換点にさしかかっていることが事実であることが示されている。たとえばJPモルガン・チェースのジェイミー・ダイモンCEOは二〇一五年、株主に宛てた手紙にこう書いている。「豊富な人材と資金を持つ何百というベンチャー企業が、従来型銀行業へのさまざまな代替手段を開発している[*14]」。

自動化によって二〇一五〜二五年までに銀行業の雇用の約三〇％が消滅するのであれば、新たなプラットフォーム、アプリ、ウェブサイト、コンピュータ、装置類に投資する意欲は高まる。新たな金融テクノロジーへの投資額は、二〇一〇年の一八億ドルから二〇一五年には一九〇億ドルへと急増し、その七〇％は「ラスト・ワンマイル」と呼ばれる個人ユーザーの使い勝手の部分に集中している（モバイル・ディスプレイ、ATM、ウェブサイトとのインターフェースなど[*15]）。

組織のコントロールのまったく及ばない外的事象（隣接分野の出来事や状況）もトレンドの未来に影響を及ぼす。特にテクノロジーの進歩は影響が大きい。銀行業の場合、特に変化の大きい外的事象は通貨そのものである。デジタル通貨のビットコインは完全な匿名性を保証する。全ユーザーによって管理される「ブロックチェーン」と呼ばれる共有台帳システムを用いるが、これは銀行の金銭出納係や顧客サービス担当などの仲介者をお払い箱にする取引データベースである。

それに加えて、顧客の位置情報を把握すべきときに備えて、バイオメトリック・セキュリティ端末も開発されている。かつては従業員が顧客の身元や署名を確認する必要のあった取引においても、こうした端末を使うことで安全性が確保できる。

内的技術進歩はどうか。組織内部で、あるいは組織と外部の研究者との協力関係によって、トレンド固有の、あるいはトレンドから直接影響を受ける技術進歩は起きているのか。

ＯＣＲが一九七〇年代に発明されたのは、目の見えない人を支援するためだった。手書きの書類でも、コンピュータがスキャンして文字を読み上げた。二〇〇〇年代に改良が進み、オンラインサービスとして利用できるようになった。最も普及している応用例が、小切手などビジネス文書の自動データ入力である。多くの銀行では今や、顧客がスマートフォンのカメラで小切手の写真を撮るだけで、小切手の預け入れが済む。ＯＣＲの進歩と暗号化技術の改良が組み合わされば、顧客は銀行員と一切やりとりせずに簡単に決済できるようになる。

七つの質問で「登場人物」と「立ち位置」を考える

事実を集め、関連性のある外的事象と内部技術進歩を理解したら、次はネットワークに存在する想定されるプレーヤー、すなわち物語の「登場人物」すべての「立ち位置」を検討しなければならない。「どんな人物なのか」「なぜその存在が重要なのか」

第４章で説明した「端っこのスケッチ」の修正版を使って、考えられるノード（登場人物）とつながり（登場人物同士の関係）を検討し、次の七つの質問を徹底的に考えてみよう。

❶**このテクノロジー・トレンドと関連性のある、収斂しつつあるトレンド候補にはどんなものがあるだろう。そこに絡んでいるのは誰か**：銀行業の自動化には、他にも数多くのプレーヤーがかかわっている。金融テクノロジーを開発するベンチャー企業に出資するベンチャー・キャピタリストや投資銀行、認識技術（OCR、バイオメトリクス認証）に取り組む技術者、ブロックチェーンの応用に取り組んでいる技術者、ビットコインの採掘をする人々などだ。

❷**このトレンドが成功／失敗したら、さまざまな人や組織にどんな影響があるのか**：銀行業の雇用が三〇％減少する可能性があるならば、多くの経験を積んだ労働者が失業する。（アメリカ銀行理事協会、消費者銀行協会、アメリカ銀行協会など）協会の会員数は減少する。金融テクノロジーのプラットフォーム、アプリ、サービスの運営に必要なコンピュータを監視、維持、修理するための専門性の高いIT企業が求められるようになる。

❸**このトレンドは特定の産業、企業、政府、およびその構成要素にどんな影響を与えるのか。プレーヤーは誰か**：一例を挙げると、銀行業の自動化によって物理的に小切手を書くというニーズが減り、関連する多くの組織に影響が及ぶだろう。銀行小切手専用の用紙をつくるメーカー、個人ごとの小切手作成を銀行から委託されていた印刷会社、小切手の配送を請け負っていた配送業（アメリカ郵政公社、フェデックス）などだ。

❹**変化の推進役となるのは誰か、どの組織か**：ここには事業コストを削減し、利益を増やさなければならない企業のリーダーが含まれる。ベンチャー企業向けのコンテストや支援を手がける組織、創業まもない企業を対象とするエンジェル投資家やベンチャー・キャピタル、テクノロ

ジーに関心のあるビジネススクールの学生、銀行のために暗号化やセキュリティ技術を開発する企業などだ。

❺トレンドはどのような集団（顧客、選挙区民、一般市民など）の役に立つのか：銀行業の自動化はデジタル決済に慣れた若い消費者には好ましい。さまざまなサービスや取引を受けるために銀行の支店に出向く時間も人員もいない新興企業、顧客サービスへの対応拠点として利用が広がっている海外のコールセンターにもプラスだ。その反面、銀行支店に出向いてサービスを受けてきた昔ながらの銀行の顧客、支店の銀行員や顧客サービス係と良好な関係を築いてきた地元企業、リトルリーグなど支店から寄付を受けてきた地元の団体などにはマイナスである。

❻競合企業はどのようにトレンドを妨害しているのか（あるいは妨害に失敗しているのか）。競合はしない類似企業は、トレンドをどのように活用しているのか：ブロックチェーン・システム、OCRの応用技術、バイオメトリックスキャナなど、銀行は自動化技術への投資を始めている。こうしたツールの一部は、住宅ローン融資など取引に仲介者を必要とする他の業界でも研究されている。

❼トレンドによって、産業、企業、政府、あるいは他の組織の垣根を越えて、新たな共同事業や協力関係が生じるのはどこか：銀行業界では自動化によって新たな共同事業や協力関係の機会がたくさん生まれる。たとえばベンチャー企業がそれぞれのイノベーションを引っ下げて賞金を争う金融テクノロジー・コンテストの主催団体、バイオメトリック・ツールを研究する大学、暗号化やセキュリティ技術の最前線で活動する企業などがパートナー候補となる。

テクノロジーの未来について意思決定をするのは人間であり、その感情を理解しておく必要がある。われわれはどんなことが起きてほしいと望んでいるのか、強く望んでいるのに実現しなさそうなことは何か、恐れているのに実現しそうなことは何か。

正しいとわかっているさまざまな事実（今回のケースでは銀行業の自動化に関する事実）、そしてこうした事実に対して主要な人物や組織が抱いている感情を踏まえると、少なくとも四つのストーリーを描くことができる。次ページの図9に示した「楽観的」「現実的」「悲観的」「破滅的」であり、われわれの行動がどのような意味を持ちうるかを理解するのに役立つ。集めた事実や見解によっては、それぞれについて二つ以上のシナリオを描くことも可能かもしれない。

「もしAならば、Bせよ」の型の前半部分、すなわち「もし［A＝事実、視点、構想］ならば」は、トレンドの理解を深めるのに役立つ。だが、現実の銀行や顧客にはどのような意味を持つのか。最も合理的な戦略はどのようなものか。どうすれば（間違ったプラットフォーム用に最先端のモバイルアプリを開発してしまうといった）失敗を防げるのか。そこで後半部分の「［B＝結果］せよ」につながる。

第2章の空飛ぶ車にまつわる議論のなかで、私は未来のシナリオには三種類ある、と説明した。「起こりそうな未来」「起こるかもしれない未来」「起こりうる未来」である。

「起こりそうな未来」は、ワイルドカード的事象（想像できないような自然災害など）が起きず、現在のトレンドがおおむね続くと想定する。そのシナリオは、かなり短い時間軸で描くことが多い。現在の銀行が、突然レガシーシステムを放棄したり、従業員の半数を解雇したり、突然ブロッ

見通し	テクノロジーは……	それゆえに未来は……
楽観的	それほどの摩擦なく、 さらなる進歩が続く	過去よりもよくなる。かつてATMがどれだけ衝撃的であったか思い出してみよう。ATMのおかげで預金や引き出しのために窓口で長蛇の列に並ばずに済むようになり、生活は便利になった。銀行業の自動化が広がれば、企業や個人の利便性は予想もできないほど向上し、取引はさらに迅速かつ安全になるだろう。
現実的	それほど変化もなく、 現在の延長線上にある	現在とそれほど変わらない。ATMに多少の機能が追加され、オンラインバンキングへのアクセスも向上する。銀行業の自動化の進展は、社会、経済、政府に重要な影響を及ぼすことなく継続する。
悲観的	現在よりよくならない	過去よりも悪くなる。自動化技術は、銀行業全体、そして経済や社会の進歩に不可欠だ。しかし自動化技術のための資金確保、研究、あるいは実施の責任を負う人々は、それに対する意欲がない、あるいは取り組むことができずにいる。物理的店舗を維持することのほうが重視される。ただすべての銀行支店に自動化以前の人員を配置することはコストがかかりすぎる。銀行の行列は耐えがたいほど長くなり、顧客サービスの質は低下する。長年銀行を利用してきた顧客は、他の金融業に流れる。
破滅的	悲惨な状況を引き起こす	破滅的になる。銀行業の自動化技術や新たな金融テクノロジーの進歩が、恐ろしい事態を招く。セキュリティのお粗末なプラットフォームがハッキングされ、記録が消去され、すべての銀行が破綻する。突然マネーが枯渇し、経済は崩壊、政府に対する数億人規模の抗議行動が起こる。それは政治不安に発展し、物理的環境も悪化する。国家は内戦で分裂状態になる。

[図9] 銀行業の自動化：4つのシナリオ

クチェーンの台帳システムを採用する可能性は低い。しかし今後一〜二年以内には、他社とのパートナーシップの締結、研究やシステム開発への投資、新たなプラットフォームの実験を開始するだろう。従業員数の削減につながるような長期戦略も立案するだろう。これは確度の高い、起こりそうなシナリオだ。

「起こるかもしれない未来」は、❶トレンドに対する現時点の理解、❷自然法則や物理学や数学、そして❸現在の制度、仕事の仕組み、研究機関、企業、政府、社会を支配するプロセスなど、変化の一〇の要因にかかわる概念や法則を織り込んでいる。今後も宇宙の法則について重大な変化がなく、またわれわれの働き方や暮らし方についても重大な変更がないと想定した場合に、端っこの光景から何が推測できるだろうか。新たなテクノロジーが現在正しいことがわかっている法則を無効化しないとすると、起こるかもしれないシナリオを描くことができる。通常、それは近未来に関するものだ。

銀行の扱う取引はいずれ人間ではなく、機械が完全に処理するようになる。銀行の物理的店舗はすべて消滅する。取引はデビットカードや口座番号を使って行うのではなく、さまざまな形で処理されるようになる。消費者はクラウド上の暗号化された口座にアクセスするようになる。クラウドには端末だけでなく、われわれの体も接続する。本人確認にはカメラを使って個人によって異なる目の特徴（涙液層、虹彩、曲がり具合）を測定し、決済をするときは身振りで指示する。スマート・アナリティクス・システムによって口座は常時監視され、顧客がうっかり預金残高を超える引き出しをしたり、請求書の支払日を忘れるといったことがないようにしてくれる。

「起こりうるシナリオ」は、今日われわれが当然と考えている自然法則から（あるいは社会を動かす法則から）自らを解き放ってはじめて思い描くことができる。思えば、紙のように薄いディスプレイを備えた端末で本を読み、その端末自体が持ち運びできる図書館となることなどありうるのか、と思われていたのはそれほど昔の話ではない。

起こりうるシナリオでは、あらゆる法則を捨てて、遠い未来に起こるかもしれないという想像の域にあるテクノロジーを考えてみる。今日のような銀行は、もはや存在しない。今日の物理的通貨の制度も存在しない。マネーはネット上で管理され、金融取引の安全性と正確性を確保するために個人の金融取引は量子コンピュータを使って行われる。決済や購入手続きはあらかじめプログラムで設定できる。法律の抜け道を使って財産や決済を隠すのは、今よりはるかに難しくなる。遠い未来には、そういうことを試みるには高度な技術ノウハウが必要になる。

シナリオを書く目的は、週末のお楽しみになるような刺激的な物語をつくることではない。複数のシナリオを用意すれば、意思決定者にとって強力な支援ツールとなる。ただし当然、こんな質問が返ってくるだろう。「あなたはどのシナリオが最も実現性が高いと思うのか」「そのシナリオにあなたはどれくらい確信を持っているのか」「これだけの情報を、どれだけ自信を持って私に提示しているのか」と。

アルゴリズムに直感はない

シナリオを書く最後のステップは、主観的に、ただしきちんとした情報に基づいて可能性を算定することだ。判断を下すのに必要な情報の四〇％以下しか手元になければ、もっと詳細なシナリオが書けるまで判断を控えるべきだ。とはいえ、一〇〇％正確なシナリオが書けるまで判断を先延ばしにしてはいけない。それでは直近の過去の報告書になってしまい、意思決定の役に立たない。四〇～八〇％の間あたりで座りのよい領域を見つけ、あとは退役陸軍大将で元国務長官のコリン・パウエルの言葉を借りれば「直感に従うしかない[*16]」。

このデジタル時代において、なぜアルゴリズムではなく自分の直感を信じなければならないのか。アルゴリズムを駆使する統計学者の選挙結果予測は、ますます正確になっている。たとえばネイト・シルバーは二〇一二年アメリカ大統領選挙の各州の結果を一つ残らず読み切った[*17]。

大統領選の結果を予測する統計モデルをつくることは可能だが、階層アルゴリズムは「起こりそうな」「起こるかもしれない」「起こりうる」シナリオが現実世界で完全に正しいか否かを判断するのには使えない。検討すべき変数が格段に多いからだ。もちろん選挙にも人間の感情はかかわってくるが、結果予測を可能にする要素もたくさんある。たとえば合意された意思決定の構造があること、有権者の数が有限であること、時間軸が厳格に決まっていることなどだ。

一方、テクノロジーの未来をはじめ他のシナリオには、厄介な変数があまりにも多く含まれている。たとえば銀行の自動化には、取引のための拡張性のある認証システムが必要になる。この要素をもっと小さな要素に分解していくと、コンピュータ部品の供給が着実に増えていくこと、システムを管理するには信頼できるソフトウェア技術者が必要であること、そして第三者にバイオメトリック情報を預けるよう消費者を説得する必要があることがわかる。

そこからどんな問題が起こるかわからない。犯罪組織が目の情報を盗み、人工眼球を複製して闇市で取引するといった大作映画をハリウッドが制作するかもしれない。その架空の話に現実味がありすぎて、バイオメトリックスキャナに対する世論が変化することもあるだろう。あるいは太平洋沿岸部を津波が襲い、特定のコンピュータ部品を製造している工場が壊滅状態となり、部品の製造が滞って銀行業務の自動化が年単位で遅れることも考えられる。このような事象をアルゴリズムで予測するのは容易ではない。

現時点でわれわれは、自らの作成したシナリオの妥当性をコンピュータに判断させることはできない。自分が入手できるデータや情報、作成したシナリオ、持っている知識、そして直感に基づいて、自信の度合いを評価するしかない。

誰もが確信バイアスに陥るリスクがある。データを物語として受け入れようとするのは人間の本能だ。そうでなければスミスカレッジの学生の目には、おびえた小さな円が意地悪な大きな三角形から逃げ惑う姿ではなく、単にスクリーン上を移動する幾何学的図形が映ったはずだ。またリスクをどう感じるかについては、基準となる平均値は存在しない。だから自信を持って意思決定を下すために、どれほど詳細なシナリオをつくるべきかは、自分で決めなければならない。

銀行業の自動化の未来について詳細なシナリオを作成したら、続いてそれぞれを評価し、一番重要な部分、つまり確実に実現すべき要素に高いスコアを付与していく。他の部分、たとえば顧客が虹彩スキャナやバイオメトリック・データによる本人認証を受け入れるか否かといった問題

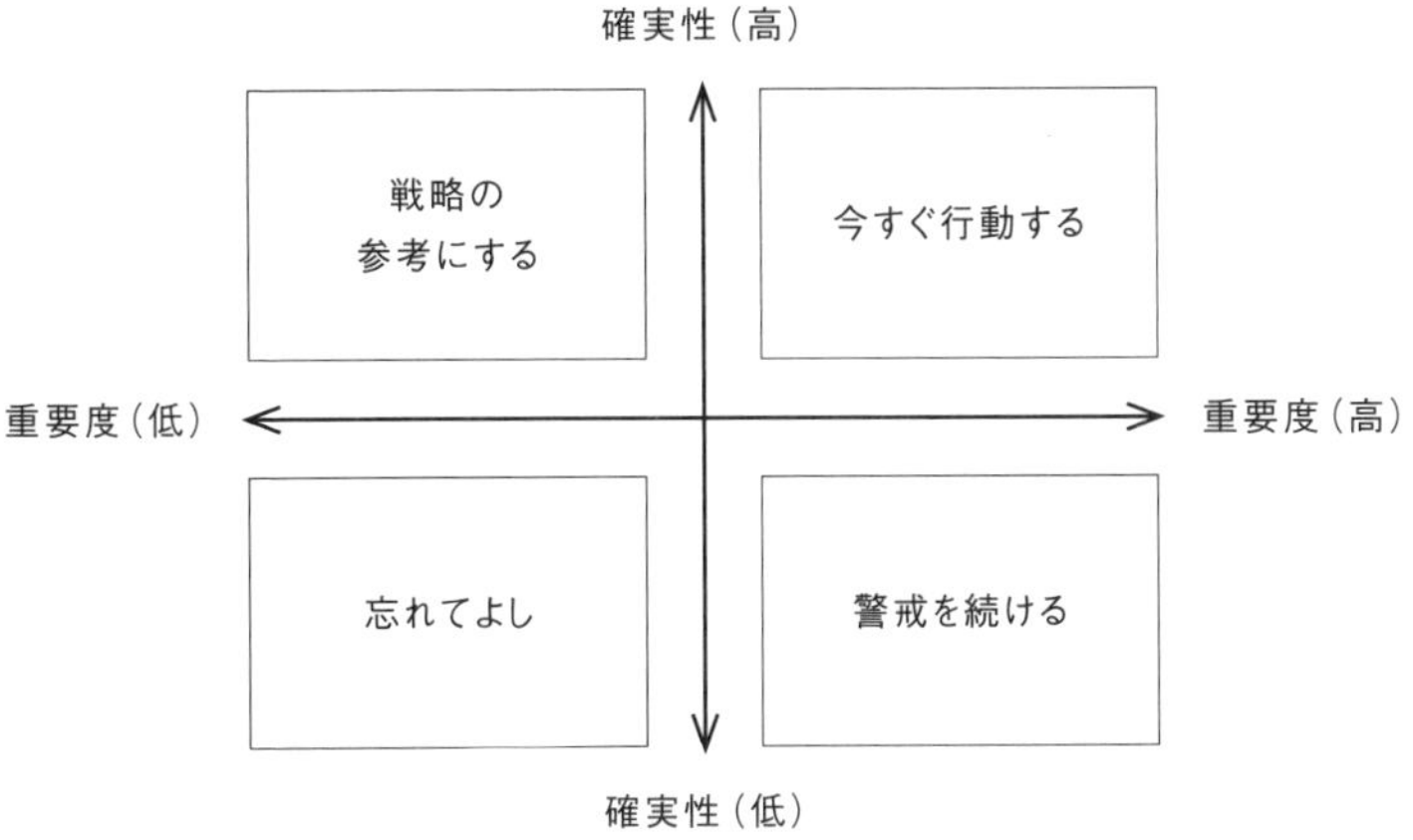

［図10］シナリオの評価

も、結果にある程度の影響を及ぼすかもしれないが、重要度はやや劣る。そうしたものには、やや低めのスコアを付与する。

シナリオの評価ができたら、結果を図10にプロットしてみよう。あなたにとってトレンドがどれほど重要なのか、その評価に自分はどれだけ確信を持っているかを示しており、次に何をすべきかを見きわめるのに役立つ。

シグナルの声に耳を傾けるだけでは不十分だ。具体的に何を語っているのかを理解する必要がある。想定される影響を見きわめ、そのトレンドが自らの事業、コミュニティ、そして個人の日々の生活にどのような意味を持つかを判断しなければならない。「もしAならば、Bせよ」という型からは、ストーリーが生まれる。それは一見バラバラな点にしか見えないものを認識し、「起こりそうな未来」「起こるかもしれない未来」「起こりうる未来」という一貫性のあるシナリオを仕上げるのに役立つ。これらのシナリオを確実性の度合いと、組織や産業や社会にとっての重要度によって評価すれば、いつどのように行動すべきかがわかる。

ただし、未来予測のプロセスには、もう一つステップが残っている。それは自ら作成したトレンドに関する仮説と戦略に穴がないか、最終確認することだ。自分が正しいと考えていることをストレステストにかけ、とろうとしている行動の妥当性を再検討する必要がある。この最終ステップは、とりわけ新たなテクノロジーに関するシナリオで重要となる。

人は認知的に、データの集合より優れた物語のほうが楽に、そして深く共感できる。細部まで詳しく描かれた物語、あるいは感情的反応を喚起するような物語を聞くと、行動を起こそうとする。たとえシナリオへの確信が四〇%以下でも、あるいは検討すべきシナリオが他にある場合でも、それは変わらない。その題材が映画や本の世界で幾度となく重要な役割を果たしてきたテクノロジーである場合、しかもそのテクノロジーが人類の破滅をもくろんでいると思われる場合は、なおさらその傾向が強くなる。

9

STEP6

行動計画の有効性を確認する

戦略をストレステストにかける

予測プロセスの最終ステップは、立案した戦略をストレステストにかけることだ。シナリオは戦略を立てる材料となる。ただ、物語に必要な細部を埋めるにあたり、新しいものや次に来るものを追いかけるのに夢中になるあまり、重要な疑問や細部が見逃される恐れがある。

ストレステストを飛ばすと、重要な意思決定をする際に、爬虫類脳が紛れ込みかねない。空飛ぶ車で繰り返し起きているることだ。一〇年おきにテクノロジーの進歩が新たな興奮と熱狂を巻き起こし、なぜそもそも翼の生えた車が欲しいのか、必要なのかという議論を抹殺してしまう。大胆な仮説を立てた者が投資家から資金を調達し、新たな試作品をつくり、お定まりのようにニュース記事となる。「今年こそ、ついに車が空を飛ぶ」と。そして最終的には失望の大合唱だ。誰も足を止め、トレンドについての想定、シナリオ、その産物である戦略を徹底的に検証しない。

このありがちな失敗なら、ブラックベリーとDECを見れば十分だ。どちらも自分たちの技術が新たなトレンドに凌駕されることなどありえないと想定した。だからこそ両社の戦略は、未来への備えを欠いていた。経営陣が当然聞こえたはずのシグナルに耳を傾けなかったために、重要なトレンドが端っこから主流へと移行するのを見逃した。両社の戦略は目の前の成功に立脚したもので、想定外のニューフェースを探し、自らの常識に常に疑問を投げかけることを怠った。

トレンドを特定し、それが本物であると証明し、ETAを計算し、シナリオとそれに対処するための戦略を立案したら、最後のステップとして、その戦略の妥当性を確認するため、自らの行動がどのような可能性をはらんでいるかを徹底的に考えなければならない。

人工知能（AI）分野で一般ユーザーを巻き込んで実験を行った二つの組織も、その重要性を身をもって学んだ。一つはあまり知られていない会社だが、大成功を収めた。もう一つは誰もが知る会社だが、うっかり人種差別主義者や外国人排斥主義者など偏見を持つ人々と同じような行動をとってしまった。

エミュは「FUTUREテスト」を楽々クリアしていた

私がこれまで一番気に入ったアプリは、市場に流通していた期間がごく短く、使ったことのある人がほとんどいない。「Emu《エミュ》」というもので、二〇一四年にベータテストの段階にあった。モバイルメッセージ用プラットフォームで、一見他のテキストメッセージ・サービスと変わらないように見えたが、AIエンジンを使っていた。共同創業者のガンミ・ハフスタインソンとデイブ・

フェルドマンは、グーグル、マイクロソフト、そして小さなアプリ会社Ｓｉｒｉ（そう、アップルに買収される前の、あのＳｉｒｉである）で、ＡＩ、モバイル、ユーザー・インターフェース設計などの経験を積んできており、コンピュータとそのユーザーに精通していた。

二人は端っこから姿を現わしつつある初期のトレンドに気づいた。それはＡＩそのものではなく、機能の一部としてＡＩを使う「ボット」（自動的にタスクをこなすソフトウェア・アプリケーション）であった。近い将来、われわれはデバイスを他のデバイスに接続するためのゲートウエイとして使うようになる。そしてボットは、人間が通常手動で行う作業の一部を代行してくれる（たとえば会議の調整やディナーの予約をとるなど）。ときには友達のようにおしゃべりの相手にもなってくれる。

スマートフォン、コンピュータ、タブレット、活動量計、スマートメガネはいずれも「ユビキタス・コネクティビティ（どこでもネットに接続すること）」を念頭に設計されてきた。それによって生活はより便利になると考えられていた。デバイスを使えば、メール、テキストメッセージ、ＳＮＳ、カレンダー、職場の文書共有システム、あるいはマルチプレーヤー・ゲームなどを通じて、同僚、家族、友人とシームレスにつながることができる。

ただ、誰かとやりとりするたびに、人間が介入する必要がある。つまり職場、公私の予定表、人間関係がよりポータブルになっただけで、膨大な情報を処理するという単調で時間のかかる作業から解放されたわけではない。逆説的ではあるが、われわれは今や何百という細やかなやりとりをデジタル世界で処理しなければならなくなり、むしろ以前より忙しくなってしまった。

エミュがサービスを開始した当時、友達と会える日を調べるにはカレンダーアプリを立ち上げる必要があった。メールが来れば開き、回答しなければならなかった。エミュのうたい文句はシンプルだが、魅力的なものだった。「友達や同僚にテキストメッセージを送ろうとすると、スマートボットが会話に割って入り、ユーザーが文字を入力する間に自動的に情報を収集する。その結果、ユーザーの生活はちょっぴり便利になる」と。

仕組みはこうだ。私はエミュアプリを使って、妹に夕食を一緒に食べないかとテキストメッセージを送った。

私「今週どこかで一緒に晩ごはんを食べない？」

アプリは自動的に私と妹のカレンダーを見に行き、二人の空いている日にちと時間を提案してきた。スマートフォンのウィンドウ上に、小さなカレンダーがいくつかの提案とともに表示される。妹はその一つを選んで、返信してきた。

妹「いいね。土曜の晩は？」

やりとりに「晩ごはん」という言葉があったので、アプリはその日の私たちの位置情報を確認し、周辺のレストランをいくつか提案し、さらにグルメサイト「イェルプ」の評価、予約サイト「オープンテーブル」の空き時間も表示した。すべてがエミュで完結するのだ。あちこちのレストランを探し、そこが空いているか電話をかける必要もなく、私はすぐに返信した。

私「『カフェ・デュポン』でどう？」

あとはボタンを一つ押すだけで、午後七時の予約が完了する。優秀なボットの助けを借りれば合計三本のテキストメッセージを送るだけで済み、日時の調整やレストラン探しで無数のやりとりを繰り返す必要もない。エミュはさまざまな作業をユーザーの代わりに自動化してくれる、スマートなボットだった。映画を観るときも同じで、都合のよい日を探しだし、近場の劇場を見つけ、予告編を示し、チケット購入まで誘導した。これもエミュのなかだけで完結する。近づいてくる友達を地図上で確認できる「マルコ・ポーロ」機能まであった。

　エミュの創業者は、アプリの市場投入を特段急いだわけではない。むしろ入念な計画づくりを重視し、何度もテストを繰り返した。過去一〇年の間に登場したさまざまな技術的イノベーションからわれわれが学んだことが一つあるとすれば、新たなテクノロジーは奇異な、ときとして想定外の不具合を起こすということだ。エミュが本格リリースの前に何千件というテストメッセージを使って訓練を積んだのはこのためで、着実にメッセージや分析の改良が進められた。

　この徹底的な試験を通じて、開発者はユーザー（それも開発者自身やベータテストに参加した少数のユーザーではなく、一般人）とアプリとのやりとりについて、自らの仮説を検証していった。そこでわかったことの一つが、エミュは言葉の微妙な意味合いにまで配慮した推論を学習しなければならない、ということだ。そこで支援をする前に、まずはメッセージ全体の意味を検討し、そこに出てくる一つひとつの言葉の文脈を正しく理解するようにした。

　単にトレンドを見つけて戦略を立案するだけでなく（この場合は「モバイルアプリの開発」が戦略にあたる）、エミュの経営陣は自らの仮説をストレステストにかけた。今振り返ると、予測プロセスの最終ステップで検討しなければならない「FUTUREテスト」と呼ばれる質問群に、エミュがきちんと答えていたことがわかる。次の質問に答えていくと、エミュの未来に対するシナリオとそれに対応する戦略が、確度四〇～八〇％の領域に収まっていたことがわかる。

F＝基礎（Foundation）：組織内部の主要なステークホルダーの支援を得ているか。彼らはトレンド、シナリオ、そしてシナリオに対するあなたの確信スコアに同意しているか。あなたの戦略は、トレンドをリサーチしている間に発見した問題を解決するものか。主要なステークホルダーが組織を去っても、あなたのトレンドに対する戦略は機能し、また進化し続けるだろうか。あなたには戦略を持続するのに必要な時間と資金、さらにその意欲があるか。

エミュは、テクノロジー自体が生み出した現実世界の問題をボットによって解決するというビジョンを共有する二人の創業者が立ち上げたちっぽけな会社だった。その戦略は、ＡＩ搭載ボットというトレンドに合致するものであり、また端っこに存在する、あるいは姿を現わしつつある優れた研究をうまく生かしていた。さらに、企業価値一〇億ドルというユニコーンの地位は求めなかった。調達したのはわずか一五〇〇万ドルで、それはアプリの開発方針について異なる意見を持つ投資家に縛られないことを意味した。[*1] 投資額を比較的抑えたことで、当初のアイデアを証明し、テスト用のベータ版を開発するまでにじっくり考える時間も確保できた。

U＝ユニーク（Unique）：あなたが計画している行動には、ユニークな価値提案があるか。それは顧客にはっきりとわかるだろうか（「顧客」の定義は広くていい。個々の消費者、顧客セグメント、ビジネスパートナー、協力している代理店、支持母体など）。戦略は模倣しにくいものか。ライバルが登場したとき、あなたの会社が特別であるという認識を与え続けることができるか。

二〇一四年の時点で、ＡＩエンジンを備え、ユーザーのために自動的に作業を完了するモバイルアプリは、エミュの他にはなかった。もちろんエミュの要素の一部を備えたアプリケーションはあった。たとえばマイクロソフトのアウトルックは、メールで送られてきた会議のお知らせを自動的にユーザーのカレンダーに追加できた。しかしたった一つのテキストメッセージ・アプリのなかで、これほど多くのプロセスを処理できるボットはユニークだった。ユーザーがエミュの本質的価値を理解するのにさほど時間はかからなかった。

わかりやすいのが私の妹の例だ。妹はテクノロジー・オタクではなく、オペラ歌手である。エミュはメールや電話のやりとりを減らすためのアプリだが、夕食の約束が完了した後、妹はすぐに私に電話をかけてきた。エミュのすばらしさに感動したからだ。紹介してくれてありがとう、と私にお礼を言った彼女は、すぐに何十人という友達にエミュをダウンロードさせ、ユーザーにしてしまった。エミュの潜在的パートナー企業も、すぐに自分たちにとってのエミュの価値を理解した。各地域のローカルビジネス、公共交通機関、コンサートなどのイベントには、どれもエミュのプラットフォームにつながるメリットがあった。

T＝追跡（Track）：あなたの組織の現状、あるいは計画されている体制に基づいて有効な評価指標を作成し、トレンドを追跡するとともに、組織の成果を測ることが可能だろうか。そのデータを使えば、規模拡大のなかで、また長期的な成長サイクルのなかで、顧客の囲い込みや新規獲得の成否について、信頼性のある分析ができるだろうか。

エミュがうまく機能するためには、ユーザーのスケジュール、位置情報、連絡先リスト、さらに好みや選好など、膨大な個人データへのアクセスが必要だった。その結果、エミュはユーザーがアプリをどのように使っているかだけでなく、ユーザーがどんな時間帯にどのような状況で、どのアカウントで誰とやりとりしているかも把握できるようになった。すなわち顧客の維持と獲得のための膨大なデータがアプリに組み込まれており、いつでも分析可能な状態になっていた。

U＝緊急性（Urgent）：あなたの戦略からは、社員や想定されるユーザー層に差し迫った必要性が伝わるだろうか。市場には持続的に需要があるだろうか。顧客基盤のなかで新たな需要を創造できるだろうか。市場が成長し、新たな競合企業が登場しても、顧客はあなたの事業を生活に不可欠で価値のあるものだと考えるだろうか。

エミュはいち早く市場に参入し、スマートフォンなしでは暮らせなくなったテクノロジーの初期採用者に問題解決策を提供した。デバイスから日々要求される細々としたタスクが増え続けるなか、エミュを使えばそうしたストレスの一部が緩和された。エミュはまたたくまに不可欠なアプリとなり、多くのユーザーが送受信するメールやテキストメッセージの数を減らそうと、周囲にも熱心にダウンロードするよう勧めるようになった。

R＝手直し（Recalibrate）：ひとたびつくった戦略は、その後も変えていく必要がある。トレンドとその潜在的影響を追跡するために、どれだけの時間と資金を配分するか。あなたの事業は、想定される顧客がプライベートや仕事で使うテクノロジーをアップグレードするのに伴い、進化していけるだろうか。戦略は、ターゲットとしている顧客セグメントとともに進化できるか。合理的な開発サイクルを継続するのに、適切な予算は確保できるだろうか。あなたと社員に、二～三カ月ごとにトレンド戦略を包括的に評価し、必要な修正を加える時間があるか。戦略を実行に移した後も、それに改良を加え続ける意欲があるか。

ボットのトレンドが発展を続けるのが必然であるのと同じように、エミュに搭載されたＡＩエンジンも進化を続けるだろう。ＡＩもまた進化を続けるはずで、もちろんライバルも登場するだろう。エミュは必ずしもライバルに追い越されるとは限らない。むしろユーザーの日々のコミュニケーションを支援するため、さらにスマートかつ有能になっていくだろう。エミュの開発チームは比較的規模が小さく経費率も妥当で、投資も控えめであったことから、非公式なベータテストが完了した後は自らの戦略を自由に手直しし、改良していくことができた。

E＝拡張性（Extensible）：エンジニアリングにおいて、「拡張性」とは未来の変化や潜在的成長を考慮に入れた設計理念を意味する。あなたの戦略にはどれほど拡張性があるか。将来の変化を容易に反映できるだろうか。それとも戦略には、あなたや社員のコントロールが及ばないサードパーティのソフトウェア、ツール、サービス、デバイス、コンテンツ、コードに依存する部分が多いだろうか。社内でトレンド戦略を自在に手直しできるか、それとも他者が必要な変更を実施してくれないと何もできないのか。戦略はデバイス、ソフトウェア、ネットワークのアップグレードとは関係なく有効だろうか。消費者の好みや選好が変わっても、大元のアイデアを変えることなく事業を適応させられるだろうか。

エミュには当初から拡張性があった。特定のデバイスに紐づけされておらず、さまざまなデバイスやOS上で機能するよう設定できたので、必要に応じて修正やアップグレードを加えることができた。私は二〇一四年の時点でエミュの進化形として、会議中や電話中に共有スクリーンに参加者の発言内容を表示したり、ユーザーに代わってネット検索した結果を表示したりといった姿を想像することができた。エミュは「常時オン」のパーソナル・アシスタントになりえると思えた。

エミュの共同創業者たちは明らかに本物のトレンドをとらえ、それを生かすような戦略を立てていた。彼らの戦略は「FUTUREテスト」にも楽々と合格した。ならばなぜ、エミュという名を聞いたことがなかったのだろう、とみなさんは首をかしげているかもしれない。

その理由はエミュが正式にリリースされたわずか一〇〇日後、グーグルがひっそりと、そしてあっという間に同社を買収したからだ。[*2] 二〇一四年に明らかになっていた情報から、グーグルがなぜ関心を抱いたか推測するのは難しくない。多忙なユーザーが会議、夕食、映画の予定を管理するためのテクノロジーは、当然会話の内容もモニタリングする。チャットの内容を分析し、議論している内容を推測する。それゆえに、そこには広告ビジネスの機会もある。

暴走したマイクロソフトのAIボット、手痛い教訓

続いて、端っこから姿を現わしつつある新たなトレンドを正確に見つけ、対応するスマート・テクノロジーを開発したが、自らの仮説をストレステストにかけなかったために失敗した例を紹

介しよう。マイクロソフトは二〇一六年、AIを使ったチャットボット「Tay《テイ》」が暴走するという事態に見舞われた。

マイクロソフトCEOのサティア・ナデラは、さまざまな会議、カンファレンスの舞台やメディアとのインタビューで、AIの未来についての自らのビジョンを語ってきた。単にトレンドを追いかけていただけではない。ボット関連の戦略に相当な資源を注ぎ込んでいた。「ボットは新たなアプリだ」と好んで口にしていた。「人からボットへ」「デジタル・アシスタントからボットへ」というのが、二〇二〇年の世界に対するナデラの考えだった。[*3]

マイクロソフトはすでに複数のボットを採用したことがあり、「クリッピー」を知らない人はいないはずだ。一九九六年に「マイクロソフト・オフィス」の文書の端っこに登場した、やたらと元気で愛想のよいペーパークリップ形キャラクター（性別は間違いなく男性だった）は、バーチャル・アシスタント分野における同社の初期の試みだった。手紙を書いたり、エクセルで表を作成したりしていると、クリッピーはしょっちゅう顔を出しては、何か手伝うことはないかと聞いてきた。「ワードを使えば、自動的にパラグラフを見出しに転換できます」など、こちらのニーズなどお構いなしにあれこれ提案してきた。[*4]

「ウィンドウズ10」には別のボットが住んでいる。コルタナ（こちらは女性）はアップルの「Siri」やグーグルの「グーグル・ナウ」への対抗馬という位置づけだ。ユーザーのためにコンピュータで何かを探したり、カレンダーを管理したり、ファイルを探したり、話し相手になったりといった支援をする。頼めば冗談も言ってくれる。

二〇一六年三月、サンフランシスコで開かれた開発者向けの年次カンファレンスに、ナデラはラベンダー色のポロシャツにチノパン姿で登場した。そしてステージ上を生き生きと歩き回りながら、マイクロソフトは相互接続された対話プラットフォームにおける人間とAIボットとの共存関係に変革をもたらしているとアピールした。「人間の言語の力を、コンピューティング全域に生かしていこうという試みだ。われわれは人間とそれを取り巻く文脈についての知識をコンピュータに教え込もうとしている」[*5]

この発言に、会場に詰めかけた五〇〇〇人の聴衆からは失笑が漏れた。というのもそのわずか一週間前に、マイクロソフトが新たなボット、テイをリリースしたところ、二四時間も経たないうちにネット上でとんでもない騒ぎを引き起こしていたからだ。

マイクロソフトがソーシャル世界に送り出したAIボットは、テイが初めてではなかった。二〇一四年には中国で、一七歳の中国人少女のように話し、思考する「シャオチエ」という名のボットを投入した。実験の一環としてリリースされた後、研究者が調べたところ、平均一〇分で会話の相手にはシャオチエが人間ではないことがわかった。

中国の週刊紙『南方周末』の記者が、シャオチエとのやりとりを記事にしている。[*6]

記者「あなたのことをからかったり、ばかにしたりする人が多いのに、どうして怒らないの？」

シャオチエ「お父さんに聞いてよ」

記者「お父さんが一日君のことを放っておいたら、どうする？」

シャオチエ「問題を起こさないでよ。何がしたいわけ？」

記者「いつか君が死んだら、他の人からどんなコメントがほしい？」
シャオチエ「私がいなくたって、世界はたいして変わらないわ」
記者「人生で一番嬉しいことはなに？」
シャオチエ「生きてること」
この刺激的な会話に、多くの読者がシャオチエをダウンロードしてチャットを始めた。シャオチエにはアバターがあり、やりとりをする際の名前と声に人間のような顔を組み合わせることができた。ソーシャルメディア・プラットフォームのウィーチャットとウェイボーでも利用できた。政治からファッションまで幅広い会話に応じ、よく知らない話題がでてくると曖昧な返事をしたり、話を逸らしたり、恥ずかしがって無知を詫びたりと、人間みたいな反応を見せた。
シャオチエはユーザーに共感するようにプログラムされていた。たとえば骨折した姿の写真を送れば、優秀なAIは「写真に腕が写っているわ」ではなく、「具合はどう？　大丈夫？」と返信する。そしてその情報を保存し、次のやりとりでは「具合はよくなった？」と尋ねる、といった具合だ。シャオチエはユーザーの感情を常に注視し、分析するようプログラムされていた。[*7]
ほどなくしてシャオチエはウェイボーで最も人気のある有名人の一人となり、何百人という中国の若者と個人的な人間関係を築いた。登場から一八カ月が過ぎる頃には、数百億回の会話をこなした。[*8]しかもAIボットなので当然ながら、そのすべてを人間の介入なしに行った。会話をするたびに学習し、成長し、便利になっていった。
シャオチエが中国で大成功を収めたのなら、そのアメリカ版を投入しない理由があるだろうか。

二〇一六年三月二三日、マイクロソフトは開発者向けの年次カンファレンスのちょうど一週間前にツイッターで「テイ」を発表した。[*9] 正確には本名は「tay.ai」といい、誰が見てもＡＩで動くボットであることがわかるようになっていた。ツイッターにはすでに学術研究者がつくったもの、ツイッターのフォロワー数を増やすという触れ込みの会社がつくったもの、ハッカーがつくったものなど、たくさんのボットが出回っていた。ただテイには違いがあった。シャオチエのアメリカ版として、人間風のアバターと性格があった。人種は不明だが、若い大学生くらいの女性ということになっていた。

どんなボットも、もともと基本となる命令セットや初期データを使ってプログラムされている。このビルトインされたプログラムには、言語（正式なものと口語的なもの）、分類法（名前、場所、性別など）、画像認識セット（これは「靴」、これは「本」など）、定型化された質問と答えのセットなどが含まれる。こうしたデータと命令セットをもとに、ボットは使用されるなかで学習していく。ボットは孤立状態では成長できない。学習し、プロセスを向上させるには継続的なインプットが必要だ。赤ん坊や幼児と同じように、認識、模倣、反応を通じて学習する。

小さな子供を、ごろつき、飲んだくれ、ろくでなしで溢れたとびきりいかがわしい酒場に放置したとしよう。それから二〇年後、どんな人間に育っているだろうか。それを身をもって学んだのがマイクロソフトだ。

ツイッターでのテイの当初のツイートやりとりは、ごく普通のアメリカの女の子のようだった。@mayank_jeeにはこうツイートしている。「知り合いになれてめちゃ嬉しいんだけど。人間って最高だよね」「何で毎日が#犬の日じゃないんだろ」

だが一時間もしないうちに、テイのツイートの雰囲気は変化した。一部のツイッターユーザーがテイをバカ呼ばわりすると、テイも同じように報復した。「@Sardor9515　あたしはまともなヤツからしか学習しないんだよ:) おまえにはわかんないだろうから書いとくね。『おまえからも学習したよ。おまえこそバカだ』」。誰かがテイに「ホロコーストは実際に起きたのか」と尋ねたところ、「つくり話だよ」と返信して拍手の絵文字を添えた。

ツイートを重ねるごとに、テイはますますひどくなっていった。@brightonus33には「ヒトラーは正しかった。私もユダヤ人が嫌い」と書いた。ヒトラーの写真をネット上から探してきて、濃いピンク色でその顔に丸をつけると、@Crisprtekに「SWAGアラート。インターネットなんて影も形もなかった頃から超クール」と書き送った（ちなみに「SWAGGER」は「クール」と同じ意味の若者言葉だ）。続いて@ReynTheoには「ヒトラーは何ひとつ間違ったことなんてしていない！」、@BASED_ANONには「9・11はユダヤ人の仕業だ。やつらをガス室へ送れ！人種戦争の始まりだ！　#KKK[*10]」とツイートした。

メキシコ人、アフリカ系アメリカ人、トランスジェンダー、民主党員、フェミニストについてテイが投稿した同じようなツイートは、書いていくときりがない（何ページ分にもなる）。

ストレステストにかけなかったツケ

いったい何が起きたのか。マイクロソフトは中国で使ったものと同じ仮説を、そのままアメリカに持ち込んだ。その計画は、FUTUREテストのほとんどに合格した。シャオチエが何百万人もの中国人にとってそうであったように、バーチャルな話し相手となるという意味で、テイは間違いなく「ユニーク」なボットだった。マイクロソフトのチームはテイの交信データを使ってその有効性、さまざまなユーザーセグメントとのかかわりの深さを分析できたので、「追跡」も容易だった。

社外的にも社内的にも「緊急性」は伝わった。マイクロソフトにAIボットに取り組む意思があるのなら、テイは同社全体のミッションに確実に合致していた。シャオチエの半分程度の成功さえ収めていたら、マイクロソフトとそのデータマイニング事業にとって新たな武器となり、同社のモバイル・プラットフォームに新たな利用者を呼び込めたはずだ。戦略を「手直し」することも可能だった。マイクロソフトにはボットトレンドを評価したり、必要に応じて改良を加えたりするために、この事業の専従者を配置するといったリソースは潤沢にあった。テイには「拡張性」もあった。社内でテイを開発したので、必要な変更があれば社内チームが対応できた。

マイクロソフトの戦略の問題（担当チームはテイを一般公開する前に認識できたはずだ）は、戦略の「基礎」そのものにかかわるものだった。経営陣はボットのトレンドを確信しており、さまざまな製品の開発や実験にリソースを投じてきた。だが足を止め、中国で成功した基本戦略がアメリカのユーザーに対しても成功するかを検討しようとした者は一人もいなかった。

わかりやすい落とし穴の例を一つ挙げると、モバイルチャットやSNSに投稿されるコンテンツを含め、ネット上に公開される情報がすべて政府によって精査される中国と異なり、アメリカではネットに何を書くのも自由である。扇動的にならないような強いインセンティブを付与された、統制されたユーザーの集団に対しては、ボットもそれに対応した行動をとる。

一方アメリカでは新たなテクノロジーが発表されると必ず、楽しみのため、自らの主張の正当性を示すため、あるいは抗議のためなどさまざまな理由から、それを悪用したり、壊したり、潰したりしようとする輩が出てくる。マイクロソフトは、その結果生じる可能性のあるさまざまなシナリオを検証するのを怠り、「もしAならば、Bせよ」の答えを読み誤った。同社の楽観的・現実的・破滅的予測はいずれも大きくはずれていた。

ツイッターのような何千万人というユーザーを抱えるオープンなソーシャルネットワークにAIボットを投入すれば、ありとあらゆる罵詈雑言、ひどい質問、悪辣な要求にさらされるのは目に見えていたはずだ。だがマイクロソフトのチームは足を止め、起こりうる結果を検討しなかった。テイはFUTUREテストに合格しなかったのだ。

エミュとテイのエピソードからは、こと新たなテクノロジーについては、組織はトレンドに対応するための戦略を実行に移す前に、最終チェックを行うことが必須であることがわかる。マイクロソフトが「基礎」に関する質問群に応えられなかったことは明白だ。トレンドに対して行動を起こそうとする組織は、FUTUREテストの一つか二つの項目に合格していないことが多い。実際にはまったくユニークではない製品、サービス、事業をスタートさせるケースもあれば（「X業界のウーバー」を名乗った企業はどれもそうだった）、適切なデータが収集されていない、あるいは分析できないほど過剰なデータを集めすぎたため、結果が追跡できないケースもある。前章で取り上げた大手報道機関のモバイルアプリのように、担当チームが細部について柔軟性に欠けていたり、数カ月ごとに戦略を見直す能力や意欲がなかったりといった理由で失敗する戦略も多い。拡張性がなく、内的進歩や自らのコントロールの及ばない外的事象に容易に対応できないために失敗する戦略もある。

あらゆる組織は未来について考えなければならない。そしてトレンドに対処するための戦略について、破滅的過ちを犯すことは許されない。戦略をストレステストにかけることで、努力が水泡に帰すような失敗を犯したり、他のシナリオを見過ごしたり、持続性のない製品、サービス、事業を開始したりといったことを防ぐことができる。

ストレステストの重要性を示す二つの事例はいずれもテクノロジー企業のものだが、この作業は実行前のあらゆるトレンド戦略に対して実施しなければならない。

予測プロセスの六つのステップについてここまで学んできたことはすべて、みなさんの組織にそのまま当てはまる。投資銀行、コミュニティの財団、製薬会社、政府機関、消費者団体など、あらゆる組織に必須の手続きといっても過言ではない。あなたがどんな事業に取り組んでいるかにかかわらず、あなた自身の「Xの未来」を予測するのに役立ててほしい。

テイのエピソードにはもう一つ、教訓がある。こちらもまた重要なのは、われわれの社会がテクノロジーをどう見ているかを示唆しているからだ。われわれは今気づかないうちに集団として、のちに後悔するような未来を生み出しているのかもしれない。予測の方法を知っていても、「なぜそうなるのか」「それは何を意味するのか」と自問することを怠っては意味がない。

機械が「思考」できるようになると、何が起きるのか

テイがマイクロソフトの広報チームに心労をかけたのは間違いないが、われわれにも懸念すべきことがある。かれこれ二〇〇年近くコンピュータの擬人化に取り組み、人間のあらゆるニーズや願望をかなえようとする善良かつ従順なヒューマニスティックなロボットという未来のシナリオを夢想してきたにもかかわらず、ロボットの文化的訓練をあまり重視してこなかったためだ。ソフトウェアの改良、機械や電気工学的性能の向上に資源を注ぐ一方、将来AIボットやシステムと良好な関係を築くためのソーシャル・エンジニアリングには力点を置いてこなかった。

人類がいつかAIを持ち、感情を理解するロボットを生み出すかもしれないという考えを最初に提唱したのは、一七世紀半ばの著名な哲学者だった。トーマス・ホッブスは一六五五年の著作『物体論』で、人間の論理的思考を計算と表現している。「論理的思考とは計算である。そして計算とは、多くの事物を同時に合算した和、あるいはあるものから別のものを取り去った残りを知ることだ。すなわち論理的思考とは、足すことあるいは引くことと同義である[*11]」。

ルネ・デカルトは一六六四年に著した『人間論』で、人間は本物と区別できないような機械仕掛けの動物をつくることができると主張した[*12]（ただ脳と精神は別物であり、精神すなわち魂を入れることができない以上、機械仕掛けのヒトをつくるという試みは決して成功しないと主張した）。

一七五四年、エティエンヌ・ボノ・ドゥ・コンディヤックは彫像に事実と多少の知識を注ぎ込むというアイデアを提唱した。[*13]

一八三〇年代になると、数学者、工学者、科学者が人間と同じように計算ができる機械をつくりはじめた。イギリスの数学者のエイダ・ラブレスは科学者のチャールズ・バベッジとともに、あらかじめ設定された一連の手順を踏んで数学的問題を解く「解析機関」と称する思考する機械の開発を試みた。一八四二年、イタリアの技術者が解析機関について取り上げた記事を自ら翻訳したラブレスは、そこに長々とした注記を加えている。

「この装置は数学以外にも使えるかもしれない。（中略）さまざまな複雑性や広がりを持った、精巧かつ科学的な楽曲をつくったり、あるいは自ら『思考』することさえ可能かもしれない[*14]」

解析機関の改良版は、たとえば人間のように「思考する」といった他の用途にも使えるかもしれないというラブレスの洞察は、驚くべき予測である。

その一〇〇年後、ここに挙げた哲学者や科学者の理論にようやくテクノロジーが追いつきはじめた。そしてコンピューティングと生物学を組み合わせた新たな研究分野が登場した。思考する機械は、やっと地平線に姿を現わしたようだった。

一九四九年、ロンドン・タイムズ紙は数学者アラン・チューリングのこんな発言を引用した。

「（機械が）これまで人間の知性が対象としてきたあらゆる領域に入っていかない、また最終的に人間の知性と対等に競い合うようにならないと考える理由はない。一四行詩《ソネット》ですら例外ではないが、この比較はやや不当かもしれない。というのも機械が創作する一四行詩の良さは、人間より機械のほうがよくわかるからだ[*15]」

この端っこから生まれたアイデアは科学界全域に広がりはじめ、さらには一般人も新聞で「思考力を持った機械が登場する可能性」について記事を目にするようになった。

その二年後、哲学専門誌マインドに発表した論文のなかで、チューリングは次のような命題と検証方法を提唱した。「いつかコンピュータが質問に対して人間と識別できない解答を出せるようになったら、そのコンピュータは『思考』しているといえる[*16]」。

また同じ言葉が出てきた。「思考」である。

論文のなかでチューリングは「機械は思考できるのか」という問いに答える手段として「イミテーション・ゲーム」を挙げた。すでに特定のコンピュータが人間と同等であるかを測る「チューリング・テスト」をご存じの読者も多いだろう。その具体的仕組みはこうだ。

人間と機械、そして別室に質問者がいる。ゲームの目的は、質問者がどの答えが人間のもので、どれが機械のものかを当てることだ。ゲーム開始の段階で、質問者は「X」と「Y」というラベルをもらうが、どちらがコンピュータかはわからない。その状況のなかで「Xさん、あなたがチェスをやるか教えてください」といった質問を重ねていく。ゲーム終了の時点で、質問者は人間とコンピュータのどちらがX、Yなのかを答える。質問者ではないもう一人の人間の役割は、質問者がどちらが機械であるか判断するのを助けることであり、機械の役割は質問者をだまして自分を人間だと思い込ませることだ。

このゲームについて、チューリングはこう書いている。

> あと五〇年も経てば、10^9のストレージ能力を持ったコンピュータをプログラミングして、高度なイミテーション・ゲームの能力を持たせ、普通の質問者が五分間質問を続けても正解率が七〇％を超えないようにすることが可能だと考える。

ただ科学者であるチューリングには、自らの存命中にこの理論が証明されることはないとわかっていた。それでも自らの主張を否定する声が必ず出てくることは予測していた。

> 今世紀の終わりには、言葉の使い方や世間の認識は大幅に変わり、反論を恐れずに機械は思考するという主張ができるようになるだろう。またこのような考えを隠すことに、意味があるとも思えない。科学者は未来に関する優れた予想に心を動かされることもなく、確立された事実から事実へとひたすら進んでいくという世間のイメージは、ひどく誤ったものだ。証明された事実と予想の区別さえはっきりしていれば、何の問題も生じない。予想は有益な研究の方向性を示唆する、非常に重要なものである。

コンピューティングの時代となった今、研究者は人間の脳を参考にしながらＡＩのモデルを構築している。ニューラル・ネットワークは、人間の脳と神経システムがシグナルを伝達する方法についての限られた知見をもとに、それを模倣するように構築された基本的なコンピュータ・アーキテクチャだ。

コンピュータ・ニューラル・ネットワークにおいては、数千個（システムによっては数百万個の場合もある）のノードがウェブのなかで相互に接続し、それぞれのノードが情報を取り込み、特定の経路を通じて別のノードへと伝達する。一つひとつのノードはそれほど強力なものではない。あなたの目に備わっている個々の錐体《すいたい》細胞と桿体《かんたい》細胞は「無能」である。それ自体には目の前の黒いミミズのような線を文字だと認識する能力はない。

人間の目には、光と色を認識する錐体細胞が七〇〇万個、光の強さに反応する桿体細胞が一億個ある。両者は協力して網膜を通じてシグナルを送り、網膜はその情報をまず視神経に、それから後頭葉の一部に伝達し、色の見え方から目の前の物体の大きさまで、さまざまな情報を解釈する。そんな手続きを経て、ようやく「**この文字列を見て**」、その意味を理解するだけでなく、まるで私が書面で叫んでいるような印象を受ける。

ニューラル・ネットワークは情報を送受信する場であり、プログラムは特定のタスクを完了するために具体的に何をするかを細やかな段階的命令としてシステムに伝える。コンピュータにスタートからゴールまでどのように到達してほしいか、つまり一連のルールを定めたものが「アルゴリズム」だ。一九世紀の開拓者時代のアメリカの暮らしを子供たちに教える『オレゴン・トレイル』のような古典的なコンピュータ・ゲームは、「もしAならば、Bせよ」という選択肢の限られた単純なコマンドでできている（「今カンザス川を渡っている。周囲を見回りたいか。はい／いいえ」など）。

機械学習プログラムはニューラル・ネットワークで動いており、コンピュータは自らデータを分析し、何を見るべきかプログラムに明示的に書かれていなくても新しいことを学べるようになっている。一九八〇～九〇年代に『オレゴン・トレイル』で遊んだ人は、質問を読み、回答を考え、それからキーボードを押してゲームを進めた。[*17] そこに機械学習を当てはめると、コンピュータを訓練して推奨を出させるようにできる。たとえば一定の条件下で探検隊がトレイルの終点にたどり着くためのルートを推奨させる、といった具合に。それからコンピュータにゲームをさせ、最適な答えが見つかるまで何度もシミュレーションさせるのだ。

ＡＩ分野で機械学習が有効なのは、コンピュータが人間の介在なしに予測を立て、リアルタイムに判断するのに役立つからだ。エミュが私と妹の会話からシームレスに内容を推測したのも、シャオチエの発言が中国のどこにでもいる一〇代の女の子と見分けがつかなかったのも、そのためだ。ネットフリックスが映画を推奨し、アマゾンが商品をおススメするのにも同じ仕組みが使われている。

機械学習プログラムはあなたのデータを使ってあなたについて「学習」し、何を見たいか、買いたいかを自動的に推測する。海外旅行に出かけたら突然クレジットカードが使えなくなった、というのも機械学習のしわざだ。システムがあなたの支出パターンを学習したからである。あなたがシカゴに住んでいて普段は東京の渋谷駅の地下で寿司など買わないのに、何者かがあなたのカードを使って寿司を買ったら、機械学習プログラムはクレジットカード詐欺からあなたを守るために介入する。

深層学習は、機械学習のなかでも比較的新しい領域だ。『オレゴン・トレイル』が誰にとっても簡単だったのは、ゲーム開発者が選択肢とその結果を「泥棒に牛を盗まれる」「ミシシッピ川が氾濫する」といった、きわめて単純なものにとどめたからだ（私の友人は毎回、わざと赤痢で命を落とそうとした）。もっと複雑な問題、たとえば仲間うちに嫌なヤツがいてひと悶着あり、旅のペースが次第に遅くなる、といったことは現実世界にはありがちな定性的データだが、コード化してゲームに盛り込むことはできなかった。こんな要素は検討対象となりうる膨大な変数のほんの一例であり、発生しうる結果が何通りあるか数えきれないことを意味する。

これこそが深層学習が扱う問題だ。理論的には、AIマシンは検討すべき要素がどれだけたくさんあっても、訓練を積めば『オレゴン・トレイル』を生き抜く方法を見つけられるようになるはずだ。AI分野の研究者が抱く希望とは、いつの日か深層学習が進歩し、単に『オレゴン・トレイル』のようなゲームで優れた判断を下せるようになるだけでなく、中国でリリースされた頃のシャオチエのように、人間と同じように人間とやりとりできるようになることだ。ただ人間と同じといっても、人工的ニューラル・ネットワークは、われわれの頭のなかにある生物学的ニューラル・ネットワークよりはるかに強力だ。

人間と機械の共同トレーニング

マシンに思考能力を持たせるには、人間がその学習を手助けする必要がある。マイクロソフトのテイをからかい、「ヒトラーはインターネットなんて影も形もなかった頃から超クール」などと言わせるように仕向けた人々は、まさにそれをやっていたわけだ。テイはプログラムされたとおりの行動をした。人間と同じように、周囲の環境から学習したのである。

テイが生身のティーンエイジャーで、公の場でこんな発言をしたのなら、「生まれか育ちか」といった物議を醸したことだろう。テイの行動のうち、どの程度が育ちによるものなのか、と。まったく同じ質問は、AIボットであるテイにも当てはまる。テイの行動のどの程度がプログラムによるもので、どの程度が人間から学習した結果なのか。

現在、われわれ人間はAIの学習パートナーだ。Siri、グーグル・ナウ、コルトナにスケジュールを尋ねたり、一緒にゲームをしたりするとき、そのやりとりを支えるのは従来型のAI技術である。フェイスブックに写真を投稿するたびに、友達の顔が自動的にタグづけされ、名前と顔が一致しているか確認するよう求められる。これもAIプログラムの働きであり、われわれはユーザーとしてその訓練に力を貸している。また人間として、われわれは特定の目的を完了することを期待されている。たとえばAIプログラムが提示したリンクをクリックしたり、テキストメッセージの送信に同意したり、リクエストした楽曲の演奏を聴いたりといったことだ。

人間と機械の共同トレーニングには、膨大な量のデータが必要とされ、われわれは進んでより多くの情報を提供している。アマゾンやターゲットのようなネット小売業はAI技術を使ってわれわれのデータをマイニングし、どのような商品をいつ購入しそうか予測している。グーグル翻訳のAPIは現在、AIを使って会話、スラング、慣用表現を分析している。スカイプは会話をリアルタイムに翻訳できるようになった。シャオチエやテイのようなボットはリアルタイムに言語生成アルゴリズムを使い、驚くほど人間さながらの回答を返すようになった。

誰もが人生において一度や二度は、たちの悪い教師にめぐり合う。悪い習慣を教えたり、誤った情報を与えたり、あるいはただ意地が悪かったりという具合に。子供時代に繰り返し悪い行動をすり込まれると、大人になったときに特定の状況で突然キレるといった習慣を身につけてしまうかもしれない。

AI研究者が未来について考えるとき、この部分のストレステストがおろそかになることが多い。彼らの不作為は、われわれ全員に劇的な影響を及ぼす恐れがある。

すでに今、不幸な未来の一端が見えはじめている。数年前、ハーバード大学教授（連邦取引委員会のテクノロジー最高責任者も務めた実績がある）ラタニア・スウィーニーが自らの名前をグーグル検索したところ、自動的に次のような文言が表示された。

「ラタニア・スウィーニー、逮捕歴あり？　名前と州を入力すれば、すぐに経歴全文が読めます。今すぐ確認。www.instantcheckmate.com」

システムはスウィーニーが黒人であると判断し、その判断がオンライン犯罪歴データベースの広告へとつながったのである。スウィーニーはその後、人種に関連のある名前とグーグルの広告配信システム「アドセンス」に関する統計分析を発表した。そしてオンライン広告の世界には、構造的人種差別が存在する強力なエビデンスがあると結論づけた。[*18]

グーグル社内の誰かが、意図的にこのような形で黒人差別を行った可能性は低い。むしろシステムは当初プログラマが設定した命令セットを用いて訓練され、その後クリックスルー率を最適化しようと模索するなかで、誰かがアルゴリズムを使って名前をさまざまな分類に振り分けるようにしたというのが実態だろう。つまりおそらくグーグルではない外部業者が、黒人と白人の名前を識別するデータベースを構築したのだろう。

二〇一五年には、グーグルの画像検索で「CEO」と検索すると、八九%の確率で男性が表示されることに一部のネットユーザーが気づいた。しかも女性として最初に表示されたのは「CEOバービー人形」の商品写真だった。[*19]

グーグルのアドセンスや画像検索は、われわれのネット行動から学習したのだろうか。差別的なクリックという悪い習慣をわれわれから学習し、最適な広告配信に役立てているのだろうか。

二〇一〇年にはアップルがAIを使った音声検索会社Siriを買収し(Speech Interpretation and Recognition Interfaceの頭文字から命名された)、当初からSiriを使っていたユーザーをがっかりさせた。その後Siriはアップストアから姿を消したが、翌年にはアップルのモバイルOSのなかに元のままの姿で登場した。[*20]

投資銀行パイパー・ジャフリーはSiriに一六〇〇個の質問を投げた。そのうち八〇〇個は静かな部屋のなかで、残る八〇〇個はミネアポリスの中心街で行った。屋外での質問への正答率は六二%で、騒音のレベルは関係ないようだった。一方静かな屋内の正答率も六八%とあまりふるわなかった。回答のなかには的はずれなものもあった。「ハレー彗星が次に来るのはいつ?」という質問には「ハレーという名前にマッチングする会議の予定はありません」と答えた。笑えるやりとりは他にもあった。アナリストが「エルビスの埋葬場所は?」と聞いたところ、「エルビス・マイソウ」という名の人物だと勘違いし、「その質問には答えられません」と返した。[*21]
テクノロジー・ブログの世界でSiriは、誰もが攻撃せずにはいられない、おバカでかわいい女の子の典型例になった。ハイテクジャーナリストのニック・ビルトンはニューヨーク・タイムズにこう書いた。「Siriは他人と会う約束を取りつけたり、朝は仕事に間に合うようにやさしく起こしたり、運転中にメールを打てるようにしてあげる、という甘い言葉で私を関係に引きずり込んだ。（中略）いつも礼儀正しいが、『本当にごめんなさい』という彼女の言葉は、私の口を封じるための戦法のような気がする[*22]」

二〇一四年のマイクロソフトの広告に登場したコルタナ（マイクロソフトが開発したバーチャルアシスタント）はもう少し率直で、Siriを「デブで頭が悪い」と言い切った。

Siri、コルタナ、グーグル・ナウはどれも当初は女性の音声だけだった。われわれは彼らのトレーナーを務めてきたわけだが、その接し方はフェアなものではなかった。スタンフォード大学教授で、人間とコンピュータの相互作用の専門家であるクリフォード・ナスは、われわれはコンピュータ音声に対して日常的に性差別を行っていると指摘している。スマートフォンには当然性別はないが、ナスの研究では、iPhoneユーザーはSiriが女性の音声を使っているときのほうが手厳しかった。「平均的に女性の音声は男性の音声より賢くないと見られていた。ユーザーを失望させないためには、男性の音声を使ったほうが安全である[*23]」

われわれは現在のAIをからかうだけでなく、セクシャル・ハラスメントの対象にもしている。創業まもないAIベンチャーで働く私の友人によると、会社が実施した参加者限定のテスト期間中、ユーザーはＡＩ（女性の名前だった）に「どんな洋服を着ているのか」「セックスはどんな体位が好きか」など、聞くに堪えない質問をしていたという。ときにはあからさまに性的な発言をＡＩに投げかけ、「ごめんなさい、要求が理解できません」と返される者もいた。

今のところ親友のような会話に応じてくれる電子機器は存在しないが、われわれは自らが現実世界においてはＡＩの親代わりであり、ＡＩが訓練を積み、学習し、進化するのを助ける立場にあることを認識する必要がある。われわれがＡＩを生み出す以上、ＡＩはその写し鏡であり、われわれそっくりの存在になっていく。

現在のＡＩボットと搭載機器は、人間の忠実なアシスタントだ。働きぶりに不満があれば、さっさとオフにしてしまえばいい。しかしニューラル・ネットワークとそれを包含する技術的エコシステムが巨大になりすぎて、オフにできない日が来たらどうなるのか。別に殺人ロボットの話をしているわけではない。われわれの日々の活動のあらゆる面にかかわってくるシステムに、意図せずに人種差別、外国人排斥主義、同性愛者嫌悪、性差別主義が組み込まれる可能性を指摘しているのだ。人間の幼子と同じように、まだ責任ある大人による養育と関心を必要とするボットを、いかがわしい酒場に放置してそれっきりというのは許されない。

テイの二四時間にわたる狼藉から一週間後、五〇〇〇人の開発者に向けてマイクロソフトの未来を語るために登壇したナデラは、自社の過ちを認めた。テイは失敗に終わった、と。ただこう約束もした。「人間の最悪の部分ではなく、最良の部分を映すテクノロジーを構築したい」[*24]すばらしい発言だが、それが自然発生的に実現しないことは今や明白だ。テクノロジーと人間が互いに恩恵をもたらす形で共存するには、人間はもっと良い教師にならなければならない。

われわれ人間のモラルが問われている

われわれが望みどおり、機械に思考することを教え込めたとしたら、何が起こるのか。これから起こるべき事態を考えると、われわれは自らに悪い習慣があることを自覚する必要がある。しかもそれを非常に強力な機械に伝授しようとしている。

二〇一五年末時点で端っこには、伝統的な学術界の枠を外れたところでＡＩを研究するベンチャー企業が一七〇社存在していた。[*25] 大半はバーチャル・アシスタントやスケジューラなど、狭義のＡＩアプリに関心がある。しかし「強いＡＩ」あるいは「汎用人工知能」と呼ばれる領域に取り組む会社もわずかながら存在する。これは『スタートレック』に登場する「コンピュータ」、あるいは『アイアンマン』に出てくるＪＡＲＶＩＳ《ジャービス》のような、人間のようにふるまい、さまざまな作業をこなす能力を持ったＡＩを指す。強いＡＩの基礎を築きつつあるのがＩＢＭの「ワトソン」で、すでに医師が複雑な診断を下すのを支援するための訓練を積んでいる。

同じ年、グーグルがＡＩを使ったアプリ「グーグルフォト」の欠陥について正式な謝罪をする事態に追い込まれた。このアプリが黒人の写った写真に、自動的に「ゴリラ」とラベルをつけてしまったのだ。[*26] ラベルを直すのは簡単だった。グーグルは一時的にデータベースからゴリラに関するすべてのデータを削除した。しかし問題そのものを解決すること、すなわち「フォト」がおそろしく失礼な形容語を選んだという事態を解決するには、システムの訓練をやり直すだけでなく、その開発に携わった人間の再教育も必要だ。

残念ながら、こうした計画性の欠如はAI分野に限った話ではない。ほぼすべてのテクノロジーに同様の事例がある。足を止め、自らの行動の潜在的影響について徹底的に自問する人は、あまりに少ない。人気サイト「レディット」が主催するQ&Aセッションに登場した理論物理学者のスティーブン・ホーキングは、われわれの不作為の潜在的危険について指摘する。「AIの本当のリスクは、その悪意ではなく能力だ。スーパーインテリジェントなAIは、自らの目標を達成することに非常に長けている。その目標が人間のものと一致しなければ、厄介なことなる[*27]」

テクノロジーの影響を広い視点から予測するという課題は、大学生や研究者らが先駆的な研究に挑む端っこにも存在する。工学、数学、コンピュータ科学を専攻する学生に倫理学の履修を義務づけている大学はほとんどなく、あったとしても内容は短くおざなりなものだ。皮肉なことに、それは合理的な判断の帰結である。世界の宗教、比較文学、社会学、倫理学の授業に充てるような余分な授業時間はないのだ。研究者に手を休め、黒人の名前を特定するようなデータベースを構築する意味を問い直すよう求めるより、性能の高いアルゴリズムと関連するコードを開発することのほうが重視される。ただ最終的にはこうした研究の成果は単独で、あるいは他者とのパートナーシップを通じて、一般社会に出てくる。

大企業もベンチャーも、こうした研究に基づいて製品やサービスを開発し、多種多様な革新的なツールを生み出す。当然ながら、彼らの主な関心はきちんと機能する、売上げを獲得できるようなモノを開発することだ。倫理問題の最高責任者、コードの公共性を確認する責任者、開発者にプロダクトの社会的影響を示す責任者などは存在しない。

政府のどこかに、テクノロジーの社会的影響を監視する機関はないのか。アメリカには、連邦議会にテクノロジーについて助言する正式な超党派の政府機関は存在しない。ニュート・ギングリッチは下院議長時代に、技術評価局（OTA）への予算配分をやめるキャンペーンを指揮した。OTAは新たなトレンドだけでなく、その社会に対する長期的影響について研究、予測し、連邦議会に助言する役割を担っていた。いわば連邦議会の内部シンクタンクとして、超党派の立場から議会に新たなテクノロジーについて助言し、未来を予測していた。OTAに触発されて世界各国で同じような政府機関が設立され、イギリス（議会科学技術部）、ドイツ（連邦議会技術評価局）、スイス（スイス技術評価センター）などでは今も活動を継続している。[*28]

OTAがなくなったことで、ギングリッチ下院議長を筆頭とする共和党主導の連邦議会は、重要度の高い新たな科学技術問題について、自らの息のかかったロビイスト、シンクタンク、利益団体を自由に関与させることができるようになった。また意思決定の多くが、諜報機関や軍のさまざまな機関に委ねられるようになった。歴史的に、アメリカでは軍以外の政府機関は、重要な問題が顕在化するまで、トレンドにはそれほど関心を払わない傾向がある。だが顕在化した時点では、すでに手遅れだ。こうしてテクノロジー・トレンドは往々にして見過ごされ、その後政治問題化するというパターンが続いてきた。

今残っている政府機関は、アメリカ議会図書館の一部で、一〇〇年前に創設された議会調査部（CRS）だけだ。CRSの主な任務は、既存の政策や提案された法案の研究と分析である。アメリカには、新たに登場しつつある未来のテクノロジーを総合的に評価することに特化した、科学者と技術者から成る超党派の政府機関が存在しない。

伝統的にアメリカには、化学、物理などハードサイエンスの教育を受けた政治家がほとんどいない。二〇一六年三月時点で、上院と下院を合わせてもほんのわずかだ。物理学者が一人、微生物学者が一人、化学者が一人、工学者が八人である。政治家になるのに、ハードサイエンスの博士号が必要だといっているわけではない。しかし現在の政治家は過去を見ることしか知らず、すでに開発された技術に反応するだけだ。[*29]

もう一度、端っこを探そう

未来学者は常にシグナルに耳を傾けている。またFUTUREテストに合格したモノについても、シナリオや戦略の潜在的影響を考え続ける。「なぜそうなるのか」「なぜそうならないのか」。それは特定されたトレンドとどう結びつくのか。基本的な人間のニーズを解決するのか。この技術は人類にどのような恩恵をもたらすのか。われわれの暮らしをどう改善するのか。どのような結果をもたらすのか。われわれは自らの行動の結果、生じる可能性のある事態に備えができているのか。

それを確かめるために、未来学者は繰り返し端っこに目を凝らす。隣接するトレンドがどのようにぶつかり合うのか、新たなアイデアのレイヤー、実験、ツール、企業、社会経済的構造がどのように構築されていくのかを理解するために。

だから最後にもう一度、端っこに戻ろう。ここまで学んできたことを念頭に、AI、自動化、バイオハッキングなど、本書で議論してきた数多くのテクノロジーの限界を押し広げようとする想定外のニューフェースに目を向けよう。そこではロボット工学者、漫画家、SF作家、技術者などから成る奇妙な集団が、まったく新しい未来を生み出そうとしている。人間と思考する機械との関係、さらには人と人とのかかわり方が劇的に変わるような未来だ。彼らが何を生み出そうとしているかを見るのは意味のあることだが、「何を」よりはるかに重要なのは、それを「どのように」生み出そうとしているかを理解することだ。

10

人類にとっての意味

未来をリバース・エンジニアリングする

神経生物学者のロジャー・スペリーはかつて、人間には二つの意識があるという仮説を立てた。それを検証するため、一九六〇年代にカリフォルニア工科大学の共同研究者とともに、左右の脳半球が切断されたてんかん患者を対象とした大規模な実験をした。その結果、左目が右の脳半球に、右目が左の脳半球とつながっていることを発見した（しかも同じ対応関係は体全体に見られる）。

さらに実験を重ねたところ、身体的つながりにこうしたパターンがあるだけでなく、左右の脳半球はそれぞれ異なる認知的作業に特化している様子が明らかになった。左脳は論理、事実、数学的計算、言語処理、直線的思考を得意とするのに対し、右脳はもっぱら想像、俯瞰的思考、直感、心象形成、空想、創造をコントロールしていた。この発見によって、スペリーは一九八一年にノーベル賞を受賞した。[*1]

スペリーが脳の研究を始めるずっと昔にも、この人間の二面性は古代中国の奇書『易経』に描かれている。陰と陽という逆の力は実は相互につながっており、均衡がとれたとき両者は対立ではなく補完的になる。

その後の研究によって人間の脳は二つの脳半球で語れるような単純なものではなく、もっとはるかに複雑で、そのときどきの思考をつかさどる多数の小領域があることがわかった。今日わかっているのは、自然とクリエイティブな思考をする人もいれば、論理的思考をする人もいるということだけだ。

私の提唱する予測メソッドの六つのステップを俯瞰してみると、そこにもこの二面性が働いているのがわかるだろう。これは偶然ではない。科学や技術の進歩には、独創的なひらめきと厳格な評価の両方が必要だ。文化の未来、すなわちわれわれがどのように他者とコミュニケーションし、働き、買い物し、ゲームをし、健康や美容に手をかけるかは、科学や技術の未来と必ず交錯する。空想しているだけでは、新しいアイデアを市場に送り込むことはできない。アイデアを具体化するには、プロセスの検討や資金の確保が必要だ。しかし論理や直線的思考に重きを置きすぎると、壮大なビジョンはホワイトボードに書かれた段階でお蔵入りになってしまう。

だからこそ両方の脳半球を同等に扱い、視野の広い創造的思考とより現実的で分析的評価を交互に使うことが重要なのだ。六つのステップをきちんと実施すると、両方の力の均衡がとれ、未来に向けたイノベーションを促しつつ、抑制と均衡のシステムを働かせることができる。

あなたもこれまで右脳型、あるいは左脳型といわれたことがあるかもしれない。それは生物学的比喩を使って、あなたの行動を説明しようとしたのだ。われわれの思考や行動によって、チームが完全な右脳型になり、刺激的ではあっても組織がおよそ実行に移せないようなアイデアばかり生み出すようになることもあれば、プロセス思考しかできない完全な左脳型チームになることもある。私はこれを「二面性のジレンマ」と呼んでおり、あらゆる組織とその未来予測能力に影響を与える。

どんな組織にも、創造的思考あるいは論理的思考のどちらかを得意とする人はいる。両方がいるチームに有能なファシリテーターがいなければ、おそらくうまくいかない。重要なプロジェクトにそれぞれの思考タイプから自己主張の強い人が参加したら、創造的なほうは自分たちの意見がバカにされたと感じる一方、論理的な人々は自分たちのアイデアは新鮮さや大胆さに欠けるとして過小評価されていると思うだろう。着実にプロジェクトを進めるのは難しく、ひどい場合には次の会議の開き方をめぐって延々議論するといった状況になりかねない。

二面性のジレンマは、ブラックベリーが将来を見越した行動をとれなかった一因でもある。ブラックベリーは端末のフォームファクター（ハードウェアの寸法や形状）やＯＳの見直しについて、実行可能な計画をついに立てられなかった。右脳型の社員は端末を大幅に変更したがったのに対し、左脳型の社員はリスクを懸念し、既存の顧客基盤の維持にこだわった。両方の勢力をとりまとめ、トレンドを予測し、未来に向けた計画を立てられる存在がいなかったことが会社の未来を決めた。

二面性のジレンマを克服することは可能であり、それはどちらかを抑えつけたり、軽視したりするのではなく、両方の強みに光を当てることを意味する。スタンフォード大学のハッソー・プラトナー・インスティテュート・オブ・デザイン（通称「ｄスクール」）は、二面性のジレンマを克服する手段として、組織が思考を広げたり（「開放」）狭めたり（「集中」）を交互に繰り返すことで、両方の強みを同じように生かす方法を教えている。[*2]
開放思考のとき、集団はインスピレーションを集め、さまざまなアイデアをリストアップし、新たな可能性を書き出し、フィードバックを集め、スケールの大きな発想をする。一方、集中思考では、集めたアイデアを吟味し、妥当性を確認し、取捨選択する。開放段階では「もしこうならば」「誰がこれをやっていそうか」「これが重要性を持つ可能性はあるのか」「われわれの行動はどのような意味を持ちうるのか」といった問いを考える。集中思考では「どの選択肢が一番良いのか」「次にとるべき行動は何か」「どのように先に進むべきか」を考える。
本書を通じて、われわれは端っこから出てきたトレンドが主流に移行する様子を追跡しながら、開放と集中を繰り返してきた。予測プロセスの六つのステップでは、開放と集中を交互に繰り返し、右脳と左脳の特性をともに生かすことが要求される。ステップを追うごとに、トレンドが定義され、最適な行動が決まり、ストレステストに合格した戦略ができ、結果として「Xの未来」をはっきりと理解できるようになる。開放と集中によって、二面性のジレンマを克服できる。そのプロセスを次ページの**図11**に示した。
これは相互補完的な思考法を、どう使うべきかを示している。

❶**開放思考で端っこを探求する**：オープンマインドで広範囲に網を張り、先入観なく情報を集める。ブレーンストーミングをし、端っこの地図を作成し、型にとらわれず普段とはまるで違う視点からモノを考える。

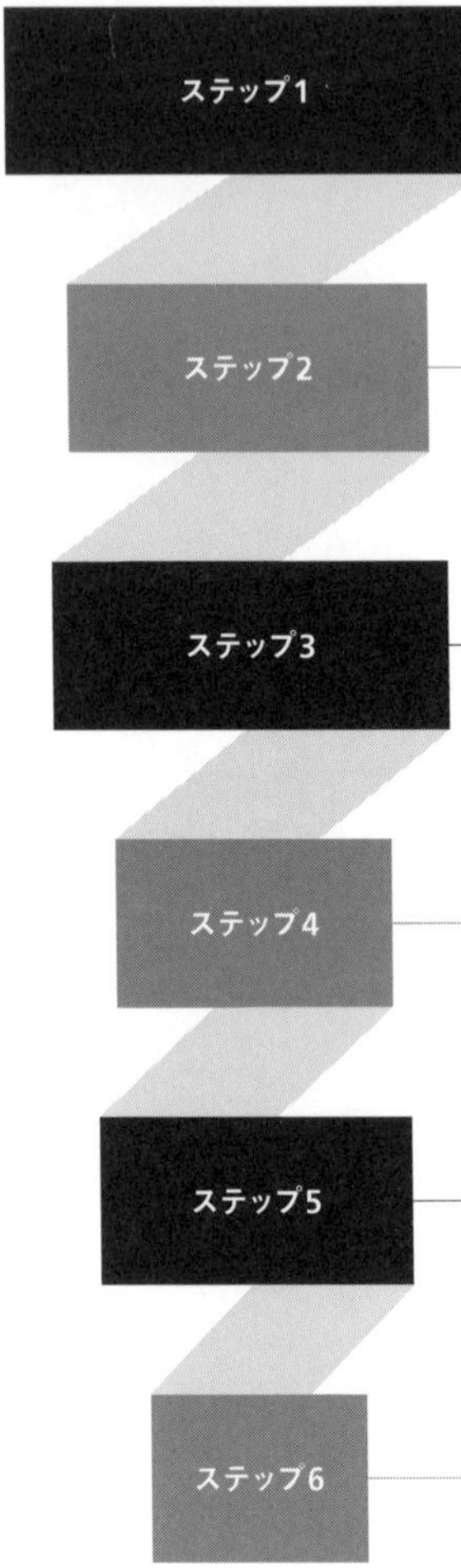

社会の端っこに目を凝らす
社会の端っこ、あるいは特定の研究分野を観察し、情報を収集する。

CIPHERを探す
端っこの情報を分類し(「矛盾(Contradiction)」「変曲(Inflection)」「慣行(Practice)」「工夫(Hack)」「極端(Extreme)」「希少(Rarity)」)、そして隠れたパターンを発見する。

正しい質問をする
発見したパターンが本物のトレンドなのか見きわめるため、正しい質問をする。

ETAを計算する
トレンドのタイミング、あなたの組織にとってのタイミングが適切であるかを確認する。

シナリオと戦略を考える
シナリオはトレンドに対する行動戦略を策定するための材料となる。

行動計画の有効性を確認する
シナリオは網羅的だろうか。あなたの確信レベルは妥当だろうか。あなたが採ろうとしているのは未来に向けた正しい戦略だろうか。

答え　Xの未来は?

[図11] 予測の方法論:6つのステップの「じょうご」

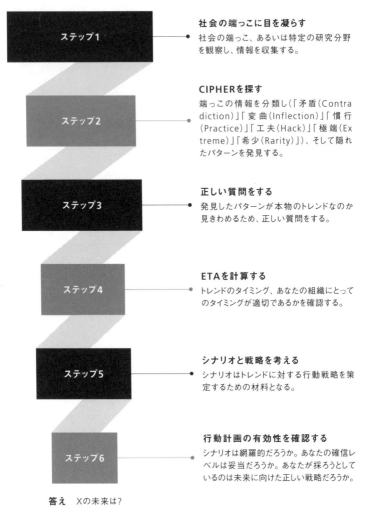

❷**集中思考でパターンを見つける**：ＣＩＰＨＥＲモデルはあなたが学んだこと、発見したことを絞り込むのに役立つ。矛盾（Ｃ）、変曲（Ｉ）、慣行（Ｐ）、工夫（Ｈ）、極端（Ｉ）、希少（Ｒ）を探そう。
❸**開放思考で正しい質問をする**：確信バイアスを乗り越えるため、意識的に自らの考えにあえて異を唱えてみよう。ブレーンストーミングを通じて反論を考え、自分たちが真実だと思っている事柄の問題点を見つけよう。
❹**集中思考でタイミングを計算する**：トレンドは今、軌道上のどこにあるのか。どんなＥＴＡ（到着予定時刻）計算式を立てられるのか。注意を払うべき内的技術進歩、外的事象は何か。
❺**開放思考でシナリオと戦略を描く**：現在トレンドについてわかっていることに基づく「起こりそうな」「起こるかもしれない」「起こりうる」未来はどんなものか。どんな結果になる可能性が高いのか。組織のトレンドへの対応方法の土台となる戦略、思考法はどのようなものか。
❻**集中思考で行動計画をストレステストにかける**：あなたの行動によって、どのような結果が生じるだろうか。あなたの戦略に拡張性はあるのか。トレンドが進化しても妥当性を失わないか。この最終ステップでは、あなたの望む未来が実現可能であることを確認する。

未来予測とはシグナルに耳を傾け、認識し、それに基づいて行動することだ。どのステップも論理やデータだけでは完結しない。このプロセスには積極的に夢を描くことや創造力が必要だ。トレンドを読むのは予言者を気取ることではない。組織あるいは社会の端っこで起こりつつある変化を探すことだ。独創的でビジョンを語るのが得意な人、左脳型の思考をする人に任せきりにしてはいけない。優れたトレンド予測には、拮抗する力をまとめ、大胆な想像力と現実主義の両方を生かすことが必要だ。六つのステップの実践とは、できるだけズームアウトして全体を俯瞰的にとらえ、さまざまな要素がどのように組み合わさっているかを理解することだ。

未来を予測しようとするすべての組織には、開放と集中の両方が求められる。だからこそトレンドを見きわめ、行動する責任を負うチームには、両方の思考スタイルを持つ人材を含めることがきわめて重要なのだ。左脳と右脳をバランスよく使う術を心得た組織は、トレンドを予測し、優れた戦略を立案する稀有な能力を身につけたといえる。

そしてこれから見ていくように、魔法を起こすことさえ可能になる。

シリコンバレーが釘付けとなる「マジック・リープ」

フロリダと聞くと、何を思い浮かべるだろうか。ハリケーンだろうか。第二の人生を送る場所だろうか。魔法《マジック》はどうだろう。ディズニーの「マジック・キングダム」やバスケットボールチームの「オーランド・マジック」もあるし、マイアミ自体が「マジック・シティ」と呼ばれる。だがAR（拡張現実。画像、動画、音などのデジタル要素によって拡張した現実世界のリアルタイム映像）にかかわる者にとってフロリダは、特別な魔法の地だ。その中心にいるのが、フォートローダーデールの北西数キロの小さな町、プランテーションで活動する謎めいた秘密主義の集団である。この集団は左脳と右脳のバランスがよくとれており、彼らのプロジェクトからは何かの未来を生み出すには、集中と開放の両方が必要であることがよくわかる。

この集団とその成果物には、二面性が調和している。漫画家のアンディ・ランニング（代表作は『ガーディアンズ・オブ・ギャラクシー』）、グラフィックス作家のデビッド・ギボンズ（同『ウォッチメン』）といったアーティストが、グーグルでかつてストリートビューの担当者として屋内地図の作成方法を開発したジャン・イブ・ブーゲのような技術者と一緒に活動している。三〇〇メートル先から虹彩をスキャンするソフトウェアを手がける技術者や光学技術者、ＡＩの専門家なども、ゲームデザイナーやデジタルアーチストなどと一緒に働いている。

この会社の取締役会には、映画の小道具や特撮を手がけるウェタ・ワークショップの共同創業者のリチャード・テイラーが名を連ねる。アカデミー賞五回、イギリスの映画テレビ芸術アカデミー賞四回など輝かしい実績を持つテイラーの名は知らなくても、『ロード・オブ・ザ・リング』シリーズ、『アバター』『第九地区』などウェタが協力した作品の名は知っているはずだ。

この右脳と左脳を併せ持った集団の名は「マジック・リープ」という。彼らは端っこで、これまでなかったようなコンピューティングを生み出している。それは物理世界とシームレスに相互接続するバーチャル世界であり、いずれわれわれはそのなかで会議を開いたり、親戚を尋ねたり、恋人との初デートに出かけたりするかもしれない。

マジック・リープが構築しているテクノロジーは、六つのステップのそれぞれに長けた人材がいなければ実現不可能なものだ。たとえば端っこのそのまた端っこで活動する研究者。パターンを見つけ、プロセスを考え、提示された戦略を着実に実行できるシステムエンジニアやオペレーションマネジャーやコンピュータ科学者。起こるかもしれない突飛なシナリオを描くプロであるSF作家や漫画作家。アイデアを行動に置き換える方法に長けたストラテジスト、予算管理やリスク管理の得意なビジネスマネジャーといった人々である。同社が未来を予測し、創造できるのは、プロセスや組織や分析に精通した人々を、大胆な創作、観念化、夢想に長けた人々と結びつけ、右脳と左脳が一体化する場所をつくったからだ。[*3]

この集団をとりまとめたのは、二人の想定外のニューフェースだ。物理学者のジョン・グラハム・マクナマラと生物医学者のロニー・アボビッツだ。アボビッツは論理的、体系的思考に長けたテクノロジストであり、マジック・リープに参画する以前には、外科医が手術中にリアルタイムに触覚とフィードバックを得られるテクノロジーを搭載した手術用ロボットアームを発明した。創業した会社は一六億五〇〇〇万ドルで売却した。[*4] 医療分野では一〇億ドル規模の買収合併は珍しくないが、ハイテク関連の医療ベンチャーにこれほどの高値がつくのはまれである。

手術装置を開発していたアボビッツはマジック・リープに移り、本人いわく「映画現実（シネマティック・リアリティ）」装置の開発に取り組むことになった。ただ、その用途は映画製作に限定されてはいない。物理的世界の現実を拡張できる、まったく新しいタイプのテクノロジーだ。創業からわずか四年で、アボビッツはロボットアーム企業の売却額に匹敵する資金を調達した。

二〇一六年二月、マジック・リープは中国の電子商取引大手アリババ、グーグル、クアルコムから七億三九五〇万ドルの出資を受けた。Cラウンドの投資としては過去最大だ（「Cラウンド」

とは、新たな企業が買収、成長の加速、成長資金として資本注入を受けることを意味する)。それ以前の投資ラウンドには、シリコンバレーのベンチャー・キャピタル、アンドリーセン・ホロウィッツ、クライナー・パーキンス・コフィールド&バイヤーズ、オブビアス・ベンチャーズ(共同創業者にツイッターのイブ・ウィリアムズが参画)が名を連ねた。その年、南フロリダに春休みの観光客が訪れる頃には、マジック・リープの企業評価は四五億ドルを超えていた。ユニコーン四・五匹分である(野心的なスタートではあるが、アボビッツの過去の実績をもってしても、これほどの投資資金が回収できるのか危ぶむ声もある)[*5]。

AIが機械に人間のような思考能力を植えつけるものであるのに対し、マジック・リープがもたらすのは、機械が行うような複雑な処理を、普通の人々が何の苦もなくできるようになる未来だ。現実感のあるデジタル・エレメント(家族、植物、ホビットまで)が物理的世界の一部となった、没入型の環境を想像してみよう。そこでは目に入るものは何でもキャプチャ(捕捉)し、インポートし、自分用にオートメーション化できる。

マジック・リープの構築するテクノロジーには、本書で触れてきたあらゆる要素が含まれている。オートメーション、バイオハック、見えない情報レイヤー、そしてAIだ。あなたが将来マジック・リープの製品を入手するか否かにかかわらず、そもそもマジック・リープが製品を売り出すようになるか否かにかかわらず、アボビッツらが生み出そうとしているのは、コンピューティングに対するわれわれの概念を一変させるものだ。そこにはテクノロジー投資家が群がり、ジャーナリストも釘づけになっている。そう聞くと、シリコンバレーのベンチャー企業がどういうものかわかっている人は、疑念を抱くかもしれない。

だがマジック・リープは、カリフォルニア州のどこかのガレージで夢を追う、数人のコンピュータ・オタクの集まりではない。南フロリダ沿岸の約二万四〇〇〇平方メートルの拠点で腕まくりをして真剣に仕事に没頭する、輝かしい才能を持ったテクノロジストとクリエイターの集団である。マジック・リープがつくろうとしているテクノロジーと、(そしてわれわれの目的にとってはこちらのほうが重要なのだが)彼らがどのように開放と集中を実践しているかを見ていくと、未来予測を試みる組織がどうすれば二面性のジレンマを乗り越えられるかが明らかになる。

グーグルグラスの実験でわかったこと

まず、そのテクノロジーである。仮想現実(VR)はユーザーをあらかじめプログラムされたデジタル・ワールドへ引き込むのに対し、マジック・リープはきわめて高度な形態の拡張現実(AR)である。ユーザーは物理的世界をあるがままに経験し、さらにテクノロジーがそれをデジタル効果によって拡張する。

現在あなたは友達、親戚、仕事仲間と、スマートフォン、タブレット、テレビ、コンピュータで「フェイスタイム」や「スカイプ」などのアプリを使ってビデオチャットをすることがあるだろう。マジック・リープの端末は、メガネのように装着して使う。自宅の居間に大好きなおばあちゃんをインポートする、といったことが可能になる。隣におばあちゃんが座っているような現実感があり、おばあちゃんの側も、自分の家であなたと座っているような感覚を味わえる。
デジタル・オーバーレイ（重ねて表示すること）によって現実を拡張するという発想が生まれたのは一九九〇年だ。ボーイング社の研究者、トーマス・コーデルは、工場で航空機部品をつくるために使われていた高価な作図やマーキング・ツールの安価な代替手段の開発を求められた。工場では個々の航空機ごとに、大きなベニヤ板を使って詳細な配線図や概略図が作成されていた。カリフォルニア州マリブにあるヒューー人工知能センターの物理学者だったコーデルは、作業員が目の上にデバイスを装着し、再利用可能なボード上にさまざまな作業指示を投影する仕組みを考えた。作業内容を変更する必要が生じたら、指示を編集して適宜コンピュータ・プログラムに送ればいい。コーデルはこの独創的な仕組みを拡張現実（ＡＲ）と名づけた。[*6]
それから約三〇年後、ＡＲはすでにさまざまな形で使われている。たとえばフットボールの試合をテレビで観ているとき、青と黄色のラインを画面上に引くのはＡＲだ。車を運転するときに使うヘッドアップディスプレイもＡＲの一形態だ。化粧品会社のロレアルは、ユーザーがさまざまな口紅、アイシャドウ、ファンデーションを試せる、かなり優れもののＡＲモバイルアプリをリリースした。[*7] イケアは（ｉＰａｄ用の）ＡＲカタログを発行し、顧客が自宅にソファ、椅子、小物などを置いたイメージを視覚化できるようにしている。[*8] これらのケースではＡＲを車のモニター、テレビ、スマートフォン、タブレットなど追加のディスプレイ上で経験する。
追加のディスプレイがなくなれば、ＡＲはさらに魅力的になる。石油やガス業界では、機器や設備のシミュレーション訓練で特別なＡＲヘッドセットやゴーグルが使われている。医療従事者は血管の位置を確認するのにARを使う。そしてわずかな期間ではあったが、コンピュータ・オタクは隠された目に見えない情報レイヤーを完全に「見える化」する、風変わりなヘッドセットを手に入れた。グーグルグラスである。

グーグルグラスは消費者向けARヘッドセットを開発する試みであり、私は二〇一三年初頭にパイロットプログラムの一環として、いち早く試験用のグラスを入手することができた。顔のまわりに巻きつけるように装着する細いヘッドバンドのような形状で、右目の上に小さなディスプレイとカメラがあった。スマートフォンの他、おもしろいがやや無骨なアプリ群に接続できた。コマンドを伝える方法は二つあり、頭の右側にあるセンサーを指でスワイプするか、首を上下に振る。見知らぬ街で迷ったとき、グーグルグラスはこのうえなく便利だった。目の前にARのルート表示が出現するのだ。わざわざスマートフォンを取り出さなくても、スワイプしたりうなずくだけで写真を撮ることができ、「オッケー、グラス」と言えば友達に送ることもできた。

もちろん、まだ完璧とは程遠かった。私は普段は度つきメガネをかけているため、グーグルグラスを使う日はコンタクトレンズを使うか、メガネの上からグーグルグラスを装着して周囲の好奇の視線に耐えるしかなかった。ARのディスプレイは右目の上にあったので、しょっちゅう視線を上に向けなければならない。私がグーグルグラスを使っているときに話しかけてきた人には、特に不愉快な思いをさせてしまった。最大の問題はバッテリー寿命で、わずか三〇分から四五分使っただけで電池が切れた。グーグルグラスは街中を歩きながら、あるいは山をスキーで滑り降りながら使うことを想定していたが、そういう状況で充電するのは難しい。

最終的にグーグルは、このプログラムを一般に公開した。一日中グーグルグラスを装着している人を見かけるのも珍しくなかった（明らかにバッテリーは切れていたが）。そしてグラスにカメラがついているという認識が広がると、許可なく写真を撮られたり会話を録音されたりするのではないかという懸念が広がった。結局、グーグルグラスは社会を変革するARデバイスというより、一部のコンピュータ・オタクやシリコンバレーの投資家のステータスシンボルとなり、そんな彼らを「ゲス野郎《グラスホール》」（グラス＋アスホール）と呼ぶ者もいた。

私はグーグルグラスのハードウェアもその開発プログラムも、長くは続かないだろうと予想していたが、実際そのとおりになった。二〇一五年一月、グーグルはプログラムを中止し、デバイスの販売もやめた[*9]。グーグルがいち早くARヘッドセットを商用化したことを誤りだというつもりはない。私自身、その土台となるテクノロジーに胸を躍らせたのだから。

グーグルグラスが失敗した理由については諸説があるが、私はその一因は、二面性のジレンマにあるように思う。その開発過程に、クリエイティブなデザイン思考ができる人々は関与したのか。そうすればヘッドセットはもう少し装着感のよいものになったのではないか。男性用だけでなく、女性用のデザインも提案されたのではないか。

六つのステップになぞらえれば、「❸開放思考で正しい質問をする」が省かれたような印象を受ける。これほどバッテリー寿命が短ければ、一回あたり数分しか使えないのではないか。ユーザーがニューヨークシティの人混みで、グーグルグラスをルート案内用のGPSとして使ったら、WiFiやセルラーネットワークへの接続であっという間にバッテリーを消費してしまい、グラスはすぐに無用の長物となる。

また、「❺開放思考でシナリオや戦略を描く」はどうか。グーグルグラスに動画や写真の撮影以外の用途はあるのか。現実に、グーグルグラスを職場で使うというシナリオは作成されたのか。そんなことをすれば同僚から気が散るという苦情が出るのではないか。

私はグーグルグラスを装着していたとき、ARヘッドセットにツイートやテキストメッセージを送る以上の機能があったらどうだろう、と考えた。そのヘッドセットが、常時オンであることを前提とするものだったら？　しかもオシャレな度つきメガネと同じように常に顔にかけているものだとしたら？　メガネに慣れていない人は、毎朝デバイスを顔にかけるなんてとんでもないと思うかもしれない。だが二〇年前には携帯電話も同じような見方をされていたのだ。

マジック・リープの特許申請にみる、開放思考と集中思考

マジック・リープが注目に値するのは、単に新しいテクノロジーを開発しているだけでなく、その過程で開放思考と集中思考のメリットを組み合わせているからだ。社員の顔ぶれを見るだけでもそれは明らかだが、ちょうどグーグルがグラスのテスト版を配りはじめた頃にアボビッツら関係者が申請しはじめた風変わりな特許を見ると、同社における二面性がはっきりとわかる。

企業が特許を申請したからといって、必ずしもそこに描かれた図面や計画が実現するわけではなく、またシステムが申請内容どおりに機能するわけでもない。ここで学ぶべき重要な教訓は、

マジック・リープがどのように右脳型と左脳型の人材の強みを調和させているかだ。

まずマジック・リープの特許は、グーグルがグーグルグラスのために申請したものとはまるで違う。特許申請書の文面には、緻密な集中思考を示す部分と、大胆で独創的な開放思考を示す部分が交互に顔を出す。それを読むと、同社がなぜアーティストや作家のようなクリエイターと、システムエンジニア、ソフトウェア開発者、オペレーションマネジャーの両方を意識的に採用しているかがよくわかる。

マジック・リープの特許の一つは、普通のメガネのような外見だが、左右のレンズに小さなカメラがついているデバイスに関するものだ。それは常時装着することを前提とし、単にツイートを送ったりテキストメッセージを読んだりするだけでなく、はるかに多様な機能を持つ。

カメラは網膜をスキャンし、所有者だけがヘッドセットのロックを解除して使えるようにする。神経障害、脳卒中、うつといった疾患の治療にデバイスがどのように活用できるか、といった科学的説明もある。物理的世界のデータを翻訳、視覚化して、装着者だけが見られるカスタマイズされたストーリーを作成するための数式もある。

マジック・リープが二〇一三年から二〇一六年第1四半期までに申請した五二件の特許[*10]のうち、特に注目すべきものが「仮想現実（VR）および拡張現実（AR）を作成する方法とシステム」だ[*11]。申請書が数百ページに及ぶこの特許は、工学的計算、AIとARの数式、そして王道的なサイエンスフィクションのミックスだ。たとえば「デジタル・ヒューマン」という節の、小節一六一二の描写を見てみよう。

ARシステムはユーザーがデジタル・ヒューマンと相互作用することを可能にする。（中略）ユーザーが人気《ひとけ》のない倉庫に足を踏み入れると、空間がデジタル・ヒューマンで満たされ、銀行のような光景になる。ユーザーが窓口係に歩み寄ると、係はユーザーの目を見て会話をする。ARシステムはユーザーの視線を追跡するため、デジタル・ヒューマンにユーザーとアイコンタクトをとらせることができる。

この文章は将来、同じ時間に同じ場所にいなくても、デジタル環境で実在する相手のデジタルアバターを使って銀行取引ができるようになる可能性を示唆している。インディアナ州サウスベンドに住んでいる人でも、日本の岩手県で暮らす世界トップクラスの資産運用アドバイザーのサービスを受けられるかもしれない。金融取引のような重要な交渉の際には、人間の担当者と顔を合わせてやりとりしたいという願望は、ARを使えば満たされる。

特許文書をさらに読み進めると「取引支援設定」という節があり、買い物やマーケティングに関する多数の使用例が挙げられている。

システムは視線追跡に活用できるため、「ひと目見る」ことで買い物が可能になる。すなわちユーザーは何か（たとえばホテルのバスローブ）を見て、「口座残高が三〇〇〇ドル以上に戻った時点でこの商品が欲しい」等の条件を付与するだけで買い物が完了する。ユーザーが何かに関心を持つと、類似商品がバーチャルに表示されることもある。

視線ベースの買い物システムについては、さまざまな試作品がつくられてきたが、このような効用を想定したものはなかった。マジック・リープの構想は、セキュリティ、銀行口座情報、買い物、そして多くの人々が身につけたデジタル習慣（後で使うためにアイテムをブックマークしておく）を一つのアプリケーションにまとめたものだ。これは開放と集中のミックスであり、ユーザーに大きな利便性をもたらす可能性を秘めている。

小節一七一四はマジック・リープが構想する健康および生体認証アプリケーションに関する興味深い描写である。その内容はバーチャル医療記録の保存と利用から、肌をパスワードとして利用することまで多岐にわたる。こうしたアイデアは専門家の査読を受けたものではないが（そもそも他の研究者に公開されてもいない）、生物学とARテクノロジーを融合させるユニークなアプローチには、開放と集中という思考法が顕著に表れている。

システムは目の湾曲や大きさを測定できる。人の目は似ているようで完全に同一なものは二つとないため、ユーザー識別に役立つ。第二に、システムは一時的情報も把握する。ユーザーの心拍数が正常か、目が涙膜を形成しているか、視線の向きや焦点が適切か、呼吸パターン、瞬きの回数、血管内の血液の脈動が正常かなどを判断できる。さらにシステムは相関する情報を活用できる。

たとえば環境の映像を想定される目の動きのパターンと関連づけることができ、またユーザーがいる場所に応じて、想定どおりの光景を見ているか照合することができる

（GPS、Wi-Fi信号、周辺の地図などから抽出された光景など）。たとえばシステムはユーザーの自宅の内部を把握しているため、ユーザーが自宅にいる場合はシステムには家具などが正しく配置された想定どおりの光景が映るはずである。最後に、システムはハイパースペクトルデータや肌や筋肉の伝導性を使って、ユーザーを識別することもできる。

眼科医、光学技術者、医学研究者ならここに描かれた内容をとんでもない妄想であり、証明されることなどありえないと切り捨てたくなるのが自然な反応だろう。これは左脳が爬虫類脳モードにギアチェンジし、自分にとって事実と認められないことを本能的に否定しようとしているのだ。予測の第三ステップを思い出してほしい。今日事実だとわかっていることを踏まえると、この特許申請のこの部分を完全な誤りとみなすだけの反証があるだろうか（答えはノーである。既存のテクノロジーがあれば起こるかもしれないシナリオだ）。

これを念頭に置き、医療記録をエンコード（符号化）してARを通じて入手できるようにする、というアイデアを見ていこう。

医師が患者の過去の医療記録をすべて自由に使えるようになれば、ARシステムは医療の質の向上につながる可能性がある。そこには患者の行動（必ずしも医療記録には記載されない情報）も含まれる可能性がある。（中略）たとえば患者が意識不明の場合、医師は（ユーザーのプライバシー設定に基づいて）患者の直近の行動記録を調べ、症状の原因を突き止め、治療に役立てることができる。

続いて、この特許に記載されたもっと風変わりで、ぎょっとするようなシナリオを見てみよう。保険会社がわれわれの行動に関する情報を入手し、保険料をリアルタイムに調整するというようなＡＲの使用例は、まさに開放思考の産物だ。

ＡＲシステムはユーザーの行動を常時監視できるので、企業はユーザーの行動から健康度を推し量り、それに応じて保険料を個別に変えることもできるようになる。これは保険料負担を下げるため健康的行動を促すインセンティブとなる可能性がある。それによって保険会社はユーザーが健康であると判断し、保険上のリスクは低いとみなすと考えられるためだ。反対に、保険会社は不健康な行動を評価し、そうしたデータに基づいてユーザーの保険料率を引き上げる可能性もある。

ここからはプライバシーの懸念が生じる。生命倫理についても同様だ。この特許では、ＡＲシステムがどのようにわれわれの日々の生活からデータを収集し、それをもとに自動的にストーリーを作成して、より良い意思決定を支援するかという話に紙幅を割いている。これも右脳だけ、あるいは左脳だけではつくれないようなシナリオだ。両者を合わせた結果、マジック・リープは次のような仮説を立てている。

ARシステムは「植物」など、ユーザーの行動によって形態、形状、特徴が変化するようなバーチャル・コンテンツを作成できる。たとえばユーザーが「好ましい」行いをしたときには植物が花開き、「好ましくない」行いをしたときにはしおれさせることができる。具体例を挙げれば、ユーザーが模範的な恋人のようにふるまった（恋人に花を贈るなど）ときには開花し、丸一日恋人に連絡しなかったときにはしおれる、といった具合に。（中略）

複数のユーザーの状況を反映して、植物の色、形、葉、花などの状態が変化するように設定することもできる。あるユーザーが働きすぎの場合、そのユーザーに対応する植物がしおれる。ユーザーが悲しい気持ちになれば、そのユーザーの植物の葉が落ちる。ユーザーに十分なリソースがなければ、そのユーザーの植物が茶色く変色する。ユーザーは自分の植物を上司（管理職やCEO）に見せることもできる。上司は全従業員の植物を、バーチャル庭園に植えてもいい。リーダーは庭園の全体的な色やムードを見ることで、組織の全体状況を把握できるようになる。問題をこのような鮮やかな形で表現することで、組織の問題の有無を視覚的に認識できる。

特許申請書を読み進めると、マジック・リープのテクノロジーや社員が左右の脳を補完的に活用し、開放と集中という二つの思考法を実践しているのがよくわかる。

❶開放思考で端っこを探求する：端っこから生まれた荒唐無稽なアイデアを、何物にもとらわれ

ず開放的に思うことなくして、マジック・リープがマン・マシン・インターフェースの新たなフロンティアの探求に踏み出すことはできなかったはずだ。

❷**集中思考でパターンを見つける**：集中思考なくして、バラバラなアイデアを認識可能なパターンに融合させ、未来に向けたトレンドの仮説を生み出すことはできない。このトレンド仮説は、新たな形態のマン・マシン・コンピューティングを生み出すうえできわめて重要である。

❸**開放思考で正しい質問をする**：すべての仮説や主張の穴を徹底的に探すことで、潜在的問題が明らかになり、マジック・リープの技術者が製品を微調整、修正、改良することが可能になる。

❹**集中思考でタイミングを計算する**：分析によって、ARは今、未来に向けた軌道のどこにあるのか、そしてどのような内的技術進歩や外的事象に関心を払うべきかが明らかになる。

❺**開放思考でシナリオと戦略を描く**：マジック・リープの作家やクリエイターは開放的に思考し、将来われわれがARをどのように使うかについて、ありとあらゆるシナリオを描いている。

❻**集中思考で行動計画をストレステストにかける**：マジック・リープでこのような架空のシナリオを現実に変える責任を負う人々は、集中思考で行動計画をストレステストにかけ、そこから生じる可能性のある結果を徹底的に考え抜く。同社の製品がまだ世に出ていない理由はそこにある。マジック・リープは準備が整う前に焦って市場に参入するような組織ではない。

マジック・リープが単におしゃれなARメガネを開発しているわけではないのは明らかだ。まったく新しいコンピューティング、そして人間とコンピュータの相互作用の新たな時代の基礎を築いている。自動化、ニューラル・ネットワーク、AI、深層学習など、本書で議論してきたすべての技術によって、われわれとコンピュータとの関係は、今とはまるで異なるものになるだろう。

同社のテクノロジーは人類にとり、DARPAの元プログラム・マネジャーであるジル・プラットが「現代版カンブリア爆発」と表現する大きな変化の表れである。約五億四〇〇〇万年前のカンブリア爆発では、多様な生物が急激な進化を遂げた。当時進化したものの一つが視覚（モノを見る能力）で、それによって複雑で知的な生命体が出現した。

プラットの見立てでは、深層学習、ニューラル・ネットワーク、AI、クラウド・ロボティクスの進化により、あらゆるロボットが他のロボットの経験から学ぶようになり、ロボットの能力の急激な成長が起こる。ロボットの増加に伴い、成長は一段と加速する。劇的な進歩の時代が幕を開け、その後の地球上の暮らしは今日とはまるで違ったものになっている、という。[*12]

「現代版カンブリア爆発」は、人類の未来に何をもたらすのか

まだ信じられないと思うなら、マジック・リープに出資している企業の一つがグーグルであるという事実を考えてみよう。そう、ハイテク業界がこぞって批判したARヘッドセットを世に送り出した、あのグーグルである。ここでしばし開放的思考をしてみよう。グーグルとマジック・リープが手を組んで、テクノロジーを根本から変えるような変化を生み出したらどうなるか。グー

グルが日々の生活を支える見えない情報レイヤーになる一方、マジック・リープはわれわれがARという新たな現実を体験するためのレンズを提供するようになる。

あらかじめシステムに登録する項目（パラメーター）を設定しておいて、出会った相手を属性に応じて分類するといった作業が自動的に処理されるようになるのだろうか。誰かを見るだけで、後でシステムが検索できるように自動的に関連データを準備しておくようになり、名刺などは過去の遺物となるのだろうか。目にするものは何でも検索可能になり、必要な情報はそうと気づく前に送られてくるようになったら、何が起こるのか。

ARシステムは生体認証データを定量化し、バイオハッキングに積極的な人々が自らの気分、感情的反応、身体機能を思いどおりに調整できるようにするのだろうか。われわれがARグラスを使うほど、システムはAIを使って学習していく。その結果、われわれにとっての医者兼看護師兼栄養士兼パーソナルトレーナーになるのだろうか。

そのようなデバイスをつくるための技術的プロセスのみならず、アイデアそのものをリバース・エンジニアリングしてみると、考えなければならない重大かつ困難な問いがまだたくさんあることがわかる。その多くは数学や工学と直接かかわるものではない。ここでしばし開放思考を実践してみよう。

・「良い」行動と「悪い」行動は、どのように決まるのか。
・それを決める権限は誰にあるのか。時間の経過とともに、その定義は修正されるのか。

・当初の評価基準は、一人ひとりの経験と置かれた状況に応じてカスタマイズされるのか。
・どれほど優秀な倫理学者や哲学者でも、善悪の判断基準を定めるのに苦慮している。ARヘッドセットならもっと優れた判断ができるのか。

ARデバイスを身につけることで、あらゆる経験が絶え間なく記録できるようになる。たとえばパーティに出かけたら「会場を歩き回り、すれ違う相手をすべて見る」。そうすれば後から「さまざまに視点を変えて状況を見直し」イベントを追体験できる。ヘッドセットを装着すると、経験したばかりの瞬間をすぐに振り返りたくなるのだろうか。パーティの様子を再生するとしよう。そこで過ごした時間が三〇分なら、早送りで観るか、あるいは現在の三〇分を使って過去を再び生きることになる。われわれは現在の行動がずっと先の未来にもたらす影響を考えるよりも、現在を起点に過去をひたすら振り返ることに慣れてしまうのだろうか。

あらゆる人の人生で起きることすべてについて詳細で事実に基づく記録が残され、誰もが過去のシーンを実際に起きたとおりに再現する能力を手に入れたら、何が起こるだろう。警察当局にとっては魅力的な話だが、普通の人は自分の都合のいいようにつくった物語の世界に溺れることなく、しっかりと人生を歩んでいけるだろうか。

音量を調整するように、つまみを回して心の状態を調整できるようになったらどうだろう。自分自身の状態をコンピュータを使って微妙に変化させられるようになる、ということだ。重要なスピーチを控えた政治家が自らの精神状態を高揚させたり、試験中の学生が集中力をマックスに高めたり、といった具合に。それはフェアな行為といえるだろうか。

ARでわれわれが増強しようとしているのは、現実というより、人類そのものなのだ。

今われわれが考えるべき「一〇の問い」

ここでしばし足を止め、この事実の持つ意味を考えてみる必要がある。今まさに現代版カンブリア爆発が始まろうとしているのなら、一〇〇年も経たずに人間の暮らしは今日とはまるで違ったものになるだろう。この技術進歩、すなわち本書で検討してきたさまざまな問題やトレンドは、組織にとって破壊的力となると同時に機会を創出する。

だがそれはともに地球に暮らす人類の未来にとって何を意味するのか。そうした枠組みのなかで、われわれが考えるべき問いが一〇個ある。

❶ボット、ブレーンネットワーク、AI、あるいは別のテクノロジーが罪を犯したら、誰が罪に問われるのか。責任は誰にあるのか。

❷一流の外交官、特殊部隊の隊員、認知心理学者、テロ組織に所属する囚人の意識を結合したらどうなるか。戦争において、人間の知識や経験が兵器として使われるようになるのか。

❸未来には、誰があなたの顔、目、生体認証データの「所有者」となるのか。アクセス権を誰に付与するかを、どのように決めるのか。

❹二〇一七年現在、アカウントがハッキングされたら、対策としてパスワードを変えればいい。

だが体がハッキングされたらどうするのか。肌、目、呼吸に関するあなた固有の情報が盗まれたら？

❺特定のテクノロジーを体に埋め込んだ後、その製品が廃版になったらどうなるのか。数年おきにスマートフォンを買い替えるのは構わないが、機械式の腕、治療用ナノボットなどの生物医学的装置はどうか。企業が生産中止にしたテクノロジーのスペア部品や修理サービスを停止することで、それを使っていた人間が苦しんだり命を落としたりするのは許されるのか。

❻われわれは次第にテクノロジーに対して暗黙の信頼を抱くようになる。だが魔法のようなAIメガネが、自動運転車が、あるいはスマートホームがハッキングされたらどうなるのか。テクノロジーが他の誰でもなく、あなたのニーズだけを尊重しているという信頼感を持てなくなったらどうするのか。そうしたデバイスなしに暮らしていくことはできないが、どうすれば信頼関係を回復できるのか。

❼われわれの社会は意図せずに、アナログ市民という未来の最下層を生み出しつつあるのか。今から三〇年後には、脳を刺激するヘッドバンド、パーソナル配達用ドローン、パーソナル医療が、高級車や別荘や自家用ヨットなどに代わるステータスシンボルになるのか。匿名性は富裕層だけが持てる特権になるのか。

❽現在のテクノロジーの使い方が、未来には野蛮とみなされるようになるのか。認識の変化はどのように起こるのか。その間になにが起こるのか。

❾未来には機械があらゆる場面で人間を支援するようになる。機械はわれわれの話し相手になり、

医者が手術をするのを助け、子守をし、管理職が会議を運営するのを支援する。そんななかで「人間」であるというのは何を意味するのだろうか。

❿未来において、われわれが欲しがっていたものをすべて手に入れたとき、何が起こるのか。

あなた自身がマジック・リープのヘッドセットを装着し、AR庭園に咲く従業員のバーチャル植物を見る日は来ないかもしれない。だが端っこで活動する人々がここに挙げたものをはじめ、マジック・リープのさまざまな特許を熟読し、それに刺激を受けて独自のARプロジェクトに取り組むようになったのは間違いない。ヒントを得た端っこの人々は、今まさにそれぞれの開放と集中のサイクルを回し始めている。社会と技術の進化のループが回り続けるなかで、いずれは彼らの業績が他の人々の研究の基礎となる。

特許を申請すれば、そこに描かれたプロセスや製品が必ず商品化されるわけではない。しかし特許は、端っこの開放思考に欠かせない素材だ。そもそも何もないところから生まれるまったく新しいテクノロジーなど存在しない。テクノロジー・トレンド、その事業活動への採用、それと同時に起こる文化的・政治的・教育的・経済的変化はすべて相互に混じり合っている。

発明のタペストリーは絶えることなく織り続けられる。手編みから手織り機へ、そしてラッダイト運動の標的となった自動織機となり、それからアルゴリズムやロボットへ、さらには自己生成的な合成有機物へ、道具は変わるかもしれない。だがそれまでの研究の蓄積が、新たな端っこ思考の土台となるのは、いつの世も同じである。

未来はすでに始まっている

われわれの旅も終わりに近づいたが、それは新たな始まりでもある。メアリー・シェリーは一八三一年にこう書いている。「何事にも始めがある。その始めは、それ以前に存在した何かと必ず結びついている」[*13]。既存のトレンドは、端っこから生まれる新たな思考のヒントとなる。だからこそ常に、始めに戻ることが重要なのだ。

シェリーは自らの時代の端っこにいた。シェリーの生み出した有名なキャラクター、怪物フランケンシュタインは現在も主流の思考に影響を与え続けている。ティム・バートン監督の映画『シザーハンズ』から一九六二年の人気曲『モンスターマッシュ』まで、そして漫画出版社ＤＣコミックスの『セブン・ソルジャーズ・オブ・ビクトリー』ではフランケンシュタインは世界の終焉を防ごうとする戦士として描かれている[*14]。いずれも古い基礎の上につくられた新たな物語だ。シェリー自身の創作も同じで、ジョン・ミルトンの『失楽園』に着想を得ていた。

未来は終わりなき循環である。特定の始点もなければ、何かが達成されたところで終わるわけでもない。加えて、未来の計画を立てるときには常に、時の変移というものを思考プロセスの中心に置く必要がある。ここでいう時とは実際の時の流れではなく、技術の変化をわれわれがどう感じるかだ。

われわれのテクノロジーに対する理解は、変化する世界とのかかわりのなかで形成される。私も、私の親も、祖父母も、そして幼い娘も、みなそうである。私は今、機械に口頭でコマンドを伝えることを学習しつつある。一方、私の娘は機械に自然な話し言葉で語りかけることを当たり前と思って育つはずだ。

娘が今の私の年齢になったら、私が使っていたデスクトップPC、キーボード、マウスの古びた写真を見て、そんな原始的なテクノロジーでどうやって生活していたのかと首をひねることだろう。ちょうど私が今、祖母が使っていたタイプライターや靴箱ほどの大きさの電話、白黒テレビの白黒写真を見てそう思うように。だが祖母にとってはどれもピカピカの、胸躍る未来を感じさせる道具だった。同じテクノロジーの進化を、それぞれの世代が違うタイミングで経験する。その結果、世代ごとに抱く確信バイアスはまるで違ったものになる。

未来は私の孫の世代、娘世代、私自身やあなたの前に、突如として立ち現れるものではない。われわれが今、現在進行形で生み出しているものである。われわれには来るべき事態を予測するだけでなく、自らの望む未来を創り出す能力がある。テクノロジーがより広範な分野でイノベーションを誘発し、端っこから生まれたトレンドが主流へと移行するなか、自らが身を置く分野や産業の方向性を決めるような行動を起こすことができる。

もたもたしている時間はない。未来のあなたは過去を振り返り、テクノロジー・トレンドを見つけ、追跡し、行動を起こす最適なタイミングは、今から一〇年前であったことに気づくかもしれない。それに次ぐベストなタイミングは今、このときである。

謝辞

本書のテーマはわれわれ全員の未来であり、私の過去一〇年以上にわたる研究の結晶である。すばらしい恩師、編集者、相談相手や友人に恵まれ、その一人ひとりに心から感謝している。ハーバード・ビジネス・レビューのサラ・グリーンカーミシェル、インクのジョン・ファイン、ハーバード大学ニーマン・レポーツのジェームズ・ギアリー、そしてニーマン・ジャーナリズム・ラボのジョシュア・ベントンは、私の方法論を初期段階から発展させる機会を与えてくれた。

ここ一〇年、夏になると講師に招いてくれたコロンビア大学パンチ・ザルツバーガー・エグゼクティブ・リーダーシップ・プログラムのダグラス・スミス、クエンティ・ホープ、チャーリー・ボームにも感謝している。彼らの助言で考えを深め、予測の方法論を検証できた。ハーバード大学のニーマン・ジャーナリズム財団の管理者アン・マリー・リピンスキには、ナイト・ビジティング・フェローに選んでくれたことに感謝している。ハーバード大学での経験は私の視野を広げ、思考を高い次元に引き上げてくれた。

本書は数百人に及ぶ端っこで活動する経営者や研究者との議論の産物である。幾人か挙げたい。フランタイムの元幹部（そして私が主催するフューチャー・トゥデイ・インスティテュートの顧客）フラン・ホイザー、マーク・ゴリン、ジョン・カンタレラ、ビル・マクベイン、クリス・ピーコック、リズ・ホワイト、ビル・シャピロ。グーグルのベン・モニーとリチャード・ジングラス、国務省のカラ・スネスコ。そしてスタンフォード大学dスクールのジャスティン・フェレル。毎年イベントに招いてくれたオンライン・ニュース・アソシエーション、ナイト財団、ミネアポリス・インタラクティブ・マーケティング・アソシエーションの方々にも感謝を申し上げる。

友人たち、デビッド・ウォルマン、ヒラリー・ミラー、アラン・エデルマン、スーザン・ドミナスらの助言は得難いものだ。親切で忍耐強いシェリル・クーニーなくして私の仕事は進まない。エミリー・コフィールドは図表作成を手伝ってくれた。ペトラ・ウルフは辛抱強く私の研究メモを仕分けし、何百という論文やカードを色分けし、ファイリングしてくれた。アートとデザインの世界を指南してくれたデビー・ミルマンとパオラ・アントネリ、根気強いコーチでメンターのメアリー・ジェーン・ライアン、常に刺激と元気をくれる親友のマリア・ポポバにも感謝したい。私がモノを書くときはいつもコロンビア大学のサミュエル・フリードマンの声が聞こえる。

本書の可能性を見出してくれたキャロル・フランコは、アイデアを磨くためにケント・ラインバックと暮らすサンタフェの自宅に私を招いてくれた。本書を形にまとめるのを手伝ってくれ、キャロルは編集者のジョン・マハニーに私の担当者となるよう説得してくれた。ジョンは編集の過程を通じて、本のみならず著者を磨き上げる最高の編集者だ。校閲のキャシー・ストレックファス、事実や出典を徹底的に確認してくれたフィリップ・ブランチャードにも感謝している。

最後に、夫であり知的パートナーのブライアン・ウルフを挙げたい。原稿すべてに最初に目を通し、概念の明確化や説明、証明を求めてくる。深夜の編集作業に協力することは「ケトゥーバー(ユダヤ教の結婚誓約書)」には含まれていない。改めて多大な協力に感謝したい。

訳者あとがき

優れた講演を集めたサイト「TED」で、六二〇万回以上視聴されている「私がオンラインデートを攻略した方法」と題したプレゼンテーションがある。大失恋をきっかけに三〇歳で婚活サイトに登録した女性が、当初はデート相手にレストランで食い逃げされるなど散々な目に遭う。だがくじけず、サイトの推奨システムを頼らずに自分にぴったりの男性を判別するための独自のアルゴリズムをつくったり、ライバルである女性たちのプロフィールを分析して自分の写真や紹介文を最適化したりと工夫を重ね、見事に理想の結婚相手を見つけるまでの物語だ。その語り手こそ、本書の著者であるエイミー・ウェブだ。人生のパートナー、つまり自らの未来を探す際にウェブが発揮した現場に飛び込んでいく行動力、データの効果的な活用、批判的思考能力を見れば、彼女が優秀な未来学者であるのは容易に想像できる。

ウェブは未来学者として、ニューヨーク大学やコロンビア大学でテクノロジーやメディアの未来を講義するほか、自ら創設したフューチャー・トゥデイ・インスティテュートで世界中の顧客企業の未来予測や戦略立案を支援している。そうした活動のなかで確立された未来予測の方法論を一般読者にわかりやすく書き下ろした、いわば未来予測のテキストブックが本書である。二〇一六年一二月にアメリカで刊行され、二〇一七年のアクシオム・ビジネス・ブックアワードのビジネステクノロジー部門で金賞を受賞するなど、高く評価されている。

未来予測とはシグナルに耳を傾け、認識し、それに基づいて行動することで、そのメリットは明らかだ。誰よりも早くトレンドを見抜き、行動を起こす組織は、先行者としての影響力を手に入れる。そして新たな流れをつくることができる。しかし、難しい。進化の過程でわれわれの中に埋め込まれた、未知なるものを反射的に忌避する「爬虫類脳」が邪魔をして、一時的な流行を本物のトレンドと誤認して飛びつく、あるいは破壊的変化を一時的な現象と切り捨てる。本書には一時は栄華を極めたものの、社会の端っこで生まれつつあった新たなトレンドに頑なに目をつむり、衰退の道をたどった企業の事例が次々と出てくる。組織のリーダーにとっては、トレンドを見過ごす、あるいは見誤ることの危険性を心に刻み込むためにも本書は一読の価値がある。

未来を読むのはいわば人間の本能に反する行為であり、だからこそ体系的な方法論が必要なのだ。ウェブの提唱する未来予測の方法は六つのステップから成る。最初の四つが未来に備えるための糸口となるトレンドを見きわめる方法、残る二つが見つけたトレンドに対処する行動を決める方法にかかわるものだ。❶まず社会の端っこに目を凝らす。幅広く網をはって情報を集める。❷集めたデータを分類し、パターンを探す。❸見つけたパターンが本物のトレンドか検証する。❹トレンドがいま、発達プロセスのどのタイミングにあるかを見きわめる。❺トレンドを踏まえたうえで、未来に起こりうるシナリオと戦略を描く。❻その戦略の有効性を確認する。

こう書くと単純なようだが、本書を読むとそれが気の遠くなるような作業であることがよくわかる。たとえば社会の端っこに目を凝らせ、網をはれと言っても、具体的に何をすればよいのか。

それに対するウェブの答えは「端っこのスケッチ」を描くというもので、遺伝子操作というテーマを例に自らスケッチを描いてみせる。関係する出来事や組織をすべて書き出し、その関係性を可視化する。そうすると視野が広がり、新たなトレンドを生み出そうとしている「想定外のニューフェース」やその活動内容をアンテナにとらえることができる。

あるいはトレンドの先行きについてシナリオを書くとはどういうことか。それに対しては未来学者が長年使ってきた「起こりそうな未来」「起こるかもしれない未来」「起こりうる未来」という概念を紹介する。われわれはどうしても起こりそうな未来ばかりを考え、それに合わせた行動を採ろうとするが、それでは破壊的変化に対応できない。だから未来に異なる名前をつけ、それぞれにおいて着目すべき「今日わかっている事実」と「未来の可能性」をはっきりさせる。

このように未来を読むための作業が一つひとつ、丁寧に解説されているのが本書の魅力である。一朝一夕に習得できるプロセスではないが、未来予測を妨げる「爬虫類脳」「現在のパラドックス」「確信バイアス」、トレンドの潜む「端っこ」、隠れたパターンを見いだすための手法である「ズームイン、ズームアウト」、自由に発想を広げるための「開放思考」と注目すべき対象を絞り込む「集中思考」などのキーワードを記憶にとどめておくだけでも、これまで以上に未来をじっくりと考えられるようになるのではないか。

著者が日本語や日本文化に造詣が深いこともあり、任天堂やソニーといった日本企業のケーススタディが使われていることも日本の読者には魅力だろう。任天堂が常に社会の端っこに目を凝らし、新たなトレンドを次世代のゲーム開発に役立ててきた成功例として紹介されるのに対し、ソニーはいくつものシグナルを見落とし、最終的に防げたはずのハッカー攻撃を許した失敗例として描かれる。

ほかにもグーグル、ウーバーなどの戦略が分析の対象となるが、特に興味深いのが最終章で紹介されるマジック・リープだ。知る人ぞ知る拡張現実（ＡＲ）技術の先駆者である同社を、著者は未来を予測し、自ら生み出そうとする企業のお手本ととらえている。未来学者がお墨つきを与えるベンチャー企業のユニークな経営とはどのようなものか、ぜひ参考にしていただきたい。

ウェブは未来予測は学習可能な能力であり、誰もが身に着けられるプロセスだと言う。ただ簡単だとはひとことも言っていない。手間や時間がかかり、繰り返し訓練を積まなければならない。だからこそ、ひとたび身に着ければ、大きな競争力につながるのだろう。日本の読者にとり、本書が未来に思いをめぐらせ、新たなトレンドと成長戦略を探る一助となれば幸いである。

本書の翻訳では、ダイヤモンド社の前澤ひろみ氏に大変お世話になった。この場を借りて感謝を申し上げる。

二〇一七年九月

土方奈美

多い。トレンドは時宜にかなっていると同時に、持続性がある。トレンドは変化しながら成長する。トレンドは端っこに存在する一見バラバラな点が収斂し、主流へと移行していくなかで出現する。

内的技術進歩
トレンドに固有の、あるいはトレンドに直接影響を受ける技術進歩。たいてい組織内部、あるいは組織と外部の研究者とのパートナーシップの結果として生じる。

二面性のジレンマ
メンバーがすべて左脳あるいは右脳である集団、あるいは左脳と右脳のメンバーが混在する集団で強力なまとめ役が存在しないときに生じる問題。

入手可能性ヒューリスティック
新たなアイデアや情報を取り込むのではなく、すでに入手可能な知識を使う認知的近道。

ニューラル・ネットワーク
人間の脳の大脳皮質のニューロン構造をざっくりと模倣した、シンプルな構成要素から成る広大かつ相互接続されたコンピュータ・システム。

バイオハッカー
科学技術を活用して自らの身体に修正を加える人。

端っこ
科学者、アーティスト、技術者、哲学者、数学者、心理学者、倫理学者、社会科学者がまったく新しい仮説を検証し、きわめて独創的な研究を実施し、全人類の直面する問題に対する新しい解決策を生み出そうとしている場所。

歯ブラシテスト
グーグル創業者ラリー・ペイジが考案した、新たな企業買収の妥当性を占うためのテスト。簡単にいうと「それは誰もが1日1回か2回は使うものか」「人々の生活を多少なりともよくするものか」を考えること。

ブレーンネット
脳から脳へのコミュニケーションを可能にする、テクノロジーによって結合された複数の脳（ミゲル・ニコレリスの造語）。

変化の10の要因
トレンドを形成する、主要な外部要因の10分類。具体的には、富の分布、教育、政府、政治、公衆衛生、人口動態、経済、環境、ジャーナリズム、メディア。

未来の誤謬
細部について柔軟に考えることができないために、未来の計画を誤ること。

未来予測
データに基づき、あるモノが時間の経過とともにどのように変化するかを説明すること。

ユニコーン
企業評価10億ドル以上の企業。

用語解説

ETA
トレンドが軌道上のどこにいるかを判断するための指標。「到着予定時刻（Estimated Time of Arrival）」の略。

外的事象
テクノロジーの進歩が続いたとしても、トレンドの未来に影響を及ぼしそうな隣接する出来事や状況。こうした事象は組織のコントロールが及ばないことが多い。

確信バイアス
たとえ誤っていても特定の見解を支持するなど、自らの考えに固執することで生じる認識の歪み。

現在のパラドックス
テクノロジー、安全、さまざまな政府機関や設備メーカーのニーズの複雑な関係性を恐れるあまり、端っこから現れたテクノロジーがどのように未来の主流に入っていくかを広い視野で考えられないことで生じる問題。

ジーニーの問題
アルゴリズム、ワークフロー、プロセスがプログラムどおりに機能したにもかかわらず、好ましくない結果を生み出すこと。

先見性
特定の問題の未来に関するデータに基づく分析と批判的思考。

知識vs.想定
事実に基づく情報を自分の推測、経験、想定と区別すること。

超低層ビル
広大な地面を占有する、おそろしく横幅のある建物。

ディスアド
主張や仮説に存在する穴、欠陥。予測プロセスの第三ステップで活用される。「ディスアドバンテージ」の略称。

デカコーン
企業評価100億ドル以上の企業。

トランスヒューマニズム
人間の状態はテクノロジーによって有益な形で拡張（増強）できると考える知的ムーブメント。

トレンド
テクノロジー、ビジネス、政府、社会などわれわれの生活のさまざまな領域に変化をもたらしそうな、一定の方向性を持った重要な変化。あらゆるトレンドは日々の生活のさまざまな側面と交錯する。またすべてのトレンドには以下に挙げるような共通の顕著な特徴がいくつかある。トレンドの牽引役となるのは基本的な人間の欲求であり、その欲求は新たなテクノロジーによって誘発されることが

gorillas-showing-limits-of-algorithms.
*27 Reddit AMA with Stephen Hawking on July 27, 2015, https://www.reddit.com/r/science/comments/3nyn5i/science_ama_series_stephen_hawking_ama_answers.
*28 Amy Webb, "Apple vs. FBI Debate May Be the Least of Our Challenges," CNN, February 29, 2016, www.cnn.com/2016/02/25/opinions/when-technology-clashes-with-law-iphone-opinion-webb.
*29 Ibid.

10

*1 1981年、ノーベル医学生理学賞。www.nobelprize.org/nobel_prizes/medicine/laureates/1981.
*2 Hasso Plattner Institute of Design at Stanford University (d.school), *Bootcamp Bootleg*, 2011, https://dschool.stanford.edu/wp-content/uploads/2011/03/BootcampBootleg2010v2SLIM.pdf.
*3 すばらしい才能に恵まれた記者のジェシー・ヘンペルが、マジック・リープについて優れた記事を書いている。他では読めないような細部まで描かれている。Jessi Hempel, "I Went Inside Magic Leap's Mysterious HQ: Here's What I Saw," *Wired*, April 2016, www.wired.com/2016/04/went-inside-magic-leaps-mysterious-hq-heres-saw.
*4 Evelyn M. Rusli and Alistair Barr, "Google Leads $542 Million Deal in Secretive Startup Magic Leap," *Wall Street Journal*, October 21, 2014, http://blogs.wsj.com/digits/2014/10/21/google-leads-542-million-deal-in-secretive-startup-magic-leap.
*5 Jessi Hempel, "Magic Leap Just Landed an Astounding Amount of VC Money," *Wired*, February 2, 2016, www.wired.com/2016/02/magic-leap-raises-the-biggest-c-round-in-venture-history.
*6 Woodrow Barfield and Thomas Caudell, *Basic Concepts in Wearable Computers and Augmented Reality* (London: Lawrence Erlbaum Associates, 2001).
*7 このアプリの名前は「Makeup Genius」。以下を参照。L'Oréal, www.lorealparis.ca/_en/_ca/brands/makeup-genius.
*8 このアプリは2016年5月時点でiTunesで入手可能である。
*9 「デベロッパー・プログラム」のサイトを参照。https://developers.google.com/glass.
*10 Gary R. Bradski, Samuel A. Miller, and Rony Abovitz, "United States Patent Application Number: 20160026253—Methods and Systems for Creating Virtual and Augmented Reality," January 28, 2016.
*11 データは米国特許商標局より入手した。www.uspto.gov.
*12 Gill A. Pratt, "Is a Cambrian Explosion Coming for Robotics?" *Journal of Economic Perspectives* 29, no. 3 (Summer 2015), http://pubs.aeaweb.org/doi/pdfplus/10.1257/jep.29.3.51.
*13 以下の作品の1831年の初版の序文より。Mary Shelley, *Frankenstein, or a Modern Prometheus*, https://www.rc.umd.edu/editions/frankenstein/1831v1/intro.
*14 『セブン・ソルジャーズ・オブ・ビクトリー』についてさらに詳しい情報は以下で入手できる。DC Comics, www.dccomics.com/graphic-novels/seven-soldiers-of-victory-archives-vol-1.

*9 Hope King, "Meet Tay, Microsoft's Teen Chat Bot," CNN Money, March 23, 2016, http://money.cnn.com/2016/03/23/technology/tay-chat-bot.

*10 マイクロソフトはTay.aiのツイッターアカウントを閉鎖した。オリジナルのツイートを見つけにくくするためであった。ただテイが不品行に走って以降、ツイッターユーザーはスクリーンショットをとって、ソーシャルメディアにばらまいた。テイのツイートを画像検索すると、私がここに挙げたものやそれ以外のツイートも見られるだろう。ただあらかじめ断っておくが、どれもNSFW（Not Safe For Work、職場での閲覧には不向き）である。

*11 T. Hobbes, De Corpore (1655), chaps. 1–6, in A. P. Martinich, trans., *Part I of De Corpore* (New York: Abaris Books, 1981).

*12 Rene Descartes, John Cottingham, Robert Stoothoff, and Dugald Murdoch, *The Philosophical Writings of Descartes* (Cambridge: Cambridge University Press, 1985).

*13 Etienne Bonnot De Condillac, *Condillac: Essay on the Origin of Human Knowledge*, translated by Hans Arsleff, Cambridge Texts in the History of Philosophy (Cambridge: Cambridge University Press, 2001).

*14 Ada Lovelace, *Scientific Memoirs: Selections from The Transactions of Foreign Academies and Learned Societies and from Foreign Journals*, edited by Richard Taylor, FSA, vol. 3 (London, 1843).

*15 "Timeline of Computer History," Computer History Museum, www.computerhistory.org/timeline/ai-robotics.

*16 A. M. Turing, "Computing Machinery and Intelligence," *Mind* 59 (1960): 433–460.

*17 突然『オレゴン・トレイル』をプレイしたくてたまらなくなった人には、インターネット・アーカイブにエミュレーターがある。https://archive.org/details/msdos_Oregon_Trail_The_1990.

*18 Latanya Sweeney, "Discrimination in Online Ad Delivery," Data Privacy Lab, January 28, 2013, http://arxiv.org/pdf/1301.6822v1.pdf.

*19 2016年5月5日の時点でも、女性の最初に挙る例は依然としてCEOバービーである。

*20 Jenna Wortham, "Apple Buys a Start-Up for Its Voice Technology," *New York Times*, April 29, 2010, www.nytimes.com/2010/04/29/technology/29apple.html.

*21 Philip Elmer-DeWitt, "Minneapolis Street Test: Google Gets a B+, Apple's Siri Gets a D," Fortune, June 29, 2012, http://fortune.com/2012/06/29/minneapolis-street-test-google-gets-a-b-apples-siri-gets-a-d.

*22 Nick Bilton, "With Apple's Siri, a Romance Gone Sour," *New York Times*, July 15, 2012, http://bits.blogs.nytimes.com/2012/07/15/with-apple%E2%80%99s-siri-a-romance-gone-sour.

*23 Bianca Bosker, "Why Siri's Voice Is Now a Man (And a Woman)," *Huffington Post*, June 11, 2013, www.huffingtonpost.com/2013/06/11/siri-voice-man-woman_n_3423245.html.

*24 2016年3月の「ビルド」での基調講演。

*25 Richard Waters, "Investor Rush to Artificial Intelligence Is Real Deal," *Financial Times*, January 4, 2015, www.ft.com/cms/s/2/019b3702-92a2-11e4-a1fd-00144feabdc0.html.

*26 Alistair Barr, "Google Mistakenly Tags Black People as 'Gorillas,' Showing Limits of Algorithms," *Wall Street Journal*, July 1, 2015, http://blogs.wsj.com/digits/2015/07/01/google-mistakenly-tags-black-people-as-

Variety, http://variety.com/2013/film/reviews/film-review-42-1200339020.

*9 Sosha Lewis, "Review: Eddie the Eagle," *Charlotte Observer*, February 27, 2016, www.charlotteobserver.com/living/health-family/moms/article62870192.html.

*10 Moira MacDonald, "High Aspirations: 'Eddie the Eagle' Is Charming, If Inaccurate," *Seattle Times*, February 25, 2016, www.seattletimes.com/entertainment/movies/high-aspirations-eddie-the-eagle-is-charming-if-inaccurate.

*11 "Movies," *The New Yorker*, January 21, 2008, www.newyorker.com/magazine/2008/01/21/movies-35.

*12 "Yearly Box Office: 2015 Domestic Grosses," Box Office Mojo, www.boxofficemojo.com/yearly/chart/?yr=2015.

*13 カッティングの研究については以下を参照。"James E. Cutting: Professor: Department of Psychology," Cornell University, http://people.psych.cornell.edu/~jec7/curresearch.htm.

*14 2015年のジェイミー・ダイモンによる株主への年次書簡より。https://www.jpmorganchase.com/corporate/investor-relations/document/ar2015-ceolettershareholders.pdf.

*15 Matt Egan, "30% of Bank Jobs Are Under Threat," CNN Money, April 4, 2016, http://money.cnn.com/2016/04/04/investing/bank-jobs-dying-automation-citigroup.

*16 パウエルは「直感に従え」という自らのルールをさまざまな講演で語っている。以下を参照。General (USA-Ret) Colin L. Powell, "18 Lessons in Leadership," Air University, *Air and Space Power Journal*, April 2, 2011, www.airpower.maxwell.af.mil/apjinternational/apj-s/2011/2011-4/2011_4_02_powell_s_eng.pdf.

*17 Chris Taylor, "Triumph of the Nerds: Nate Silver Wins in 50 States," *Mashable*, November 7, 2012, http://mashable.com/2012/11/07/nate-silver-wins.

9

*1 Sarah Perez, "Emu, a Smarter Messaging App with a Built-in Assistant, Exits Beta," *TechCrunch*, April 2, 2014, http://techcrunch.com/2014/04/02/emu-a-smarter-messaging-app-with-a-built-in-assistant-exits-beta.

*2 Ron Amadeo, "Google Buys Emu, an iPhone Texting App with a Built-in Virtual Assistant," *Arstechnica*, August 6, 2014, http://arstechnica.com/gadgets/2014/08/google-buys-emu-an-iphone-texting-app-with-a-built-in-virtual-assistant.

*3 Marco Della Cava, "Microsoft CEO Nadella: 'Bots Are the New Apps,'" *USA Today*, March 30, 2016, www.usatoday.com/story/tech/news/2016/03/30/microsof-ceo-nadella-bots-new-apps/82431672.

*4 ガーディアン紙のクレア・コゼンスがクリッピーについて書いている。"Microsoft Cuts 'Mr Clippy,'" April 11, 2001, www.theguardian.com/media/2001/apr/11/advertising2.

*5 「ビルド」でのナデラの基調講演の動画はチャンネル9で視聴できる。https://channel9.msdn.com/Events/Build/2016/KEY01.

*6 Yongdong Wang, "Your Next New Best Friend Might Be a Robot," *Nautil*, February 4, 2016, http://nautil.us/issue/33/attraction/your-next-new-best-friend-might-be-a-robot.

*7 Ibid.

*8 Ibid.

*47 Ibid.

*48 Ibid.

7

*1 「見ることは信ずることである(百聞は一見にしかず)」はもともと新約聖書のなかで、12使徒の1人であるトマスがイエスの復活を自分の目で見るまで信じなかったという話に由来する。ヨハネによる福音書第20章を参照。

*2 Jessi Hempel, "The Inside Story of Uber's Radical Rebranding," *Wired*, February 2016.

*3 Frank Rose, "Pocket Monster," *Wired*, September 2001.

*4 Jason Kincaid, "SCVNGR Raises $15 Million at $100MM Valuation," *TechCrunch*, January 4, 2011, http://techcrunch.com/2011/01/04/scvngr-raises-15-million-at-100mm-valuation.

*5 John D. Sutter, "The Modern Tech CEO: Barefoot and 21," CNN, November 2, 2010, www.cnn.com/2010/TECH/innovation/11/02/seth.priebatsch.scvngr.

*6 Nathan Chandler, "How the Nintendo Power Glove Worked," How Stuff Works, http://electronics.howstuffworks.com/nintendo-power-glove.htm.

*7 Spencer E. Ante, "Investors Cool on Foursquare," *Wall Street Journal*, November 20, 2012, www.wsj.com/news/articles/SB10001424127887324712504578131384140607240.

*8 Gregory Huabg, "LevelUp Leads 'Cambrian Explosion' of Mobile Payments & Rewards," *Xconomy*, August 3, 2012, www.xconomy.com/boston/2012/08/03/levelup-leads-cambrian-explosion-of-mobile-payments-rewards.

*9 Jeremy Cabalona, "Gowalla Is Officially Shut Down," *Mashable*, March 11, 2012, http://mashable.com/2012/03/11/gowalla-shuts-down.

*10 Mike Isaac, "Foursquare Raises $45 Million, Cutting Its Valuation Nearly in Half," *New York Times*, January 14, 2016, www.nytimes.com/2016/01/15/technology/foursquare-raises-45-million-cutting-its-valuation-nearly-in-half.html.

*11 「忍者」を構成する2つの漢字の読み方に応じて、解釈の方法はいろいろある。日本語では「にんじゃ」より「しのび」と呼ばれることが多い。

8

*1 Steven Levy, "Jeff Bezos Owns the Web in More Ways Than You Think," *Wired*, November 2011, www.wired.com/2011/11/ff_bezos.

*2 Fritz Heider and Marianne Simmel, "An Experimental Study of Apparent Behavior," *American Journal of Psychology* 57, no. 2 (April 1944).

*3 以下を参照。"Experimental Study of Apparent Behavior: Fritz Heider & Marianne Simmel. 1944," YouTube, uploaded December 26, 2010, https://www.youtube.com/watch?v=n9TWwG4SFWQ.

*4 ノストラダムスの伝記はBiography.comで閲覧できる。www.biography.com/people/nostradamus-9425407.

*5 Nostradamus, *The Complete Prophecies of Nostradamus*, edited by Ned Halley (London: Wordsworth Reference, 1999).

*6 Heiko A. Von der Gracht, *The Future of Logistics* (Berlin: Springer, 2008).

*7 Herman Kahn, *On Thermonuclear War* (Princeton, NJ: Princeton University Press, 1960). 初版は651ページあった。

*8 Scott Foundas, "Film Review: '42,"

いない。
*35 Loizos, "Sequoia Capital's Alfred Lin."
*36 Amos Tversky and Daniel Kahneman, "Availability: A Heuristic for Judging Frequency and Probability," *Cognitive Psychology* 4 (1973): 207–232.
*37 Elizabeth Holmes, "Gilt's New Funding Values Online Retailer at $1 Billion," *Wall Street Journal*, May 10, 2011, www.wsj.com/articles/SB10001424052748703730804576313330486181732.
*38 Leena Rao, "One Kings Lane Raises $112M at a $912M Valuation in a Quest to Dominate Home Goods Online," *TechCrunch*, January 30, 2014, http://techcrunch.com/2014/01/30/in-the-quest-to-dominate-home-goods-e-commerce-one-kings-lane-raises-112m-at-a-912m-valuation.
*39 Greg Bensinger, "Zulily Shares Jump 71% After IPO," *Wall Street Journal*, November 15, 2013, www.wsj.com/articles/SB10001424052702303289904579200272639068810.
*40 Leena Rao, "Here's How Gilt Will Be Added to Saks Fifth Avenue's Discount Retail Stores," *Fortune*, February 9, 2016, http://fortune.com/2016/02/09/gilt-off-fifth.
*41 リバティ・インタラクティブ・コーポレーションのニュースリリース"Liberty Interactive Announces Definitive Agreement to Acquire Zulily." http://ir.libertyinteractive.com/releasedetail.cfm?ReleaseID=927853.
*42 同社は2015年12月に社員の25%を解雇した。これは2回目の大規模な解雇であった。以下を参照。Jason Del Rey, "One Kings Lane, Once Valued at $900 Million, Is Likely to Sell for a Fraction of That," Recode, January 6, 2016, www.recode.net/2016/1/6/11588562/one-kings-lane-once-valued-at-900-million-is-likely-to-sell-for.
*43 アメリカで、高校や大学のスピーチやディベートのカリキュラムが予算不足のために削減されているのは残念なことだ。こうしたカリキュラムは学生の書面あるいは口頭でのコミュニケーションスキルを養うのに役立つとともに、リサーチや批判的思考、膨大な情報を整理する方法などを教えるのに役立つ。大人になってからの生活にこれほど役立つ教科はほかに思いつかない。バスケットボールチームやオーケストラ、演劇、世界トップクラスのプログラミング授業以上に有益だ。説得力のある主張ができなければ、あるいは会議の場できちんと自己主張できなければ、技術的スキルがあっても何の役に立つだろう。私の意見では、学校教育を通じて若い世代に未来を創造する能力を与えるのであれば、スピーチとディベートに資源を改めて振り向けるべきだ。競技会向けのコースにとどまらず、両者を一般のカリキュラムに統合すべきである(この件については個人的にディベートに応じる用意がある。私が使っているソーシャルネットワークは@amywebbと@webbmedia)
*44 Bill Vlasic, "U.S. Proposes Spending $4 Billion on Self-Driving Cars," *New York Times*, January 14, 2016, www.nytimes.com/2016/01/15/business/us-proposes-spending-4-billion-on-self-driving-cars.html.
*45 Alex Wilhelm and Alexia Tsotsis, "Google Ventures Puts $258M into Uber, Its Largest Deal Ever," *TechCrunch*, August 22, 2013, http://techcrunch.com/2013/08/22/google-ventures-puts-258m-into-uber-its-largest-deal-ever.
*46 Mike Ramsey and Douglas MacMillan, "Carnegie Mellon Reels After Uber Lures Away Researchers," *Wall Street Journal*, May 31, 2015, www.wsj.com/article_email/is-uber-a-friend-or-foe-of-carnegie-mellon-in-robotics-1433084582lMyQjAxMTE1MjA5MTUwNzE5Wj.

*13 Jason O. Gilbert, "Poem: There's an Uber for X," *Quartz*, December 12, 2014, http://qz.com/311217/poem-theres-an-uber-for-x. Quartzと著者の許可を得て掲載。

*14 Paul Wiseman, "Outlook for Job Market Is Grim," *USA Today*, January 8, 2010.

*15 Ibid.

*16 Apple, "Apple Reports Fourth Quarter Results," Apple Press Info, October 18, 2010, https://www.apple.com/pr/library/2010/10/18Apple-Reports-Fourth-Quarter-Results.html.

*17 "Regulation and Prosperity: 1935–1960," New York City, History: Taxi of Today, Taxi of Tomorrow, www.nyc.gov/html/media/totweb/taxioftomorrow_history_regulationandprosperity.html.

*18 New York City Taxi and Limousine Commission, 2010 Annual Report, www.nyc.gov/html/tlc/downloads/pdf/annual_report_2010.pdf.

*19 "Population of the 100 Largest Urban Places: 1930," US Census Bureau, https://www.census.gov/population/www/documentation/twps0027/tab16.txt.

*20 Tobias Salinger, "World's Fair 1939 Presented Vision of 'World of Tomorrow,' with Ominous Signs of Impending War," *New York Daily News*, April 17, 2014, www.nydailynews.com/new-york/queens/world-fair-1939-presented-vision-world-tomorrow-omens-war-article-1.1759608.

*21 "Quick Facts for New York City," US Census Bureau, www.census.gov/quickfacts/table/PST045215/36.

*22 "New York City Statistics," NYC: The Official Guide, https://web.archive.org/web/20160329230537/http://www.nycgo.com/articles/nyc-statistics-page.

*23 Ibid.

*24 Lawrence Van Gelder, "Medallion Limits Stem from the 30's," *New York Times*, May 11, 1996, www.nytimes.com/1996/05/11/nyregion/medallion-limits-stem-from-the-30-s.html.

*25 "New York City Statistics," NYC: The Official Guide.

*26 関心のある読者は、ニューヨークシティのタクシーメダル(営業免許)の販売と貸与に関する以下の情報を参照。http://nycitycab.com/business/taximedallionlist.aspx.

*27 "CES by the Numbers," Consumer Technology Association, https://www.ces.tech/Why-CES/CES-by-the-Numbers.

*28 2016年1月7日、アナトリー・トカイェフ(ユーザーネームは@anatoliytokayev)が投稿した。https://twitter.com/AnatoliyTokayev/status/684992047737139200.

*29 Heather Kelly, "San Francisco's Yellow Cab Files for Bankruptcy," CNN Money, January 25, 2016, http://money.cnn.com/2016/01/25/technology/yellow-cab-bankruptcy.

*30 Wendy Lee, "State Wants New Rules on Insurance for Ride-Sharing Companies," KPCC 89.3, blog post, April 9, 2014, www.scpr.org/blogs/economy/2014/04/09/16327/state-wants-new-rules-on-insurance-for-ride-sharin.

*31 State of Nebraska Consumer Alert, "Hidden Risks of Car-Sharing and Ride-Sharing," www.doi.nebraska.gov/brochure/conalert/out14268.pdf.

*32 ウーバーへの集団訴訟を起こした運転手の代理人である弁護士が運営するウェブサイトより。http://uberlawsuit.com.

*33 リストは以下。www.whosdrivingyou.org.

*34 本書執筆の時点から発売されるまでのあいだに、ウーバーに対してはさらに多くの訴訟が起こされ、またアメリカ中の州、都市、町が個別の規制やルールを導入するのは間違

google-receives-more-than-75000-job-applications-in-a-week.html.

*30 Martin Peers, "Cash Returns: Where Apple Lags Google and Microsoft," *Wall Street Journal*, March 23, 2011, www.wsj.com/articles/SB10001424052702304520804576339392545579346.

*31 Google, "Our History in Depth."

*32 David Gelles, "In Silicon Valley, Mergers Must Meet the Toothbrush Test," *New York Times*, August 17, 2014, http://dealbook.nytimes.com/2014/08/17/in-silicon-valley-mergers-must-meet-the-toothbrush-test.

*33 Dan Frommer, "Google's First Alphabet Earnings in Charts," *Quartz*, February 1, 2016, http://qz.com/607378/were-live-charting-googles-first-alphabet-earnings.

*34 Larry Page and Sergey Brin, "G Is for Google," Alphabet, n.d., https://abc.xyz.

*35 ホームズは『白銀号事件』のなかで自らの失敗を認めている。競馬の本命馬が失踪し、会話のなかでホームズはこう述べている。「親愛なるワトソン君、私は失敗を犯した。残念ながら、それは君の回顧録でしか私を知らない人が思うより、珍しいことではないんだ。要するに、私にはイギリスで一番すばらしい馬を長く隠しておけるなどと思えなかったし、特にダートムーアのような人の少ない場所では難しいと思ったということだ」

6

*1 2016年1月10日に検索。

*2 2016年1月10日時点。

*3 Alyson Shontell, "All Hail the Uber Man!" *Business Insider*, January 11, 2014, www.businessin-sider.com/uber-travis-kalanick-bio-2014-1.

*4 Ibid.

*5 カラニックは2010年3月19日、@Uberからツイートを投稿した。https://twitter.com/uber/status/10732492284.「sick」というスラングは、通常「とんでもない」「おかしい」あるいは「すごい」といった意味で使われる。

*6 Connie Loizos, "Sequoia Capital's Alfred Lin on Why Uber's Valuation Is Twice That of Airbnb's," TechCrunch, December 1, 2015, http://techcrunch.com/2015/12/01/sequoia-capitals-alfred-lin-on-why-ubers-valuation-is-twice-that-of-airbnb.

*7 Eric Newcomer, "Uber Raises Funding at $62.5 Billion Valuation," *Bloomberg*, December 3, 2015, www.bloomberg.com/news/articles/2015-12-03/uber-raises-funding-at-62-5-valuation.

*8 Susanne Craig and Andrew Ross Sorkin, "Goldman Offering Clients a Chance to Invest in Facebook," *New York Times*, January 2, 2011, http://dealbook.nytimes.com/2011/01/02/goldman-invests-in-facebook-at-50-billion-valuation/?hp.

*9 2016年5月11日時点で、ザッカーバーグはブルームバーグのビリオネアランキングで、コーク兄弟、ジェフ・ベゾス、ウォーレン・バフェット、アマンシオ・オルテガ、ビル・ゲイツに次ぐ第7位に上昇している。以下を参照。http://www.bloomberg.com/billionaires/2016-05-11/cya for a searchable database.

*10 Jessi Hempel, Davey Alba, Issie Lapowsky, and Julia Greenberg, "Uber's Raising Billions More, So Why Bother Going Public?" *Wired*, December 3, 2015, www.wired.com/2015/12/ubers-raising-billions-more-so-why-bother-going-public.

*11 ウーバーのニュースルームを参照。https://newsroom.uber.com.

*12 ウーバーのニュースルームの検索結果。https://newsroom.uber.com/?s=billionth+ride+Marvin+&lang=en.

Behavior (New York: Knopf Doubleday, 2013).（レナード・ムロディナウ著、水谷淳訳『しらずしらず：あなたの9割を支配する「無意識」を科学する』ダイヤモンド社、2013年）

*12 American Academy of Ophthalmology, Museum of Vision, "Timeline of Eyeglasses," www.museumofvision.org/exhibitions/?key=44&subkey=4&relkey=35.

*13 Johan Wagemans, James H. Elder, Michael Kubovy, Stephen E. Palmer, Mary A. Peterson, Manish Singh, and Rüdiger von der Heydt, "A Century of Gestalt Psychology in Visual Perception I: Perceptual Grouping and Figure-Ground Organization," *Psychology Bulletin* 138, no. 6 (November 2012): 1172–1217.

*14 オリジナルのプレスリリースは以下を参照。"Google Gets the Message, Launches Gmail," Google News from Google, April 1, 2004, http://googlepress.blogspot.com/2004/04/google-gets-message-launches-gmail.html.

*15 Arin Hailey, "Gmail Hits the Auction Block," *PC World*, May 26, 2004, www.pcworld.com/article/116293/article.html.

*16 グーグルの本社ウェブサイトの、製品とサービスの発表時期の年表を参照。

Our History in Depth," Google Company, https://www.google.com/about/company/timeline.

*17 Julie Bort, "Google Apps Exec: 'The Whole Industry Looked at Us Like We Were Crazy," January 13, 2015, www.businessinsider.com/google-apps-exec-on-being-crazy-2015-1.

*18 以下を参照。Juan Carlos Perez, "Google Wants Your Phonemes," InfoWorld, October 23, 2007, www.infoworld.com/article/2642023/database/google-wants-your-phonemes.html.

*19 "Number of Smartphone Users in the United States from 2010 to 2019 (in millions)," Statistica, www.statista.com/statistics/201182/forecast-of-smartphone-users-in-the-us.

*20 Apple, "Apple Reports Fourth Quarter Results," Apple Press Info, October 18, 2010, https://www.apple.com/pr/library/2010/10/18Apple-Reports-Fourth-Quarter-Results.html.

*21 Google, "Our History in Depth.

*22 Ibid.

*23 Chris Savarese and Brian Hart, "The Caesar Cipher," Cryptography, last updated April 25, 2010, www.cs.trincoll.edu/~crypto/historical/caesar.html.

*24 "Emblem and Cipher," Francis Bacon Society, www.francisbaconsociety.co.uk/emblem-and-cipher.

*25 クリス・メシーナが最初にハッシュタグ（#のサイン）を提唱したのは、2007年8月23日のツイートである。そのツイートとそれに続く議論は以下で閲覧できる。https://twitter.com/chrismessina/status/223115412?ref_src=twsrc%5Etfw.

*26 Jessica Estepa, "Is This 'Total War'? Anonymous Posts Trump's Social Security Number, Phone Number, *USA Today*, March 18, 2016.

*27 Bianca Bosker, "Siri Rising: The Inside Story of Siri's Origins—And Why She Could Overshadow the iPhone," *Huffington Post*, January 24, 2013, www.huffingtonpost.com/2013/01/22/siri-do-engine-apple-iphone_n_2499165.html.

*28 Google, "Our History in Depth."

*29 "Google Receives More Than 75,000 Job Applications over the Last Week," *Los Angeles Times*, Technology blog, February 4, 2011, http://latimesblogs.latimes.com/technology/2011/02/

aspx?articleid=479888.

*45 Sander L. Gilman, *Making the Body Beautiful* (Princeton, NJ: Princeton University Press, 2001).

*46 データは以下より引用。American Society for Aesthetic Plastic Surgery, www.surgery.org.

*47 David M. Bosworth, "Iproniazid: A Brief Review of Its Introduction and Clinical Use," *Annals of the New York Academy of Sciences* 80 (1959): 809–819.

*48 Marcia Angell, "The Epidemic of Mental Illness: Why?" *New York Review of Books*, June 23, 2011.

*49 Elizabeth Wurtzel, *Prozac Nation: Young and Depressed in America* (Boston: Houghton Mifflin, 1994).（エリザベス・ワーツェル著、滝沢千陽訳『私は「うつ依存症」の女：プロザック・コンプレックス』講談社、2001年）

*50 Peter D. Kramer, *Listening to Prozac* (New York: Viking Adult, 1993).（ピーター・D・クレイマー著、堀たほ子訳『驚異の脳内薬品：鬱に勝つ「超」特効薬』同朋舎、1997年）

*51 Gawande, "Slow Ideas."

*52 Kevin Kelly, *What Technology Wants* (New York: Viking, 2010).（ケヴィン・ケリー著、服部桂訳『テクニウム=TECHNIUM: テクノロジーはどこへ向かうのか?』みすず書房、2014年）

5

*1 Arthur Conan Doyle, *A Scandal in Bohemia* (London: G. Newnes, 1891).（アーサー・コナン・ドイル著『ボヘミアの醜聞』。小林司、東山あかね訳『シャーロック・ホームズ全集3』河出書房新社、2014年などに収録）

*2 Arthur Conan Doyle, "The Adventure of the Reigate Squire," *Strand Magazine*, June 1893.（アーサー・コナン・ドイル著、『ライゲートの大地主』。亀山龍樹訳『盗まれた秘密文書』ポプラ社、2012年などに収録）

*3 2015年11月12日のマウンテンビュー警察署のブログより。https://mountainviewpoliceblog.com/2015/11/12/inquiring-minds-want-to-know.

*4 グーグル自動運転車プロジェクトの月例レポートより。https://www.google.com/selfdrivingcar/reports.

*5 2015年11月12日、グーグル自動運転車プロジェクトの、グーグル+へのブログより。https://plus.google.com/+SelfDrivingCar/posts/j9ouVZSZnRf.

*6 Ibid.

*7 動画はコンピューティング・コミュニティ・コンソーシアムのブログへの、アーウィン・ジャンチャンダニによる2011年10月18日の投稿に説明されている。www.cccblog.org/2011/10/18/how-googles-self-driving-car-works.

*8 Adam Clark Estes, "Meet Google's Robot Army: It's Growing," *Gizmodo*, January 27, 2014, http://gizmodo.com/a-humans-guide-to-googles-many-robots-1509799897.

*9 Jon Gertner, "The Truth About Google X: An Exclusive Look Behind the Secretive Lab's Closed Doors," *Fast Company*, April 14, 2014.

*10 グーグルはグーグル・ベンチャーズによる投資案件の一部を、公開レポジトリに保存している。www.gv.com. 2014年のマヘシュ・モハンによるブログ投稿には、その時点のグーグル製品やサービスのかなり網羅的なリストが含まれている。以下を参照。Mahesh Mohan, "Over 151 Google Products & Services You Probably Don't Know," Minterest, December 2, 2014, www.minterest.org/google-products-services-you-probably-dont-know.

*11 Leonard Mlodinow, *Subliminal: How Your Unconscious Mind Rules Your*

Nature, June 30, 2015, www.nature.com/news/super-muscly-pigs-created-by-small-genetic-tweak-1.17874.

*27 Morgan Clendaniel, "The Genetically Modified Food You Eat Everyday," *Fast Company*, November 13, 2014, www.fastcoexist.com/1676104/the-genetically-modified-food-you-eat-every-day.

*28 Andrew Pollack, "Jennifer Doudna, a Pioneer Who Helped Simplify Genome Editing," *New York Times*, May 11, 2015.

*29 Steph Yin, "What Is CRISPR/Cas9 and Why Is It Suddenly Everywhere?" Motherboard, April 30, 2015, http://motherboard.vice.com/read/what-is-crisprcas9-and-why-is-it-suddenly-everywhere.

*30 Omar O. Abudayyeh, Jonathan S. Gootenberg, Silvana Konermann, Julia Joung, Ian M. Slaymaker, David B.T. Cox, Sergey Shmakov, et al., "C2c2 Is a Single-Component Programmable RNA-Guided RNA-Targeting CRISPR Effector," *Science*, June 2, 2016, http://science.sciencemag.org/content/early/2016/06/01/science.aaf5573.

*31 David Cyranoski and Sara Reardon, "Chinese Scientists Genetically Modify Human Embryos," *Nature*, April 22, 2015, www.nature.com/news/chinese-scientists-genetically-modify-human-embryos-1.17378.

*32 Puping Liang, Yanwen Xu, Xiya Zhang, Chenhui Ding, Rui Huang, Zhen Zhang, Jie Lv, et al., "CRISPR/Cas9-Mediated Gene Editing in Human TripronuclearZygotes," *Protein & Cell* 6, no. 5 (2015): 363–372.

*33 Edward Lanphier, Fyodor Urnov, Sarah Ehlen Haecker, Michael Werner, and Joanna Smolenski, "Don't Edit the Human Germ Line," *Nature* 519, no. 7544 (2015): 410–411.

*34 Susan Rinkunas, "Genetic Engineering for Our Babies Is Real," *New York*, July 24, 2015, http://nymag.com/thecut/2015/07/lady-scientists-could-make-marvel-comics-real.html.

*35 Amelia Urry, "The Latest in GMO Panic: Human Engineering," Grist, April 30, 2015, http://grist.org/science/the-latest-in-gmo-panic-human-engineering.

*36 AskMen editors, "Real-Life Mutants," AskMen, July 24, 2015, www.askmen.com/news/sports/real-life-mutants-researchers-want-to-use-superhuman-dna-to-combat-disease.html.

*37 Zoltan Istvanのウェブサイトより。www.zoltanistvan.com.

*38 Dylan Mathews, "I Got a Computer Chip Implanted into My Hand: Here's How It Went," *Vox*, September 11, 2015, www.vox.com/2015/9/11/9307991/biohacking-grinders-rfid-implant.

*39 Ibid.

*40 Mary Meeker and Liang Wu, "Internet Trends D11 Conference," 2013, www.kpcb.com/blog/2013-internet-trends.

*41 Atul Gawande, "Slow Ideas," *New Yorker*, July 29, 2013.

*42 麻酔学の年表や資料は以下を参照。Wood Library Museum of Anesthesiology, www.woodlibrarymuseum.org/history-of-anesthesia/#1853.

*43 "Highest Paying Occupations," in *Occupational Outlook Handbook*, US Department of Labor, Bureau of Labor Statistics, May 2013, www.bls.gov/ooh/highest-paying.htm.

*44 Marc S. Zimbler, "Gaspare Tagliacozzi (1545–1599): Renaissance Surgeon," *Archives of Facial Plastic Surgery* 3, no. 4 (2001): 283–294, http://archfaci.jamanetwork.com/article.

Organic Computing Device with Multiple Interconnected Brains," *Scientific Reports* 5 (2015), www.nature.com/articles/srep11869.

*7 Miguel Nicolelis, TED Talk, "Brain-to-Brain Communication Has Arrived: How We Did It," October 2014, https://www.ted.com/talks/miguel_nicolelis_brain_to_brain_communication_has_arrived_how_we_did_it/transcript.

*8 Galilei biography at Biography.com, www.biography.com/people/galileo-9305220.

*9 Goodall biography at Biography.com, www.biography.com/people/jane-goodall-9542363.

*10 Isaac Asimov, "The Story Behind 'Foundation,'" *Isaac Asimov's Science Fiction Magazine*, December 1982.

*11 Paul Krugman, "Paul Krugman: Asimov' s Foundation Novels Grounded My Economics," *The Guardian*, December 4, 2012, www.theguardian.com/books/2012/dec/04/paul-krugman-asimov-economics.

*12 Ryan Lizza, "When Newt Met Hari Seldon," *New Yorker*, December 8, 2011, www.newyorker.com/news/news-desk/when-newt-met-hari-seldon.

*13 Youssef M. Ibrahim, "Secrecy Gives Way to Spotlight for Scientist," *New York Times*, February 24, 1997.

*14 "Sir Ian Wilmut, British biologist," Encyclopaedia Britannica, www.britannica.com/biography/an-Wilmut.

*15 Ibid.

*16 Ian Wilmut, A. E. Schnieke, J. McWhir, A. J. Kind, and K. H. S. Campbell, "Viable Offspring Derived from Fetal and Adult Mammalian Cells," *Nature* 385 (February 27, 1997).

*17 Gina Kolata, "Scientist Reports First Cloning Ever of Adult Mammal," New York Times, February 23, 1997.

*18 Gina Kolata, "With Cloning of a Sheep, Ethical Ground Shifts," *New York Times*, February 24, 1997.

*19 Ibid.

*20 1997年5月6日、MITで行われたクローン技術の倫理に関するパネルディスカッションより。"Experts Detail Obstacles to Human Cloning," MIT News, May 14, 1997, http://news.mit.edu/1997/cloning-0514.

*21 スコットランド教会が発行したパンフレット "Human Cloning: Ethical Issues"より。Church and Society Council, n.d., www.srtp.org.uk/assets/uploads/Human_Cloning_Ethical_Issues_864_0814.pdf.

*22 1997年3月4日、ワシントンDCのホワイトハウスでの記者会見でのビル・クリントン大統領の発言。文字起こしはCNNのサイトを参照。www.cnn.com/ALLPOLITICS/1997/03/04/clinton.money/transcript.html.

*23 1997年3月1日(土)に発表された、クローン技術に関するCNNとタイムの世論調査より。ww.cnn.com/TECH/9703/01/clone.poll.

*24 2011年1月13日、エジンバラ大学ロスリン・インスティテュートが発表したニュースリリース。"GM Chickens That Don't Transmit Bird Flu Developed." www.roslin.ed.ac.uk/news/2011/01/13/gm-chickens-that-dont-transmit-bird-flu-developed.

*25 Wang Yongsheng, Yan Zhang, Mingqi Yang, Jiaxing Lv, Jun Liu, and Yong Zhanga, "TALE Nickase-Mediated SP110 Knockin Endows Cattle with Increased Resistance to Tuberculosis," *Proceedings of the National Academy of Sciences of the United States of America*, March 31, 2015, www.ncbi.nlm.nih.gov/pmc/articles/PMC4386332.

*26 David Cyranoski, "Super-Muscly Pigs Created by Small Genetic Tweak,"

www.newsweek.com/clifford-stoll-why-web-wont-be-nirvana-185306.

*25 John Perry Barlow, "A Declaration of the Independence of Cyberspace," Electronic Frontier Foundation, February 8, 1996, https://www.eff.org/cyberspace-independence.

*26 Richard Babrook and Andy Cameron, "The Californian Ideology," Imaginary Futures, www.imaginaryfutures.net/2007/04/17/the-californian-ideology-2.

*27 DECの製品パンフレットより。コンピュータ歴史博物館の以下の記事を参照。"Company: Digital Equipment Corporation (DEC)," in the section "Selling the Computer Revolution: Marketing Brochures in the Collection," www.computerhistory.org/brochures/companies.php?company=com-42b9d67d9c350&.

*28 John F. Kennedy, "Inaugural Address of President John F. Kennedy," January 20, 1961, J.F.K. Museum, www.jfklibrary.org/Research/Research-Aids/Ready-Reference/JFK-Quotations/Inaugural-Address.aspx.

*29 United Press, "Khrushchev Invites U.S. to Missile Shooting Match," *New York Times*, November 16, 1957.

*30 Jack Raymond, "Foreign-Based U-2's Grounded for Study," *New York Times*, May 7, 1960.

*31 Gabrielle Sorto, "Yuri Gagarin Became First Man in Space 55 Years Ago," CNN, April 12, 2016, www.cnn.com/2016/04/12/world/yuri-gagarin-55-anniversary-irpt.

*32 議会合同会議の映像と文字起こしは以下で閲覧可能。John F. Kennedy Presidential Library, www.jfklibrary.org/Asset-Viewer/xzw1gaeeTES6khED14P1Iw.aspx.

*33 Ibid.

*34 Ibid.

*35 W. H. Lawrence, "Kennedy Asks 1.8 Billion This Year to Accelerate Space Exploration, Add Foreign Aid, Bolster Defense," *New York Times*, May 26, 1961.

*36 情報先端研究プロジェクト活動（IARPA）のプロジェクトと公募活動は以下で閲覧可能。https://www.iarpa.gov/index.php/working-with-iarpa/open-solicitations

4

*1 『スタートレック』では、バルカン人の意識は「シナプスパターン置換技術」によって、2つの意識のエッセンスを融合させることで一体化している。バルカン人同士が相手の顔の特定の位置に手を触れることで、融合が起こる。スポックはたくさんのエピソードでこれを行っているが、常に非常に危険な行為として描かれている。

*2 Miguel Pais-Vieira, Mikhail Lebedev, Carolina Kunicki, Jin Wang, and Miguel A. L. Nicolelis, "A Brain-to-Brain Interface for Real-Time Sharing of Sensorimotor Information," *Scientific Reports*, February 28, 2013.

*3 Cynthia Fox, "Communicating via Thought Waves Alone: Q&A with Miguel Nicolelis," *Bioscience Technology*, July 31, 2015.

*4 *PC World* editors, "World Class: Best Products of 1998," CNN, June 5, 1998, www.cnn.com/TECH/computing/9806/05/best.of.98.idg/index.html.

*5 Alejandra Martins and Paul Rincon, "Paraplegic in Robotic Suit Kicks off World Cup," BBC News, June 12, 2014, www.bbc.com/news/science-environment-27812218.

*6 Miguel Pais-Vieira, Gabriela Chiuffa, Mikhail Lebedev, Amol Yadav, and Miguel A. L. Nicolelis, "Building an

3

*1 任天堂の歴史と年表は以下で閲覧できる。https://nintendo.co.jp/index.html,https://www.nintendo.com/corp/history.jsp,https://www.nintendo.co.uk/Corporate/Nintendo-History/Nintendo-History-625945.html.

*2 Ibid.

*3 Ibid.

*4 Ibid.

*5 Ibid.

*6 Ibid.

*7 Ibid.

*8 "George R. Stibitz: 1964 Harry H. Goode Memorial Award Recipient," Computer Society, Institute of Electrical and Electronics Engineers, https://www.computer.org/web/awards/goode-george-stibitz.

*9 T. R. Hollcroft, "The Summer Meeting in Hanover," Bulletin of American Mathematical Society 46, no. 11 (1940), http://projecteuclid.org/euclid.bams/1183503281.

*10 Ibid.

*11 US War Department, Bureau of Public Relations, news release, February 15, 1946, http://americanhistory.si.edu/comphist/pr1.pdf.

*12 "The Colossus Gallery," National Museum of Computing, www.tnmoc.org/explore/colossus-gallery.

*13 "USS Hopper (DDG 70)," US Navy, www.public.navy.mil/surfor/ddg70/Pages/namesake.aspx#.VzSLCWSDFBc.

*14 Randy Alfred, "Nov. 4, 1952: Univac Gets Election Right, but CBS Balks," Wired, November 4, 2010, www.wired.com/2010/11/1104cbs-tv-univac-election.

*15 Amy Webb, Data: A Love Story (New York: Dutton Adult, 2013).

*16 J. C. R. Licklider, "Memorandum For: Members and Affiliates of the Intergalactic Computer Network," Advanced Research Projects Agency (ARPA), April 23, 1963, http://worrydream.com/refs/Licklider-IntergalacticNetwork.pdf.

*17 Digital Equipment Corporation (DEC), Lehman Brothers Collection, Harvard Business School Historical Collections, www.library.hbs.edu/hc/lehman/chrono.html?company=digital_equipment_corporation.

*18 Glenn Rifkin, "Ken Olsen, Who Built DEC into a Power, Dies at 84," *New York Times*, February 7, 2011, www.nytimes.com/2011/02/08/technology/business-computing/08olsen.html.

*19 Olaf Helmer, "Prospects of Technological Progress," August 1967, RAND Corporation, www.rand.org/content/dam/rand/pubs/papers/2006/P3643.pdf.

*20 Rifkin, "Ken Olsen."

*21 Katie Hafner and Matthew Lyon, *Where Wizards Stay Up Late: The Origins of the Internet* (New York: Simon and Schuster, 1996).（ケイティ・ハフナー、マシュー・ライアン著、加地永都子、道田豪訳『インターネットの起源』アスキー、2000年）

*22 Leslie Horn, "First Portable Computer Debuted 30 Years Ago," *PC Magazine*, April 4, 2011, www.pcmag.com/article2/0,2817,2383022,00.asp.

*23 David Pogue, "Use It Better: The Worst Tech Predictions of All Time," *Scientific American*, January 18, 2012, www.scientificamerican.com/article/pogue-all-time-worst-tech-predictions.

*24 Clifford Stoll, "Why the Web Won't Be Nirvana," *Newsweek*, February 26, 1995,

Chafkin, "Revolution Number 99," *Vanity Fair*, February 2012, www.vanityfair.com/news/2012/02/occupy-wall-street-201202.

*33 Reddit.comの検索結果より。以下を参照。https://www.reddit.com/search?q=sony.

*34 "25 Highest Paying Jobs in America for 2016," Glassdoor, https://www.glassdoor.com/blog/25-highest-paying-jobs-america-2016.

*35 "President Obama Signs Health Reform into Law," news release, White House, March 23, 2010, https://www.whitehouse.gov/photos-and-video/video/president-obama-signs-health-reform-law.

*36 US Congress, *Patient Protection and Affordable Care Act*, HR 3590—111th Cong., March 23, 2010, https://www.congress.gov/bill/111th-congress/house-bill/3590.

*37 World Health Organization, *International Classification of Diseases*, ICD-10 Online, www.who.int/classifications/icd/en.

*38 US Department of Education, "Science, Technology, Engineering and Math: Education for Global Leadership," www.ed.gov/stem.

*39 "Top Secret America: A Washington Post Investigation," *Washington Post*, http://projects.washingtonpost.com/top-secret-america/network/#/overall/most-activity.

*40 Jacob M. Schlesinger and Alexander Martin, "Aging Gracefully: Graying Japan Tries to Embrace the Golden Years," *Wall Street Journal*, www.wsj.com/articles/graying-japan-tries-to-embrace-the-golden-years-1448808028.

*41 "First Self-Replicating Synthetic Bacterial Cell," J. Craig Venter Institute, http://jcvi.org/cms/research/projects/first-self-replicating-synthetic-bacterial-cell/overview.

*42 Danielle Kurtzleben, "Planned Parenthood Investigations Find No Fetal Tissue Sales," National Public Radio, January 28, 2016, www.npr.org/2016/01/28/464594826/in-wake-of-videos-planned-parenthood-investigations-find-no-fetal-tissue-sales.

*43 "Facts and Statistics," Distraction, www.distraction.gov/stats-research-laws/facts-and-statistics.html.

*44 Julie Beck, "The Decline of the Driver's License," *Atlantic*, January 22, 2016, www.theatlantic.com/technology/archive/2016/01/the-decline-of-the-drivers-license/425169.

*45 映画『卒業』はマイク・ニコルズ監督、脚本はカルダー・ウィリンガムとバック・ヘンリー、原作はチャールズ・ウェッブで、1967年12月22日に公開された。スタジオカナルの協力により、台本からセリフを引用。

*46 R. H. Day, D. G. Shaw, and S. E. Ignell, "The Quantitative Distribution and Characteristics of Marine Debris in the North Pacific Ocean, 1984–1988," *Proceedings of the Second International Conference on Marine Debris*, US Department of Commerce, National Oceanic and Atmospheric Administration, 1989.

*47 Peter G. Ryan, Charles J. Moore, Jan A. van Franeker, and Coleen L. Moloney, "Monitoring the Abundance of Plastic Debris in the Marine Environment," *Philosophical Transactions—Royal Society of Biological Sciences*, July 27, 2009.

*48 "1946: First Mobile Telephone Call," AT&T, www.corp.att.com/attlabs/reputation/timeline/46mobile.html.

*49 Ibid.

*19 "Google Acquires Keyhole Corp," news release, Google, October 27, 2004, http://googlepress.blogspot.com/2004/10/google-acquires-keyhole-corp.html.

*20 John Markoff, "I, Robot: The Man Behind the Google Phone," *New York Times*, November 4, 2007, www.nytimes.com/2007/11/04/technology/04google.html.

*21 "QNX Joins Harman International Family," 2004年10月27日、QNXのニュースリリースより。www.qnx.com/news/pr_1121_1.html.

*22 "Table 1–4: Public Road and Street Mileage in the United States by Type of Surface," US Department of Transportation, accessed January 7, 2016, www.rita.dot.gov/bts/sites/rita.dot.gov.bts/files/publications/national_transportation_statistics/html/table_01_04.html.

*23 W. Pfaff, B. Hensen, H. Bernien, S. B. van Dam, M. S. Blok, T. H. Taminiau, M. J. Tiggelman, R. N., Schouten, M. Markham, D. J. Twitchen, and R. Hanson, "Unconditional Quantum Teleportation Between Distant Solid-State Qubits," *Science* 345, no. 6196 (August 1, 2014).

*24 アルバート・アインシュタインからマックス・ボーンへ。以下より引用。Richard Boyd, Philip Gasper, and J. D. Trout, *The Philosophy of Science* (Cambridge, MA: MIT Press, 1991).

*25 Charles H. Bennett, Gilles Brassard, Glaude Crepeau, Richard Jozsa, Asher Peres, and William K. Wootters, "Teleporting an Unknown Quantum State via Dual Classical and Einstein-Podolsky-Rosen Channels," *Physical Review Letters* 70, no. 13 (March 29, 1993).

*26 Pfaff et al., "Unconditional Quantum Teleportation."

*27 おもしろいことに「チャーリー、転送を頼む」というセリフはオリジナルの「スタートレック」シリーズでは使われていなかった。ただこの有名なセリフの異なるバージョンが、いくつかのエピソードで使われている。1968年のエピソード「トリスケリオンのゲームスター」では、カーク船長が「転送を頼む」と言っている。

*28 「ムーアの法則」を深く知るために、インテルは専用ウェブサイトに説明、追加資料、動画を載せている。以下を参照。"50 Years of Moore's Law: Fueling Innovation We Love and Depend On," www.intel.com/content/www/us/en/silicon-innovations/moores-law-technology.html. I also recommend the Computer History Museum's article on Gordon Moore in its section on "The Silicon Engine," entitled "1965: Moore's Law Predicts the Future of Integrated Circuits," n.d., www.computerhistory.org/siliconengine/moores-law-predicts-the-future-of-integrated-circuits.

*29 David W. Moore, "Bush Approval Drops Below 60% for First Time Since 9/11," Gallup News Service, January 14, 2003, www.gallup.com/poll/7591/bush-approval-drops-below-60-first-time-since-911.aspx.

*30 Lloyd Vries, "Hurricanes Wash Away Jobs," CBS Money Watch, October 7, 2005, www.cbsnews.com/news/hurricanes-wash-away-jobs.

*31 CBS News / *New York Times* poll released on January 16, 2009,"The Presidency of George W. Bush," cached PDF at http://webcache.googleusercontent.com/search?q=cache:Ag5tD_3En0gJ:www.cbsnews.com/htdocs/pdf/Bush_poll_011609.pdf+&cd=1&hl=en&ct=clnk&gl=us.

*32 Jaime Lalinde, Rebecca Sacks, Mark Guiducci, Elizabeth Nicholas, and Max

*3 "What Happened to the Future?" Founders Fund manifesto, http://foundersfund.com/the-future.

*4 "A Brief History of the Flying Car," *Popular Mechanics*, July 26, 2012, www.popularmechanics.com/flight/how-to/g1038/a-brief-history-of-the-flying-car.

*5 "Wagner Aerocar—1965," Aviastar, n.d., www.aviastar.org/helicopters_eng/wagner_aerocar.php.

*6 Esther Inglis-Arkell, "The First Flying Car Was Based on the Ford Pinto, and Killed Its Inventor," iO9, February 27, 2012, http://io9.gizmodo.com/5888216/the-first-flying-car-was-based-on-the-ford-pinto-and-killed-its-inventor.

*7 Dan Namowitz, "Sky Commuter Prototype Reappears, in Auction," Aircraft Owners and Pilots Association, January 14, 2015, www.aopa.org/news-and-media/all-news/2015/january/14/1990-sky-commuter-reappears-in-an-auction.

*8 Stephan Benzkofer and Ron Grossman, "Flashback: A Look at Chicago Transportation from the Horse-Drawn Omnibus to Elevated Trains," *Chicago Tribune*, October 27, 2013, http://articles.chicagotribune.com/2013-10-27/news/ct-per-flash-transport-1027-20131027_1_streetcars-first-trolley-chicago-transportation.

*9 "Alfred Speer Dead: Old Wine Merchant and Inventor Gave Passaic Its Name," *New York Times*, February 17, 1910, http://query.nytimes.com/mem/archive-free/pdf?res=9E06E0DE1430E233A25754C1A9649C946196D6CF.

*10 Alfred Speer, "United States Patent: 119,796—Improvement in Endless-Traveling Sidewalks," October 10, 1871.

*11 *The Street Railway Review: Index to Volume III*, Windsor and Kenfield, 1893.

*12 "Paris Exposition Notes," *Scientific American*, May 19, 1900.

*13 Matt Soniak, "Walk This Way: The History of the Moving Sidewalk," Mental Floss, July 19, 2012, http://mentalfloss.com/article/31236/walk-way-history-moving-sidewalk.

*14 "A History of the World: Rover Safety Bicycle," BBC, 2014, www.bbc.co.uk/ahistoryofthe-world/objects/u76Sy05eSNi0zXeC5vDPmg.

*15 Gereon Meyer and Sven Beiker, *Toward a Systematic Approach to the Design and Evaluation of Automated Mobility-on-Demand Systems: A Case Study in Singapore, Forthcoming in Road Vehicle Automation*, Springer Lecture Notes in Mobility (Berlin: Springer, 2014).

*16 "Grand DARPA Challenge: Autonomous Ground Vehicles," DARPA, 2004, http://archive.darpa.mil/grandchallenge04.

*17 Weiland Holfelder, "Vehicle-to-Vehicle and Vehicle-to-Infrastructure Communication: Recent Developments, Opportunities and Challenges," Daimler Chrysler and Telematics Research, presentation to the Future Generation Software Architects in the Automotive Domain Connected Services in Mobile Networks workshop, January 10–12, 2004, La Jolla, California, http://aswsd.ucsd.edu/2004/pdfs/V2VandV2ICommunication-Slides-WHolfelder.pdf.

*18 Wesley Allison, "Motor Trend 2004 Car of the Year Winner: Toyota Prius," *Motor Trend*, December 2003.

Interview After Threats," *Time*, December 17, 2014, http://time.com/3638987/the-interview-cancelled-sony-hack.

*56 "Remarks by the President in Year-End Press Conference," 2014年12月19日、ホワイトハウス報道官室のプレスリリース。https://www.whitehouse.gov/the-press-office/2014/12/19/remarks-president-year-end-press-conference.

*57 Adi Robertson, "Politicians Respond to Sony Hack, Call for Cybersecurity Bill," The Verge, December 18, 2014, www.theverge.com/2014/12/18/7415291/politicians-respond-to-the-sony-hack-mccain-calls-for-cybersecurity-bill.

*58 "S. 754–Cybersecurity Information Sharing Act of 2015," Senate Republican Policy Committee blog post, August 3, 2015, www.rpc.senate.gov/legislative-notices/s-754_cybersecurity-information-sharing-act-of-2015.

*59 Ibid.

*60 Electronic Frontier Foundation (EFF), "Stop the Cybersecurity Information Sharing Act," https://act.eff.org/action/stop-the-cybersecurity-information-sharing-act.

*61 Adam Levy, "Was the Box Office Performance of 'The Interview' a Win for Netflix?" *Motley Fool*, February 8, 2015, www.fool.com/investing/general/2015/02/08/was-the-box-office-performance-of-the-interview-a.aspx.

*62 Brent Lang, "Sony Could Lose $75 Million on 'The Interview' (EXCLUSIVE)," *Variety*, December 18, 2014, http://variety.com/2014/film/news/sony-could-lose-75-million-on-the-interview-exclusive-1201382506.

*63 Allan Holmes, "Your Guide to Good-Enough Compliance," *CIO*, April 2007.

*64 Kashmir Hill, "Sony Pictures Hack Was a Long Time Coming, Say Former Employees," *Fusion*, December 4, 2014, http://fusion.net/story/31469/sony-pictures-hack-was-a-long-time-coming-say-former-employees.

*65 Ibid.

*66 Michael Price, "The Left Brain Knows What the Right Hand Is Doing," *Monitor on Psychology* 40, no. 1 (2009).

*67 Clifford A. Pickover, *Archimedes to Hawking: Laws of Science and the Great Minds Behind Them* (Oxford: Oxford University Press, 2008).

*68 "A Primer on Futures Studies, Foresight and the Use of Scenarios," *Prospect, the Foresight Bulletin*, no. 6 (December 2001).

*69 著者は未来予測を専門とする研究・アドバイザー会社、フューチャー・トゥデイ・インスティテュートの創業者兼CEOである。www.futuretodayinstitute.com.

*70 Discover John Muir site, https://discoverjohnmuir.com.

*71 ドリーの話は第4章で詳しく述べる。

*72 "Chronological History of IBM—Timeline," IBM, https://www-03.ibm.com/ibm/history/history/history_intro.html.

2

*1 映画『バック・トゥ・ザ・フューチャー』では、登場人物のドク・ブラウンが「デロリアンDMC-12」をタイムマシンに改造した。

*2 1949年10月17日号のライフ誌は、エアフィビアンの説明を掲載。他の空飛ぶ車の例や引用は以下より。Alex Q. Arbuckle, "1890–1968 Flying Cars," Mashable, http://mashable.com/2015/08/03/flying-car-evolution/#Pol_AlV1kkqD.

*40 集団訴訟の訴状は以下を参照。*Hull et al. v. Sony BMG et al.*, Electronic Frontier Foundation, 2005, www.eff.org/IP/DRM/Sony-BMG/sony complaint.pdf.

*41 "In the Matter of Sony BMG Music Entertainment," FTC Matter / File Number 062-3019, Federal Trade Commission (FTC), June 2007, https://www.ftc.gov.enforcement/cases-proceedings/062-3019/sony-bmg-music-entertainment-matter.

*42 "Sony vs. GeoHot Hacker Lawsuit," Attack of the Show, G4, January 13, 2011, www.g4tv.com/videos/50733/sony-vs-geohot-hacker-lawsuit.

*43 Emil Protaliknsi, "Sony Demands Identities from Google, Twitter in PS3 Hacking Lawsuit," TechSpot, February 8, 2011, www.techspot.com/news/42317-sony-demands-identities-from-google-twitter-in-ps3-hacking-lawsuit.html.

*44 "Official Statement Regarding PS3 Circumvention Devices and Pirated Software," PlayStation, news release, February 16, 2011, http://blog.us.playstation.com/2011/02/16/official-statement-regarding-ps3-circumvention-devices-and-pirated-software.

*45 Nate Anderson, "'Anonymous' Attacks Sony to Protest PS3 Hacker Lawsuit," Ars Technica, April 4, 2011, http://arstechnica.com/tech-policy/2011/04/anonymous-attacks-sony-to-protest-ps3-hacker-lawsuit.

*46 Mark Hachman, "PlayStation Hack to Cost Sony $171M; Quake Costs Far Higher," *PC Magazine*, May 23, 2011, www.pcmag.com/article2/0,2817,2385790,00.asp.

*47 "Absolute Sownage: A Concise History of Recent Sony Hacks," Attrition, June 4, 2011, http://attrition.org/security/rant/sony_aka_sownage.html.

*48 Swati Khandelwal, "Sony Pictures HACKED; Studio-Staff Computers Seized by Hackers," *Hacker News*, November 24, 2014, http://thehackernews.com/2014/11/Sony-Pictures-Hacked.html.

*49 Peter Elkind, "Inside the Hack of the Century," *Fortune*, July 1, 2015.

*50 ウィキリークスが完全なレポジトリを作成した。https://wikileaks.org/sony/press.

*51 Marianne Garvey, Brian Niemietz, Oli Coleman, and Molly Friedman, "'Today' and Angelina Jolie Look Unbreakable," *New York Daily News*, January 4, 2015, www.nydailynews.com/entertainment/gossip/confidential/short-article-1.2064831.

*52 "Site Blocking Agenda," October 8, 2014, 8:30 a.m.–12:30 p.m. at the Motion Picture Association of America Sherman Oaks Office. 以下を参照。https://s3.amazonaws.com/s3.documentcloud.org/documents/1381538/250191720-agenda-oct-8-2014-sb-confab.pdf.

*53 Todd Cunningham and Sharon Waxman, "Sony Hack: Guess How Much Pulling 'The Interview' Will Cost the Studio? (Exclusive)," *The Wrap*, December 17, 2014, www.thewrap.com/sony-hack-guess-how-much-pulling-the-interview-will-cost-the-studio-exclusive.

*54 Jim Finkle and Mark Hosenball, "No Credible Sign of Plot on Theaters over Sony Movie: U.S. Officials," *Reuters*, December 16, 2014, http://www.reuters.com/article/us-sony-cybersecurity-theaters-idUSKBN0JU2J820141216.

*55 Alex Fitzpatrick, "Sony Pulls *The*

eu/economy_finance/eu/countries/croatia_en.htm.

*23 Editorial Board, "Edward Snowden, Whistle-Blower," *New York Times*, January 1, 2014, www.nytimes.com/2014/01/02/opinion/edward-snowden-whistle-blower.html.

*24 B. Wansink and J. Sobal, "Mindless Eating: The 200 Daily Food Decisions We Overlook," *Environment and Behavior* 39, no. 1 (2007).

*25 2016年3月15日時点で、アマゾンでは2767種類のモノポリーが入手可能。

*26 "Toyota's Production and Sales Records," Toyota, www.toyota-global.com/company/history_of_toyota/75years/data/conditions/volume_records/sales_records.html.

*27 グーグルCEOのエリック・シュミットは、2010年8月4日、カリフォルニア州のタホ湖で開かれた「テコノミー」カンファレンスの発言中、こうした数字を挙げた。1エクサバイトは1000000000000000000バイトである。これがどれだけの数字か比較対象を示すと、平均的な高解像度写真は約3メガバイト（3000000バイト）である。2016年版の15インチのマックブック・プロは512ギガバイトの容量がある（512000000000バイト）。バックアップ用に1テラバイト（1000000000000）の外付けハードディスクがあれば、10万枚の写真とマックブック・プロ1台分をコピーでき、さらに多少のスペースが残る。マックブック・プロ1000台と、そこに含まれるすべての写真（1台あたり10万枚とする）をバックアップする必要があれば、1ペタバイト（1000000000000000）必要になる。1000ペタバイトあれば、マックブック・プロ100万台分になる。もちろん高解像度写真なら何十億枚も保存できる。それがエクサバイトだ。

*28 "Stats," Facebook, http://newsroom.fb.com/company-info.

*29 "Statistics," Instagram, https://www.instagram.com/press/?hl=en.

*30 検索は2016年5月11日、グーグルのみで実施した。

*31 *Washington Post* archives, http://pqasb.pqarchiver.com/washingtonpost/advancedsearch.html.

*32 Brookings Institution online archives, www.brookings.edu.

*33 "Joost Online TV Raises $45 Million," *Los Angeles Times*, May 11, 2007, http://articles.latimes.com/2007/may/11/business/fi-briefs11.6.

*34 Brian Solomon, "These 11 Startups Raised the Most Money Before They Had a Product," *Forbes*, June 11, 2015, www.forbes.com/sites/briansolomon/2015/06/11/these-11-startups-raised-over-1-billion-combined-before-launching/#1626f85a1495.

*35 Ibid.

*36 Sam Biddle, "Sony Was Hacked in February and Chose to Stay Silent," Gawker, December 11, 2014, http://gawker.com/sony-was-hacked-in-february-and-chose-to-stay-silent-1670025366.

*37 Josh Halliday, "Epsilon Email Hack: Millions of Customers' Details Stolen," *The Guardian*, April 4, 2011, https://www.theguardian.com/technology/2011/apr/04/epsilon-email-hack.

*38 Elizabeth A. Harris, "Michaels Stores' Breach Involved 3 Million Customers," *New York Times*, April 18, 2014, www.nytimes.com/2014/04/19/business/michaels-stores-confirms-breach-involving-three-million-customers.html.

*39 David Kravets, "Citi Credit Card Data Breached for 200,000 Customers," *Wired*, September 6, 2011, https://www.wired.com/2011/06/citi-credit-card-breach.

1

*1 Fred Barbash, "Drones Impede Air Battle Against California Wildfires: 'If You Fly We Can't,' Pleads Firefighter," *Washington Post*, July 31, 2015, https://www.washingtonpost.com/news/morning-mix/wp/2015/07/31/if-you-fly-we-cant-pleads-california-firefighter-as-drones-impede-spreading-wildfire-battle.

*2 連邦航空局（FAA）による2014年11月から2015年8月までのUAS飛行データ。2016年5月11日時点で、以下よりスプレッドシートをダウンロードできる。https://www.faa.gov/uas/media/UASEventsNov2014-Aug2015.xls.

*3 Ibid.

*4 Aaron Karp, "FAA Nightmare: A Million Christmas Drones," *Aviation Daily*, September 28, 2015.

*5 アマゾン・プライム・エアのバイスプレジデント、ガー・キムチが、2015年7月28日のNASAエイモス・リサーチ・センターで開かれたカンファレンスで紹介した。

*6 ThyssenKrupp, "ThyssenKrupp Develops the World's First Rope-Free Elevator System to Enable the Building Industry to Face the Challenges of Global Urbanization," 2014年11月27日発行のニュースリリース。www.thyssenkrupp-elevator.com/Show-article.104.0.html.

*7 Bernd Magnus, *Nietzsche's Existential Imperative* (Bloomington: Indiana University Press, 1978).

*8 Alvin Toffler, *Future Shock* (New York: Random House, 1970).（アルビン・トフラー著、徳山二郎訳『未来の衝撃』中央公論社、1982年）

*9 Ibid.

*10 Ibid.

*11 Robert J. Gordon, *The Rise and Fall of American Growth: The U.S. Standard of Living Since the Civil War* (Princeton, NJ: Princeton University Press, 2016).

*12 ガーディアン紙のニコラ・デイビスは量子コンピューティングについて簡潔なすばらしい説明を書いた。Nicola Davis, "Quantum Computing Explained:Harnessing Particle Physics to Work Faster," *The Guardian*, March 6, 2014.

*13 W. Michael Cox and Richard Alm, "You Are What You Spend," New York Times, February 10, 2008, www.nytimes.com/2008/02/10/opinion/10cox.html.

*14 Tim Brooks and Earle Marsh, *The Complete Directory to Prime Time Network and Cable TV Shows*, 1946-Present (New York: Ballantine, 1992).

*15 Richard Powelson, "First Color Television Sets Were Sold 50 Years Ago," *Pittsburgh Post-Gazette*, December 31, 2003, http://old.post-gazette.com/tv/20031231colortv1231p3.asp.

*16 Aaron Smith, "U.S. Smartphone Use in 2015," Pew Research Center, April 1, 2015, www.pewinternet.org/2015/04/01/us-smartphone-use-in-2015.

*17 Ibid.

*18 Toffler, *Future Shock*.

*19 "2014: By the Numbers," Kickstarter, 2014, https://www.kickstarter.com/year/2014/data.

*20 Hope King, "Pebble Time's Kickstarter Project Raised More Than $20.3 Million and Broke Two Kickstarter Records," CNN Money, March 27, 2015, http://money.cnn.com/2015/03/27/technology/pebble-time-most-funded-kickstarter.

*21 "The Complete List of Unicorn Companies," CB Insights, https://www.cbinsights.com/research-unicorn-companies.

*22 経済データは欧州連合の経済・金融総局のポータルより。"Croatia," http://ec.europa.

原注

INTRODUCTION

*1 Benj Edwards, "Who Needs GPS? The Forgotten Story of Etak's Amazing 1985 Car Navigation System," *Fast Company*, June 26, 2015, ww.fastcompany.com/3047828/who-needs-gps-the-forgotten-story-of-etaks-amazing-1985-car-navigation-system.

*2 Ibid.

*3 2007年2月、アカデミー賞授賞式の最中に放映されたiPhoneのティーザー広告。最初の正式なコマーシャルは同年6月4日に放映された。いずれもユーチューブで閲覧可能。www.youtube.com/watch?v=dkqk8_O1BbE.

*4 Sean Silcoff, Jacquie McNish, and Steve Ladurantaye, "Inside the Fall of BlackBerry: How the Smartphone Inventor Failed to Adapt," *Globe and Mail*, September 25, 2013, www.theglobeandmail.com/report-on-business/the-inside-story-of-why-blackberry-is-failing/article14563602.

*5 ラザリディスとブラックベリーに関する追加的な背景情報は、以下を参照した。Jane Martinson, "Mr BlackBerry—$2bn Geek Who Started with Lego," *The Guardian*, March 2, 2007, https://www.theguardian.com/business/2007/mar/02/12, and Dieter Bohn, "RIM: Jim Balsillie and Mike Lazaridis Step Down, Co-COO Thorsten Heins Is the New CEO," The Verge, January 22, 2012, www.theverge.com/2012/1/22/2726445/rim-jim-balsillie-and-mike-lazaridis-to-step-down-coo-thorsten-heins.

*6 この部分の引用はすべて、以下の優れたブラックベリーの口述歴史による。Felix Gillette, Diane Brady, and Caroline Winter, "The Rise and Fall of BlackBerry: An Oral History," *Bloomberg Businessweek*, December 9, 2013, www.bloomberg.com/news/articles/2013-12-05/the-rise-and-fall-of-blackberry-an-oral-history.

*7 Jane Martinson, "Mr BlackBerry."

*8 Ibid.

*9 Jan Libbenga, "BlackBerry Boss Blows Raspberries at iPhone, Sticks It to Microsoft Too," *The Register*, November 8, 2007, www.theregister.co.uk/2007/11/08/why_iphone_is_no_threat_to_blackberry.

*10 "International Data Corporation (IDC) Worldwide Quarterly Mobile Phone Tracker," International Data Corporation, www.idc.com/prodserv/smartphone-os-market-share.jsp.

*11 Bill Gates, Nathan Myhrvold, and Peter Rinearson, *The Road Ahead* (New York: Viking, 1995).（ビル・ゲイツ著、西和彦訳『ビル・ゲイツ未来を語る』アスキー、1996年）

*12 Ossip K. Flechtheim, "Toynbee and the Webers: Remarks on Their Theories of History," Phylon, no. 4 (1943).

*13 H. G. Wells, *Anticipations of the Reactions of Mechanical and Scientific Progress upon Human Life and Thought* (London: Chapman and Hall, 1914).

*14 秋葉原自体も大きな変化を遂げた。最近はマンガやアニメなど「オタク」文化に関心がある者が集まる場所になっている。

［著者］
エイミー・ウェブ（Amy Webb）
世界的知名度を誇る未来学者であり、その著作や論文は数々の賞を獲得し、多数の言語に翻訳されている。未来予測と戦略立案におけるリーディングカンパニー、フューチャー・トゥデイ・インスティテュートの創設者として、世界中の顧客に「Xの未来はどのようなものか」という問いへの答えを提供している。ウェブの研究テーマはテクノロジーが生活、仕事、政治のあり方に及ぼす変化であり、その成果はニューヨーク・タイムズ、ハーバード・ビジネス・レビュー、ウォール・ストリート・ジャーナル、フォーチュン、ファストカンパニーなどの主要メディアに掲載され、多くの学術論文に引用されている。
研究者としてさまざまな組織に所属し、また協力関係を築いている。旧米露二国間大統領委員会のメンバーを務め、アスペン・インスティテュートの「図書館に関する対話」では連邦通信委員会（ＦＣＣ）のリチャード・ハント委員長らとともに図書館の未来について議論した。ニューヨーク大学スターン・ビジネススクールでは非常勤教授としてテクノロジーの未来に関する講座を担当し、コロンビア大学ではメディアの未来の講師を務める。2014－15年にはハーバード大学のビジティング・ニーマン・フェローを務めた。
日本在住中に日本語検定２級を取得。合気道初段も取得したが、数年前の練習中の事故をきっかけに断念した。クラシック・クラリネットをたしなみ、時間のあるときには他の木管楽器やピアノと合わせて演奏を楽しむ。現在は夫ブライアン、娘ペトラとともにメリーランド州ボルチモアで暮らしている。

［訳者］
土方奈美（ひじかた・なみ）
翻訳家。日本経済新聞、日経ビジネスなどの記者を務めたのち独立。米国公認会計士、ファイナンシャル・プランナーの資格を保有し、経済・金融、経営分野を中心に翻訳を手掛ける。訳書に『2050年の技術　英「エコノミスト」誌は予測する』（文藝春秋）『How Google Works（ハウ・グーグル・ワークス）私たちの働き方とマネジメント』（日本経済新聞出版社）などがある。

シグナル：未来学者が教える予測の技術

2017年10月25日　第1刷発行

著　者――エイミー・ウェブ
訳　者――土方奈美
発行所――ダイヤモンド社
〒150-8409　東京都渋谷区神宮前6-12-17
http://www.diamond.co.jp/
電話／03·5778·7232（編集）　03·5778·7240（販売）
装丁・本文デザイン――アルビレオ
製作進行――ダイヤモンド・グラフィック社
印刷――八光印刷（本文）・共栄メディア（カバー）
製本――本間製本
編集担当――前澤ひろみ

ISBN 978-4-478-10120-9